EVROPA

WOLFGANG HELD

Manches geht in Nacht verloren

Die Geschichte von Clara und Robert Schumann

EUROPÄISCHE VERLAGSANSTALT

Inhalt

Doppelportrait von Robert und Clara Schumann, Dresden 1846.

Licht und Höllenträume

In einem alten Eckhaus am Marktplatz kam Robert Alexander Schumann am 8. Juni 1810 zur Welt. Zwickau im erzgebirgischen Landkreis des Königreichs Sachsen lag »anmuthig«, wie der Brockhaus von 1820 vermerkt, in ländlich fruchtbarer Talsenke. Der Fluß, die Mulde, trieb zahlreiche Mühlen und wand sich durch Arbeitervorstädte. Tausend Häuser und viertausend Einwohner. Leineweber, Gerber und Wollarbeiter. Farbenfabriken, vier Kirchen (eine besitzt einen unheimlichen hölzernen Schmerzensmann mit echtem Haar, so alt wie Schumanns Haus, vierhundert Jahre), ein Spital, die Lateinschule mit Klosterbibliothek und Naturalienkabinett, die Schumann besuchen wird, und das durch Mauer und Graben von der Stadt düster abgetrennte Schloß Osterstein — ein Zucht- und Arbeitshaus. Seit 1807 herrscht auch im Eckhaus am Markt zuchtvoller Arbeitsbetrieb: im Schnellverfahren werden von sprachkundigen Tintenkulis reihenweise die Romane von Scott, später alles von Byron in kleinformatige Bändchen gepackt. Was als Leihbibliothek für kleinstädtische Bedürfnisse begann, wurde bald zur regionalen Buchhandlung und zum Verlagsunternehmen der »Gebrüder Schumann«. Auch Robert, kaum den kurzen Hosen entwachsen, liest schon Korrekturen und arbeitet an den *Bildnissen der berühmtesten Menschen aller Völker und Zeiten* mit, die der Vater bis zu seinem frühen Tod, 1826, herausgibt.

Aufblickend von ihren Schreibpulten, sahen die eilfertigen

Übersetzer und Kontoristen entweder Militärparaden oder Marktbetrieb mit Schubkarren und diebischen Elstern.

Schumanns Kindheit fiel in die bewegte Zeit der napoleonischen Kriege. Im Geburtsjahr zog am Markt noch die frisch begründete »Gensdarmerie« oder die reformierte Armee auf. Nach dem Brand von Moskau und der Zersprengung der Grande Armée durch Kosaken war auch das sächsische Kontingent aufgerieben und die Marseillaise ein Grabgesang wie in Schumanns Heinelied von den Grenadieren. Sachsen wurde besetzt, der König floh nach Prag, auf dem Markt exerzierten Davousts Truppen. Die Marktleute schoben halbleere Schubkarren herum; schlechte Ernte führte 1816 zur Hungersnot. Nach dem Wiener Kongreß fiel ein Großteil Sachsens an Preußen, vor allem die Korngebiete. Leipzig, Dresden und der erzgebirgische Kreis verblieben im Königreich. Der Brockhaus von 1820 vermerkt trocken: »Der sächsische Nationalcharakter, durch geistige Kultur und feine Sitten veredelt, ist mehr friedlich als kriegerisch, wie das bei einem Staate nicht anders sein konnte, der in allen neueren Kriegen verloren hat.«

Der Knabe Robert kommt in die Pubertät und frönt der »Theaterpassion«, sieht die Stücke von Iffland und Kotzebue, dem als russischen Spion verdächtigten und von einem patriotischen Wirrkopf erstochenen Kleinstadtsatiriker, dessen Ermordung den preußischen, vorläufig noch österreichisch überwachten Polizeistaat aktivierte, was in Schumann den antiautoritären Widerborst in allen Lebensphasen wachhielt. Sein Kreislervorbild E.T.A. Hoffmann, der preußische Kammergerichtsrat, wurde noch auf dem Totenbett von polizeilichen Invektiven wie von Flöhen zerstochen. War auf der Bühne hochrot die Leidenschaft, Liebe und Lamentation zu sehen, so öffneten die Bücher die einsame Welt des Ideengewimmels eines Jean Paul. Die Mondsucht und Sonnenauf-

gangsberauschung des *Titan* — »lies den Titan, oder ich tret
dich« — wurden Teil des Lebensgefühls, das dann der geniale
Jurastudent auf der Italienreise ausagieren wird. Schumann
war außerdem erstaunlich sprachbegabt. Schon der Sekunda-
ner übersetzt Theokrit, Horaz, Homer, und der Student bereitet sich auf seine Italienreise mit (noch unveröffentlichten)
metrisch korrekten, reimbewahrenden, poetisch exquisiten
Übertragungen von fast zwanzig Petrarcasonetten vor. Nach
dem Vorbild des Hainbunds gründet der Pennäler einen
literarischen Verein, der das romantisch wilde Einzelgän-
gertum im Freundessymposion einbinden will, wie später der
in der Leipziger »Coffeebaum«-Ecke ausgeheckte Davidsbund
Contre les Philistins dem Klaviertondichter und Musikzeitungs-
kritiker nach dem Vorbild des Novalis-Schlegelschen »Athe-
näums«verbunds ein Forum schuf, dem der Insichgekehrte allerdings nur gleichsam in effigie vorsaß; ein Club immerhin,
den Schumann als Keimzelle einer deutschen Gesellschaft verstand, die den Polizeistaat — preußisch, österreichisch, französisch, russisch — sanftmütig und stürmisch verdrängen sollte.
Dabei bewies er bereits damals die programmatisch pedanti-
sche Umsicht und allumfassende Weitsicht, die ihn später zur
Leitung seiner Zeitschrift, seines Haushalts, seiner Komponi-
stenkarriere, seiner Quartettmatineen, eines Orchesters und
Chors und seines Biedermeierzirkels befähigen sollte — mit
der träumerisch-nachtwandlerischen Unentwegtheit, die nicht
gestört, nicht verstört werden durfte; sonst drohte der Absturz
vom schmalen Grat, vom Dach der Welt (er litt unter Höhenangst). Doch täuscht auch das mythische Bild vom aufgestütz-
ten Träumer mit dem Grübchenkinn. Viel Berührungsangst
erzwang schneckenhaftes Zurückzucken. Dahinter staute sich
Zornmut und Angriffslust. Im Stil der Zeit hätte er im Duell
zum Mörder werden können. Fast ärgerlich registriert er die

Angst des Backfischs Clara Wieck vor einem schönen Panter-
tier im Zoo; raubtierhaft plagen ihn vor seinem Sturz in den
Rhein Visionen, in denen Engel zu Hyänen werden wie in ge-
malten Antoniusversuchungen. Verinnerlichte Gewalttätigkeit
bei leiser Stimme und schleichendem Gang. Ohne dies wäre
die unerhörte Leidenschaft nicht in seine *Fantasie* op. 17, nicht
der Überschwang in seinen *Faschingsschwank*, seine *Rheinische
Symphonie* eingedrungen. Ohne dies nicht die abrupten Sprünge und Brüche in seinen Strukturen. Schumann war gefährdet,
potentiell war er auch gefährlich wie jeder Künstler, der neue
Bahnen bricht, Konventionen verachtet und sprengt, seinem
Eigenwillen Ausdruck verleiht.

Sechzehn Jahre alt, verliert Robert den Vater, der ihn als
Musensohn gefördert hatte: Er wollte mit ihm zu Carl Maria
von Weber reisen; zu spät, Weber starb im selben Jahr wie August Schumann, 1826. Der Streicher-Flügel, den der Vater für
Robert angeschafft, und die Bibliothek, einschließlich der kleinen, von August selbst übersetzten Byron-Bändchen, erinner-
ten den Sohn täglich an den frühen Hinschied. Testamenta-
risch hatte August Schumann hellsichtig bestimmt, daß von
den 60 000 Talern seines Vermögens ein Fünftel für die musi-
sche Ausbildung Roberts abgezweigt, der Rest den drei Brüdern Carl, Eduard und Julius zur Weiterführung des väterli-
chen Geschäfts bereitgestellt werden sollte. Robert versetzte
den Vater in sein Pantheon; sein jugendliches Bildnis mit den
Geniefransen in der Stirn hing neben Jean Paul und Napoleon
über dem Pult des Studenten. Napoleon, der den Älteren als
Tyrann und Vaterlandsverhinderer galt, wurde nach seinem
Tod auf St. Helena zum Mythos einer heroisch freiheitlichen
Staats- und Gesellschaftsutopie. Eine irische Jeanne d'Arc
sprang vor der Verbannungsinsel — angeblich — ins Meer, um
den Rattenkaiser zu trösten oder zu entführen; sie sorgte un-

ter dem Nom de Plume Lola Montez auch später noch für
Wirbel bei Königen, Dichtern und Musikern, beförderte die
Revolution in Bayern durch Amour Fou mit Ludwig I., nahm
bei Justinus Kerner in Weinsberg — angeblich — Zuflucht,
schenkte dem Dichter ein schönes Glas, tobte mit Liszt herum
und randalierte mit Offizieren des Nachts über dem Hotelzim-
mer, wo Clara und Robert Schumann auf ihrer Rußlandreise
Schlaf suchten. Auch sie, mit Peitsche im Reitkostüm, die glut-
volle, kreolisch-irische pseudospanische Tänzerin, wurde zur
mythischen Figur, neben Napoleon wie eine Paganini-Caprice
vis à vis der *Eroica.*

Auch Justinus Kerner, der dicke Doktor aus Weinsberg, war
eine Märchenfigur, verhöhnt von Heine als »ein großer Narr,
welcher Geister und vergiftete Blutwürste sieht, und einmal ...
erzählt hat, daß ein Paar Schuhe ganz allein, ohne menschliche Hilfe, durch das Zimmer gegangen sind bis zum Bette der
Seherin von Prevorst. Das fehlt noch, daß man seine Stiefel des
Abends festbinden muß, damit sie einem nicht des Nachts,
trapp! trapp! vors Bett kommen und mit lederner Gespenster-
stimme die Gedichte des Herrn Justinus Kerner vordeklamie-
ren!«

Robert schrieb seine ersten Lieder, noch als Abiturient, auf
Texte von Kerner, und die Hochzeitsvision des sterbenden
Soldaten übertrug er 1836 als Angstmelodie in die »Aria« sei-
ner großen, Clara gewidmeten Sonate op. 11. Die seit Bürgers
Lenore populäre Horrorvision der Totenhochzeit steigt vor
Schumann, der »nicht alt« zu werden fürchtete, in vielerlei Ge-
stalt auf, noch im ersten Ehejahr aus den Eichendorffliedern.
Kerner, der mit Storch, revolutionärem Sohn, dem Atheisten
David Strauß und der treuen Rike auf der Gartenturmterrasse
dem Wein zuspricht, wäre dann neben der Lola Capricciosa
und dem Heros Napoleon der okkulte Biedermeier. In Jean

Paul sah Schumann eher die Apotheose des Launigen, He-
roischen und Heimlich-Unheimlichen in *Hesperus, Titan* und
Flegeljahre eingewirkt. Als Student besucht er die Witwe und
saß auf des Meisters Kanapee.

Das Jahr 1826 war auch das Todesjahr einer Schwester Robert Schumanns, der neunundzwanzigjährigen Emilie. Sie war
schwer depressiv, auch wegen einer entstellenden Hautkrank-
heit, und ertränkte sich im Fluß unterhalb der Stadt. Die Folge
für Schumanns Nächte: »ein Labyrinth der Höllenträume«.
Doch merkwürdig auch die kühle, verdrängende Selbstbehauptung des Siebzehnjährigen im Jahresrückblick seines Tagebuchs: »Ich bin mir heller geworden. Woher das Licht? Ich
habe Ansichten und Ideen über das Leben bekommen.« Die
Reflexion, die Erkenntnisse aus der Erfahrung gewinnt, fällt
als Lichtschein vom Ausgang des Höllenlabyrinths herein.
Schumann tastet sich weiter. Immer mahnt er sich zur Beson-
nenheit; seine Ruhe und würdige Haltung in Krisensituationen ist bezeugt. Clara Wieck bewundert seine Standhaftigkeit
im Prozeß gegen ihren Vater; Tochter Eugenie hat ihn nur einmal weinen und die Hände ringen sehen — am Krankenbett
der Mutter. Lebensleitende Maximen, auch wenn sie jetzt statt
aus biblischen aus literarischen und philosophischen Quellen
abgeleitet wurden, fingen den Rückfall in Schwermut und Des-
orientierung immer wieder auf. Auch ein beträchtliches Maß
an Lebenslust und Genußfähigkeit spielt mit: »Ist es nicht
schrecklich genug, eines solchen Menschen, eines ... lieblichen
Dichters, feinen Menschenkenners, tüchtigen Geschäftsman-
nes, eines Vaters beraubt zu seyn: warum soll man da den
Schmerz nicht in der Lust zu vergessen suchen, warum nicht
in heiterer Gesellschaft auch heiter seyn?«

Die Mutter kennt dieses Hellerwerden nicht. Sie sitzt im
Fenster, wie viele Kleinstadtfrauen, und schaut auf den leeren

Platz hinaus. Robert tröstet sie mit der Vorstellung, wie aus allen Gassen ihre Schwiegertöchter herbeieilen mit Obstkorb und Enkelkind an der Hand; aber sie verharrt in der autoritätsbedürftigen Sorgenhaltung der Witwe, die den Gatten um zehn Jahre überlebt, die nicht nur den Tod des Mannes, sondern den Tod der Tochter Emilie, des Sohns Julius und einer Schwiegertochter verwinden muß; dazu das Sorgenkind, der Musensohn Robert, der ihr in stupender Aufrichtigkeit nichts erspart. Seine sporadische Trunksucht, seine wechselnden Bräute, seine Schulden und seinen Ekel vor Jurisprudenz – alles gesteht er ihr in seinen Briefen mit rücksichtsloser Offenheit. Sie nimmt es seufzend hin. Sie versteht seine Musik besser, als ihre Bescheidenheit es wahrhaben will. Den Septakkord am Schluß der *Papillons*, der sich allmählich, Ton um Ton, hinweghebt, wie Vult am Ende der *Flegeljahre* mit seinem Flötenspiel – Johanna Christiane Schumann hört aus jedem schwindenden Ton ein verfallendes Lebensjahr heraus. Sie hat beim Anhören Tränen in den Augen. Der »Wirbelreigen« der *Papillons* mit den harten Übergängen flegelt nicht nur à la Jean Pauls Maskenfest, sondern schillert auch in den Farben der »Götter Griechenlands«: »Galoppe« und »Cotillon« verknüpft der Poet »Robert von der Mulde« munter mit dem »Gordischen Band«, Sappho und Phaon: »Heiter verschlingt sich das tanzende Räthsel / Schaaren erscheinen und Schaaren entfliehen.«

Die Angst um die verlorene Zeit nimmt bei Robert früh panikartige Form an – »mir ist oft, als wär ich todt«. Das Vergangene sitzt ihm wie ein Alb auf der Brust und ist doch ungreifbar. Das Verlorene ist zugleich das Versäumte, das Nichtwiedergutzumachende. Schumann leidet früh an Schuldkomplexen. Die Entzweiung in Doppelgänger nach dem Vorbild Jean Pauls und Hoffmanns reißt am Selbstgefühl. In den

Elixieren des Teufels wird der Doppelgänger zum würgenden Huckepack, und Schumann schreibt schon 1826 in seine *Hottentottiana*: »Dem Menschen sey es angeboren, das Gute eher zu vergessen, als das Böse.« Und 1828: »Die Vergangenheit ist der Würgengel der Gegenwart und jede Minute eine Selbstmörderin, aber eine einzige schöne Minute mordet außer sich noch Millionen ihrer künftigen Schwestern.« Diese Art des melancholischen Existentialismus dringt auch in Schumanns Musik ein, das wehmütige oder auch eigensinnige Bestehen auf einmal gefundenen Motivformeln, die Abneigung gegen verändernde und entwickelnde Durchführungen, das unheimliche, unvermittelte Auftauchen emotional beladener Erinnerungsfragmente, das fragende In-der-Luft-Hängen mancher Schlüsse (wie in der *Fughette* op. 32,4), alles das entspricht einem Lebensgefühl, das aus dem Argwohn aufstieg, die Welt sei bodenlos, abgründig, weglos, böse. So klingt auch die Eichendorffsche Mahnung des »Hüte dich, sei wach und munter« in Schumanns Vertonung in ihrem unbegleiteten Abfall und Aufwärtstasten hohl und hoffnungslos.

Nach dem mit »omnino dignus« bestandenen Abitur drängten Vormund, Mutter und ältester Bruder auf ein Brotstudium. Auch Goethe hat schließlich Jura studiert, und als Musiker ist Robert Dilettant geblieben, im Gegensatz zu Fanny und Felix Mendelssohn z.B., den Generationsgenossen, die als Komponisten und Virtuosen jeder professionellen Anforderung gewachsen waren. In dem Jahr, als Robert Schumann in Leipzig das Pandektenstudium aufnahm, führte Mendelssohn in Berlin die hundert Jahre lang vergessen gebliebene *Matthäuspassion* von Bach öffentlich auf, und die Matineen seiner Schwester im Gartensaal des Elternhauses waren europaweit berühmt. Felix, nur ein Jahr älter als Schumann, hatte bereits zwölf Streichersymphonien, Kammer- und Klaviermusik, das hinreißende Oktett und die *Sommernachtstraumouverture* in seiner Werkliste. Auch Fanny, der als Frau das öffentliche Wirken erschwert wurde, schrieb, ermutigt von ihrem gänzlich unmusikalischen Mann, dem Maler Wilhelm Hensel, Hunderte von Klavierstücken (die auch heute noch erst zu einem Bruchteil veröffentlicht sind) schon in den zwanziger Jahren.

Schumann dagegen fühlte sich »hinausgeworfen in das Dasein« und stürzte sich in das Studentenleben in Leipzig, fern der »süßen Heimat«. Sein Kopf »zankt mit seinem unlustigen Herzen, ficht und flucht« – den Freund und Zimmernachbarn schimpft er »Klostoffel« und »Schweinehund« – und findet zugleich Duelle als »Schißproben« verwerflich sowie auch den Ton, »der an Gemeinheit und Trivialität« grenze. Er trinkt sich mit Bier und Champagner in die »Knillität« und mahnt sich zu edler Nüchternheit, zu »Kraft und Milde«. Die »Geldfatalitäten« nehmen zu, und der Vormund trägt am Ende der zwei wilden Jahre einen Schuldenberg ab. Als Burschenschafter läßt er sich portraitieren, haßt aber zugleich die »Deutschthümelei« – seine frühen Kompositionen tragen noch bis Mitte der dreißiger Jahre, verlegerischer Konvention entsprechend, französische Titel. Er gibt sich à la Byron, Heine und Grabbe sarkastisch und zerrissen. Die Kollegien besucht er nicht, er raucht Zigarren – zehn Jahre später wird er als früher Dampfwagenpassagier zu seinem Ärger deswegen zurechtgewiesen.

Doch inmitten der »burschikosen Studentenextremitäten« bewahrt er ein »friedliches Herz«, bangt um »Schmetterlingsstaub« und »Psecheflügel«, fürchtet Ermattung und Sturz und erwartet Rettung von der »crystallenen Seele der Frauen«.

Er lernt im Haus des Arztes und Universitätsprofessors Ernst August Carus ein »schönes bleiches Mädchen« kennen, Agnes Carus, des Professors Frau, die Beethovens Zyklus *An die ferne Geliebte* mit dem jungen Phantasten probt. Schumann

verehrt sie träumerisch als »Ewigersehnte«; doch die Beetho-
venzitate in seiner *Fantasie* op. 17 gelten dann einer anderen
Frau. Im Hause Carus lernt Schumann den Klavierhändler und
-lehrer Friedrich Wieck kennen, bei dem er auch Unterricht
nimmt. Am 1. Dezember 1828 hört Schumann zu seiner »Be-
stürzung« von Schuberts Tod; den Tag zuvor spielte er noch
den schwierigen Part in Schuberts Es-Dur-Trio, wie auch drei
Tage später bei Wieck, der sich zur Nacht betrinkt, im Verlauf
einer ausgelassenen Tanzerei. Zuvor aber setzt sich ein Kind
mit seinem Vater an den Flügel — sie spielen das *Rondo mignon*
von Czerny. Das neunjährige Mädchen heißt Clara Wieck und
wird an diesem Tag zum ersten Mal in Schumanns Tagebuch
erwähnt. Erst um drei Uhr früh findet Robert in seine Bude zurück: »exaltierte Nacht und das ewige Schubertsche Trio vor
den Ohren — fürchterliche Träume —.«

Friedrich Wieck und seine Tochter Clara
mit ihren Freundinnen Emilie und Elise List. (P. Viardot-García)

*Clara Wieck als Fünfzehnjährige
mit dem Finale ihres Klavierkonzerts, Hannover 1835. (J. Giere)*

Im Wünschen unbändig

Clara Josephine Wieck wurde am 13. September 1819 in Leipzig geboren. Im selben Jahr begann dort auch die fünfte Auflage des Brockhaus zu erscheinen, aus der Goethe schöpfte und die Lessing seine Spielschulden und E.T.A. Hoffmann seinen Alkoholismus vorhielt. Über Leipzig erfahren wir zunächst nur Erfreuliches: »Die Stadt ist sehr freundlich und durch Verwandlung der ehemaligen Wälle in grünende Anlagen mit bequemen und erfreulichen Spaziergängen geschmückt. Die innere Stadt hat kaum den Umfang einer Viertelmeile, und ist nach den vier Haupttoren (dem Grimmaischen, Hallischen, Ranstädter- und Peterstore) in vier Viertel geteilt.« Über einem dieser Tore, dem »Thomaspförtchen«, sollten sich spukhaft Clara Wiecks und Robert Schumanns Doppelgänger treffen; diese Vision schwand mit den Toren selbst, die, der aufgeklärten Enzyklopädie zufolge, der Lebensqualität abträglich sind — und hier folgen die weniger erfreulichen Beobachtungen: »Die Vorstädte, welche von der Stadt noch durch alte, enge Tore getrennt sind, haben sich seit einigen Jahren nach Süden zu erweitert; mit diesen mag die Stadt ungefähr den Umfang einer halben deutschen Meile haben. In diesem kleinen Raume befinden sich ohngefähr 1400 Häuser, und in ihnen eine Volksmenge von 36 000 Menschen zusammengedrängt, wobei man bemerkt hat, daß Leipzig im Verhältnis gegen andere große Städte in Europa die größte Mortalität hat.« Ein ungesundes Pflaster also, das »durch den

22

Zusammenfluß der Fremden in den beiden Hauptmessen«
und durch die mittelalterliche Baubeengung noch nicht den
sanitären Erwartungen fortschrittlicher Geister entspricht.
Dafür blüht die Kultur: Unter den von Oeser gezierten Pla-
fonds des Gewandhauses finden Konzerte und Bälle statt; hier
tritt Clara Wieck als neunjähriges Wunderkind erstmals mit
Klavierkunststückchen auf. Hinter ihr steht der hochgewach-
sene Lehrer und Vater und blättert um. Auswendigspielen war
noch als Frechheit verpönt.

Weitere Aufmerksamkeit verdienen das 1817 neu erbaute
modisch-klassizistische Schauspielhaus, die Börse und die
Bürgerschule, die Nikolai- und die Thomaskirche (deren vor-
maliger Kantor J.S. Bach allerdings vergessen ist: Schumann
suchte noch sein Grab, aber der Friedhofswärter schüttelte
den Kopf: »Bach gäbs viele...«). Anstalten für Arme, Waisen,
Taubstumme, Hebammen und ein »Arbeitshaus für Frei-
willige« sind zu rühmen sowie auch die »Wasserkünste«, »ge-
wölbten Schleusen«, die (von einem französischen Ingenieur)
»vervollkommnete Stadtbeleuchtung«, wobei die ungesunde
Bleiche der Gesichter abends und nachts gespensterhaft grün-
lich aufschien. »Die Lebensart ist sehr bequem und gesellig:
sie würde vielleicht weniger kostspielig sein, wenn es große
Kornmärkte gäbe« — ein Seitenhieb auf die preußischen Ok-
kupatoren, die das kornreiche nördliche Sachsen an sich gerissen hatten. Dafür blühen Handel und Industrie: Wachstuch-,
Tapeten-, Leder-, Tabak-, Spielkartenmanufakturen, Samt und
Seide, 56 Buch- und drei Musikhandlungen, deren berühmte-
ste, Breitkopf & Härtel, von Robert Schumann noch lange
nichts wissen will.

Ein Höhepunkt des Brockhausartikels stellt dann die sechs-
seitige Jubelbeschreibung der erst sechs Jahre zurückliegen-
den Völkerschlacht bei Leipzig dar, die den entscheidenden

Sieg brachte in den Befreiungskriegen gegen Napoleon. Der Mortalität zu Anfang des Eintrags gesellt sich am Ende die Verlustliste der dreitägigen Schlacht, die E.T.A. Hoffmann in seinem Tagebuch vom Standpunkt eines goyesken Schlachtenbummlers beschrieben hat: »15000 Tote, 30000 Blessierte (2000 Kranke und Verwundete, die man in Leipzig fand, ungerechnet)« — acht verwundete, vierundzwanzig gefangene Generale auf seiten der Grande Armée; einundzwanzig Generale, 1800 Offiziere und 45000 Mann auf seiten der verbündeten Freiheitskrieger, die zum Teil noch kurz zuvor mit Napoleon gegen Rußland gezogen waren. 1819 galt Napoleon als finsterer Usurpator, schon zehn Jahre später hing sein Bild neben Beethoven und dem Vater über Schumanns Schreibpult.

Clara war das Kind eigenwilliger und zählebiger Eltern. Vater Friedrich, Sternbild Löwe, ließ sein heftiges und herrschsüchtiges Temperament an Kindern und Frau aus, hatte dabei die vernünftigsten Grundsätze, was Gesundheit, Frischluftzufuhr, Diät und andere Erfordernisse seiner Lebensführung und der seiner Lieben betraf, dazu einen grimmigen, ausfälligen, pittoresken Humor und einen rücksichtslosen Durchsetzungswillen. Darin stand ihm Mariane Tromlitz, seine Frau, Sternbild Stier, kaum nach; auch sie war vital, gescheit und eine begabte Klavierspielerin, dazu von energischer Schönheit, mit ihrer schwarz geballten Hochfrisur, ihrem brennenden Blick und dem selbstgewiß ironischen Lächeln. Clara war vier Jahre alt, als die Mutter das Haus verließ und sich scheiden ließ; die Tochter nahm sie mit, doch drang der Vater darauf, daß sie an ihrem fünften Geburtstag bei ihm zurück sein müsse. Bis dahin war das Kind hinter den Eltern auf weiten Spaziergängen hergezottelt, saß aber sonst meist mit der Magd in der Küche und blieb stumm. Man hielt sie für etwas taub und weltverschlossen, autistisch der Anlage nach, »unbekümmert, was um mich vorging«, so legte es ihr der Vater in den Mund. Das Kind erlebt, wenn auch durch Türen und Wände getrennt, den anschwellenden Kampf zwischen Löwe und Stierfrau. Clara findet später bittere Worte über ihre Kinderzeit; ihre Augen sind auf allen lebensechten Portraits von Schwermut verschattet, außer auf dem triumphierend mutwilligen Bild, das die Sechzehnjährige mit der Partitur ihres eigenen Klavierkonzerts zeigt. Das Schicksal der Scheidungskinder blieb ihr nicht erspart, trotz relativ vernünftiger Besuchsregelungen.

Sie fühlt sich hin- und hergerissen: Die Mutter will sie nicht hergeben, der Vater droht mit Gewalt; in seiner Kommode hat er eine Pistole, mit der er später auch den Bewerber um die Hand seiner Tochter, Robert Schumann, abschrecken will. Aus Angst beginnt das Kind nun zu sprechen — und statt stricken, häkeln, sticken und malen zu lernen, wird sie ans Klavier gesetzt. Und doch bestickt sie für den Geiger Joachim eine herrlich tomatenrote Flügeldecke mit musikalischen Emblemen — später. Wieck hält derlei »weibliche« Arbeiten nur bei »blutarmen Mädchen« angebracht, »die ihre geistige Begabung unter den Scheffel stellen müssen«; und mit feministischem Pathos wettert er gegen den »Kragen zum Geburtstag der Tante: Was frommt es der feineren Ausbildung — der Zukunft — dem inneren Glück und der Humanität?«

Clara wird ihr Spiel immer so verstanden wissen wollen: als Ingrediens jeder künftigen Gesellschaft, als solamen doloris, wie es in alte Cembalideckel eingeschrieben ist, als Gegenstrom zu Schmerz, Tod, Wahn und Gewalt. Ihre Freunde begriffen das auch.

Nach der Rückgewinnung seiner Tochter begann Friedrich Wieck mit dem Klavierunterricht. Er war es auch, der ihr den Namen Clara — von Schumann zu Clarissima gesteigert —, »die Strahlende, die Berühmte«, gegeben hatte. Gleich zu An-

fang wurde sie mittels des Logierschen »Chiroplasten«, einer
Art Gelenkzwangsjacke, an die propere Haltung an der Kla-
viatur gewöhnt. Robert Schumann lähmte sich mit einer ver-
feinerten Vorrichtung dieser Art den Zeigefinger der rechten
Hand. Das Kind Clara jedoch überwand rasch alle mechani-
schen Hürden, und der Vater sah darauf, daß es sich nicht
überanstrengte. Rhythmisches Gefühl hatte sie sozusagen im
Blut, die rein rechnerische Takteinteilung lernte sie erst mittels Kopfrechnen in der Schule. Mit der Beherrschung von
Cramers Etüden, Webers *Aufforderung zum Tanz*, Moscheles'
Rondos und Diabellis Walzern wuchs ihr »Widerspruchs-
geist«: »Ich wurde eigensinnig ... und in meinen Wünschen un-
bändig — so sagt mein Vater.« Sie zerschlug zwar nicht, wie
Liszt es ihr später vormachte, ganze Klaviere im Willens-
rausch; doch eine Saite springen zu lassen am Ende einer
Caprice, war auch noch der siebzehnjährigen kaiserlichen
Kammervirtuosin gelegentlich ein erwünschter Nebeneffekt.
Schon deshalb schmiedeten die Klavierbauer nach 1850 Stahl-
rahmen für ihre Saitensärge, und der warme Klang früher
Erards war dahin.

Früh begann das Kind zu komponieren, wobei es bereits
parallele Quinten und Oktaven vermied — eine Bravheit, die
schon die Sechzehnjährige in ihrem *Hexentanz* op. 5,1 über
Bord warf. Im Gegensatz zum Tastenlöwen Liszt machte Clara
keine Faxen am Klavier: spielte ruhig, »ohne den Ellenbogen
zu gebrauchen«, war uneitel und hielt sich ihr Leben lang für
häßlich. Ihre Tempi waren oft überzogen, aber Klarheit und
Beseeltheit erstaunten früh »den, der heimlich lauschet«. Liszt
behauptete, sie sei als Kind bis zur Erschöpfung auf dem Pia-
nohocker festgehalten worden und habe nur hinter Friedrichs
Rücken mit ihren Kätzchen schmusen können. Dies entsprach
keineswegs den pädagogischen Prinzipien Friedrich Wiecks.

IHRE KINDHEIT

26

Mehr als drei Stunden täglich durfte das Kind nicht üben. Angst vor Auftritten hatte Clara erst in späteren Jahren. Merkwürdig war aber bereits beim Wunderkind, wie wenig sie Beifall und Erfolg zu genießen schien: »Das Klatschen hat mich aber verdroßen«, schrieb die Achtjährige an die Mutter, und der Vater moniert »einen sonderbaren Hang, sich nie in der Gegenwart und am Gegenwärtigen zu freuen«. Immer scheine ihr ein »Wenn« und »Aber« in den Weg zu treten.

Friedrich Wieck unterhielt in seinem Haus eine Klavierhandlung, und Clara wurde später mit ihrem Spiel auch eine wirksame Werbeträgerin für seine Instrumente. 1828 erwarb er einen Wiener Flügel »von sechs Oktaven« — die Wiener Flügel waren leichter zu spielen als die englischen, gaben aber tonlich weniger aus.

Am 3. Juli desselben Jahres heiratete Wieck in zweiter Ehe eine unterwürfige Pastorentocher, und drei Tage danach spielte Clara den Blinden von Dresden vor, gewiß das denkbar unbestechlichste und aufmerksamste Publikum für jeden Musiker. Dies war die Generalprobe für ihr erstes öffentliches Auftreten im Leipziger Gewandhaus, wo das Publikum, nach Geschlechtern getrennt, auf ansteigenden Tribünen einander gegenübersaß. Durch den Gang in der Mitte schritt Clara im bauschärmligen Musselinkleid zum Podium — noch ganz verstört; denn die berühmte gläserne Gewandhauskutsche hatte sie verpaßt, und sie war statt dessen in einen Vorstadt»omnibus« gestiegen, der sie erbarmungslos zu einem Dorfball in Entritzsch entführte: Sie war mit der Bediensteten gleichen Namens verwechselt worden, einer anderen Clara, die nun die Glaskutsche vorfahren sah. Schließlich holt aber unter erregtem Peitschenknallen die Konzertkutsche den Ballwagen ein, und Clara betritt »unter Tränen« den Konzertsaal, wo ihr der Vater begütigend mit der Zuckertüte entgegenkommt.

Soloabende waren damals noch nicht eingeführt, und Clara exekutierte mit einer Emilie Reichold im Flügelkleide Kalkbrenners *Variationen* op. 94 — im Diskant. »Es ging sehr gut, und ich habe nicht gefehlt«, lautet der lakonische Eintrag im Tagebuch.

Am 4. Dezember hört der achtzehnjährige Jusstudent und Klavierschüler Robert Schumann aus Zwickau im Hause Wieck die neunjährige Gewandhausvirtuosin mit ihrem Vater das *Rondeau mignon* von Czerny spielen. Doch hat er sie vielleicht schon am 31. März bei Dr. Carus gehört, zur Zeit der Ostermesse, auf der sie »Wachsfiguren, das Elendthier, den Taschenspieler Weiße aus Paris und das Panorama von Gibraltar« gesehen hatte. Bei Carus, dessen Frau der junge Schumann scheu verehrt, spielt die ungestüme Clara die *Forelle* von Schubert.

Niccolo Paganini, 1830. (J. P. Lyser)

Allerlei grelle Geschichten

Schumann, mit einem »Aprilhimmel« im Herzen, lebt seinen
Launen, Entzückungen, »kleinen Knillitäten« und »exzen-
trischen Misanthropien«: Billardspiel im »Grünen Schild«,
Schach in der »Tanne«, Gespräche im »Coffeebaum«, »Schie-
len mit der Lorgnette« zum Fenster einer Karoline hinauf.
»Zerrissener Zustand« und »Schrecklichster Katzenjammer
meines Lebens — wie gestorben«: Schumann, der sich aus Hu-
renumarmung und »Sturm und Regen« herauszureißen an-
schickt, beschließt, das Leipziger Lotterleben zu beenden und
die juristischen Koryphäen in Heidelberg — Mittermaier und
Thibaut — zu hören. So erklärt er jedenfalls der Mutter und
dem Vormund.

In Heidelberg liegt er dann öfter im Fenster, beobachtet Gewitter und Passanten und schneidet Gesichter, auf einem Zi-
garrenstumpel herumkauend: »Lichter ausgelöscht, Gespen-
ster, Wetterleuchten, das Nachtwandeln und die Furcht vor
mir, meine trüben Augen.«

Dies nur zu Anfang. Bald ist er jeden Abend in Gesellschaft
der Freunde und Burschen und auf Bällen und Redouten. Er
läßt die ledernen Juraschwarten weiterhin beiseite, zumal auch
der große Rechtsgelehrte Justus Thibaut in seinem Haus mehr
in Partituren als in Pandekten las: Er leitete einen Singverein,
hatte ein Buch *Über die Reinheit der Tonkunst* geschrieben und
zelebrierte mit seinem Chor einen nazarenischen Palästrina,
der dem kleinen Flackerstern Schumann, der gar nicht weiß,

»wie ich Lump zu der Ehre komme, in einem solch heiligen
Hause zu sein«, bald doch auch zu »einseitig«, zu brav vorkommt.

Er nämlich spielt die Modernen; er will Virtuose werden.
Mit den *Alexandervariationen* von Moscheles macht er »in einem glänzenden Zirkel von englischen Damen« und bei der
Großherzogin Furore — sein erster und letzter öffentlicher
Auftritt als »famoser« Klavierspieler — sein Kopf widerhallt
von den Lobsprüchen (»Bravo« — »wahrer Genuß« — »Su-
perb« — »und dieses schöne, ruhige Feuer« — »diese Präzision«
— »göttlich« — »köstlich« — »ich verstehe zwar Nichts davon,
aber es ist außerordentlich« — »ich kenne Sie zwar nicht, aber
ich glaube, in Ihnen Herrn Schumann bewundern zu müssen«). Vor dem übermütigen Solisten und dem »bleichen Engel der Zukunft« paradieren sie, die ihn umschwirren als
»Brillennarr«, »Witzbold«, »Zahnlücke«, »Cravattenmensch«,
»Storch« und »Pandectenjüngling«. Kneipereien arten in »atti-
sche Nächte« aus, die »Fingerübungen, Doppelschläge und
Tonleitern« werden »in duftender Mondnacht« auch »unter
Röcken« fortgesetzt, und einmal wird gar das »Klavier zer-
hauen«.

All dies läuft wie ein Film vor dem Auge des späten Lesers
ab — ein Überfliegen der *Hottentottiana* seines Burschenjahrs
aus der Perspektive des Gianozzo, der in der Montgolfieren-
gondel im Gewitter die Trompete bläst und die Welt unter
sich wegflitzen läßt, vom Absturz bedroht, ganymedisch und
prometheisch gestimmt, von Zeit zu Zeit Flugblätter über die
Fortschritte seiner »moralischen Erziehung« abwerfend —
denn unter diesem Gesichtspunkt sieht Schumann noch seine
wildesten Eskapaden. Schonungslos reflektiert er über Katzenjammer und »Liederlichkeit« — und der Falter aus dieser Nacht,
oder Phönix aus der Asche seiner Zigarren, sein Opus 1,

die *Abeggvariationen* haben manches mit den *Alexandervariationen* seiner Triumphe gemein — sie sind aber zugleich auch schon ein fein gewobenes, echoflüsterndes, vertracktes und schwärmerisches Meisterwerk, durchsichtig und komplex, am Ende entschwebend wie der Jean Paulsche Gianozzo nach seinen Streichen.

Kein Opernthema, kein Gassenhauer — ein Mädchenname, fünf Buchstaben, fünf Noten, zum Septakkord sich emporschlingend, in träumerischer Sequenz und Umkehrung zum Thema verklärt, bis zur gezirpten Grenze des damaligen Klavierumfangs. Ursprünglich noch mit orchestraler Grundierung — wie ad lib. bei Moscheles — und einer geheimnisvoll kanonisch aus der Tiefe steigenden Introduktion. Zu Schumanns Kompositionsstil gehört früh eine Art masochistische Selbstzensur, oft mitten in enthusiastischen Steigerungen ein Abbrechen, ein Abfall in Schwermut oder Schweigen; so im »Ende vom Lied« aus Opus 12, wo Sterbeglocken unvermittelt das Frohsinnsschmettern durchkreuzen, oder in Opus 17, wo die schöne Wiederholung des Beethovenzitats am Ende des getragenen Walzers gekappt wird, oder auch in der Revision der *Etudes Symphoniques*, immer militärischer gerafft, je öfter er sie herausgibt. So schon im Opus 1: Medias in res, keine Introduktion, die Hälfte der auskomponierten Variationen bleibt auf der Strecke. Die aggressive Kompaktheit des Moschelesmarschs wirkt sich vor allem auf die erste und letzte Variation aus: zitathaft die chromatische Faktur — doch dann überklebt Schumann die letzte »ad libitum« träumerische Namensnennung, will den Namen entschwinden lassen wie die Flötentöne Vults in den *Papillons* — aber der Effekt stellt sich diesmal nicht ein; die Wirkung verpufft, die erste Fassung, wie meist bei Schumann, ist die bessere. Was als Hommage gedacht war, wird Schumann — wie unheimlicherweise oft — fast zum Tom-

beau: Meta Abegg, die liebreizende neunzehnjährige Kauf-
mannstochter und Pianistin, starb schon 1834 in Dresden; die
»Comtesse« war eine mystifizierende Zutat. Der Kritikerkönig
Rellstab, der Beethovens *Totenklage* op. 27,2 das kitschige
»Mondschein«-Etikett anhängte, war von Anfang an ein hart-
näckiger Feind Schumannscher »Sphinxe« und empfahl ihm
höhnisch, doch künftig auch »Fisch, Hase und Schaaf«, kurz
»ein ganzes Mittagessen« zu vertonen, »statt ohne allen Kom-
paß in dem unendlichen Ozean der Erfindung umhersegeln«
zu müssen. Rellstab fällt auch über op. 2, die *Papillons* und
op. 3, die *Paganinistudien* her: Die einen sind ihm zu hierogly-
phisch — »es lese, wer ein Champollion ist« — die anderen zu
sehr »über einen Kamm geschoren«.

Doch wer ein Jean-Paul-Leser ist, kann die Tanzsätze des
Opus 2 aus Schumanns Handexemplar der *Flegeljahre* (in
Schumanns Geburtshaus in Zwickau) »entziffern«, d. h. sze-
nisch untermalen: Clara Wiecks Lieblingsstück, der fis-Moll-
Kanon, dragonert bei Jean Paul als Riesenstiefel übers Parkett;
doch sollte (wie Bernhard R. Appel warnt) Schumanns Dik-
tum, daß er von Jean Paul mehr Kontrapunkt gelernt habe als
von Marpurgs Fugenlehre, eher als Übertragung eines Struk-
turprinzips ernst genommen werden: »Narrative Verläufe, rhe-
torische Emphase, Digressionen, Rückblenden, rezitatorische
Gesten, epigrammatische Zuspitzungen und Aphoristik sind
über die Literaturrezeption gewonnene Strukturformen.« Die
»pittoreske« Musik, die zu Schuberts Tänzen die Tänzer mit-
heraufruft, illustriert nicht, sie illuminiert. Und sie soll aktivie-
ren und motivieren. Der Flügel soll die neue, die poetische Gesellschaft um sich scharen, so wie Paganini mit seiner Geige
die Geister anzieht und im Kreis um sich sammelt. Der jung
verstorbene Maler Edward Novello — Bruder der Sängerin
Clara, der Schumann die *Novelletten* widmet — hat dies in sei-

nem großen Familienbild auf englisch versonnene Weise dargestellt: das Tafelklavier als Mittelpunkt einer Gruppenmeditation, wobei die hinter dem Spieler unmittelbar in die Noten schauenden Damen und Herren zugleich gebannt und perplex dreinsehen, als hätten sie zum ersten Mal die *Novelletten* zu entziffern.

Die andere pittoreske Umsetzung eines musikalischen Magnetismus war auch Schumann bekannt — die Zeichnung des tauben Malers Peter Lyser, der zum Kreis der Leipziger Davidsbündler gehörte und sich als Inkarnation des Gespenster-Hoffmann verstand:»Die schöne G-moll *Caprice* von Paganini. Ich sah ehegestern ein Bild, das einen gräßlichen Eindruck macht — Paganini im Zauberkreis — die ermordete Frau — tanzende Skelette und ziehende, magnetische Nebelgeister; doch war das Bild in der Composition nicht ohne Fantasie und Leben. Während der Bearbeitung des G-moll Presto schwebte mir es oft vor und glaube, daß der Schluß gern daran erinnert.« Schumann hatte Paganini am Ostersonntag 1830 in Frankfurt gehört; doch verrät das Tagebuch wenig von dem Kunsteindruck, außer, daß er ihn beunruhigt und daß er von ihm träumt. Drei Jahre später verschlug es der jungen Clara Novello den Atem, als der wüste Geiger wie der böse Schneider aus dem Struwwelpeter seine Schere zückt und drei gesprungene Saiten durchratscht, um auf der verbleibenden den *Hexentanz* zu exekutieren. Auch Heinrich Heine hat den »fahlen Paganini« gehört, der immer »wie ein Sterbender aussah« — den neuen Virtuosentyp, der nicht nur den Atem, sondern auch die Sprache verschlug: »Auch herrschte eine religiöse Stille im ganzen Saal.« Sein Gesicht erschien durch neumodische Gasbeleuchtung noch leichenhaft weißer, und sein schwarzer Frack war »von einem entsetzlichen Zuschnitt, wie er vielleicht am Hof Proserpinens von der höllischen Etikette vorgeschrieben ist: Ein Vampir mit der Violine, der uns, wo nicht das Blut aus dem Herzen, doch auf jeden Fall das Geld aus den Tauschen saugt?« Indem Heine die diabolischen Klischees ironisiert, verliert er doch nicht das soziologisch Neue aus den Augen: ein »närrischer« bezahlter Musikant, der andächtiges Schweigen schafft und »in tönender Bilderschrift allerlei grelle Geschichten erzählte, ... ein farbiges Schattenspiel hingaukeln ließ, worin er selber immer mit seinem Violinspiel als die Hauptperson agierte.« Heines Freund und Illustrator war derselbe Maler Lyser, der mit Schumann im Leipziger »Coffeebaum« saß: »Der Teufel hat mir die Hand geführt«, flüstert er dem mokanten Dichter zu. Und Heine hört den »Gesang gefallener Engel«, sieht »spöttische Zerstörungslust« in den Augen des Spielmanns funkeln, vergleicht ihn mit dem »Rattenfänger von Hameln« und beschwört goyeske Caprichos aus den *Capricen* — »Krokodylle mit Fledermausflügeln, Schlangen mit Hirschgeweihen, ... Weibergesichter mit Brüsten an Stelle der Wangen, grüne Kamelsköpfe ...« Heines Nachbar, ein Pelzhändler, der zwecks besseren Hörens die Wattebäusche aus den Ohren gepult hatte, kommentiert sachverständig: »Das ist also das berühmte Spiel auf der G-saite ...« Doch Heines Bericht steigert sich zu wahrer Apotheose, wenn er den »Hexenmeister« auf leuchtender Kugel im Weltraum schweben hört, vielleicht mit seiner sechsten *Caprice*, die Schumann und Liszt transkribierten: »Eine unnennbare heilige Inbrunst wohnte in diesen Klängen, wie geheimnisvolles Flüstern auf dem Wasser, dann wieder ..., als griffen tausend Barden in die Saiten ihrer Harfen ...« Schumann packt das alles in den Erfahrungssatz, daß unter Paganinis Spinnenfingern die »trockensten Übungsformeln zu Pythiasprüchen aufflammten«. In seiner Bearbeitung der XVI. *Caprice* (g-Moll-Presto) wächst ihm aus Paganinis Übungsformeln eine ekstatische

Gegenstimme auf, mit der er die geigerische Rasanz überlagert. Liszt dagegen bleibt originalgetreuer Bearbeiter, mit grandiosem Gespür zwar für die pianistischen Äquivalenzen zum geigerischen Feuerwerk, doch ohne das Poetische, das Schumann aus der Vorlage herausholt und weiterdichtet.

Nach Schweiz- und Italienreise, nach Paganini und Alexandermarscherfolg, nach dem Tod seiner vierjährigen Nichte Helene und nach mancher Kneiperei und Knutscherei mit »Smollisbrüdern« finden ihn die Kumpane eines Mitternachts bei brennender Lampe unterm Flügel liegen: Ende der »liederlichen« Burschenzeit in Heidelberg — Schumann beschließt, die Jurisprudenz an den Nagel zu hängen und Musiker zu werden. Die Schulden zahlt der Vormund, die Mutter fragt ängstlich bei Friedrich Wieck, dem Klavierlehrer in Leipzig, an, ob ihr Robert sein »Brod fürs Leben« auch als Klavierspieler verdienen könnte. Dieser antwortet prompt, er könne Robert »binnen drei Jahren zu einem der größten jetzt lebenden« Virtuosen ausbilden, vorausgesetzt, daß er seine »zügellose Phantasie, verbunden mit so viel schwankendem Sinne« im Zaum hält.

Zugleich hatte Schumann eine Art Offenbarung in Form von sechzehn Takten Musik, »wo ein von der alten Musik abweichender Geist sich mir eröffnete und neues poetisches Leben sich mir zu erschließen schien«. Dieses bewegende Grundmodell seines Komponierens (aus einem unveröffentlichten Klavierquartett), eine melancholisch insistierende, fast flehentlich suchende Akkordfolge, die in zögerndem Abstieg über h-Moll und G-Dur sich rhythmisch punktierend von e hinab nach h tastet und zu einem schmerzlich verhaltenen Thema schließt, das zugleich, auf der Subdominante verharrend, einem neuen Anfang offensteht. Zitathaft auflösend bringt Schumann dieses Leitmotiv seines Schaffens in das

»Allegretto semplice« der *Intermezzi* op. 4 ein — er variiert es noch oft, eine Formel ungestillter Sehnsucht nach dem »einen geheimen Wort«, vor dem »das ganze verkehrte Wesen« verfliegen würde. Weder Novalis noch Schumann haben es je gefunden.

Heinrich Heine. (Ludwig Grimm)

Chopin und Madame Viardot. (Karikatur von Maurice Sand)

Scherz in dunklen Schleiern

In Leipzig zurück, logierte sich Robert im Hause Wieck ein, spielt täglich sieben Stunden Klavier und erschreckt Kind Clara mit Schauergeschichten zur guten Nacht und der Versicherung, er trage ständig eine Pistole mit sich herum. Er hat eine Geliebte, die sich bei ihm »verblutet«, was immer das heißen mag, und bald wieder eine platonisch schwärmerische Beziehung zu einer verheirateten Frau, der pianistisch begabten »As-Dur-Seele« Henriette Voigt, der er seine *Sehnsuchtswalzervariationen* widmen will, die aber Fragment bleiben; er widmet ihr schließlich die *g-Moll-Sonate* op. 22. Sie stirbt, 30 Jahre alt; die ihr zugedachte Musik erreichte sie nicht — das zarte Gewebe der Variationen über den Sehnsuchtswalzer von Schubert blieb 150 Jahre lang ein Gerücht, eine Sleeping Beauty, und erst die Musikologin Marie Luise Maintz hat 1995 die Dornenhecken weggehackt und die Fragmente geordnet und transkribiert. Henriette spielte mit dem Geiger Lipinsky Beethovens *Kreutzersonate*, und Schumann lauschte »im Dunkeln«. Auch spielte er im Hause Voigt oft noch nach Mitternacht seine *Fantasien*, vielleicht auch die (ebenfalls fragmentarisch gebliebene) über das *g-Moll-Nocturne* von Chopin, das ihn in all seiner melancholischen Sanftmut wie eine »Kriegserklärung« gegen alles Philisterium und einen »Scherz«, der »in dunklen Schleiern« geht, anmutete. Dem Geiger widmete er den *Carnaval*, der aus den der »As-Dur-Seele« zugedachten Schubertvariationen erwuchs.

Clara Wieck war noch nicht zwölf Jahre alt, als Robert Schumann am 4. Juli 1831 plötzlich aufgeht, daß er kein Kind mehr vor sich hat, auch wenn die junge Virtuosin noch weiterhin über Charaden und Rätsel lacht und quiekt: »Was ist Clara für ein Wesen! Gewiß sprach sie am geistreichsten von uns allen — Kaum drey Schuh hoch liegt ihr Herz schon in einer Entwicklung, vor der mir bangt. Launen und Laune, Lachen und Weinen, Tod und Leben, meist in scharfen Gegensätzen wechseln in diesem Mädchen blitzschnell ... Geschichten, sagt sie, Geschichten, das ist mein Leben; wenn ich abends zu Bette gehen will, wie nehm' ich mir vor, nur noch eine zu lesen, dann noch eine, aber nun die letzte, aber noch eine — bis die Mutter zankt und das Licht auslöscht. — Ihr Gedächtnis ist bewundernswürdig. Jedes Wort, das ich je sprach, kann sie mir wiederholen.«

Schumann war nicht nur empfindlich, sondern auch feinfühlig und aufmerksam; zwar phantasierte er gern im Dunkeln oder Dämmerlicht, flüsterte mehr als er sprach und wirkte oft summend selbstversunken, als Menschenbeobachter aber, mit novellistischen Ambitionen, war er hellwach und offen für das Erscheinungsbild und dramatisch oder tragisch Besondere seines Umgangs. Kurz vor dem zitierten Tagebucheintrag hatte er sich außerdem in zwei Doppelgänger aufgespalten — den wilden, sprunghaften, aggressiven, ungeduldigen, abrupten und passionierten Florestan und den zartfühlenden, auf Zehenspitzen wandelnden, leise ironischen, begütigenden Eusebius —, die nun in Schumanns Musikkritiken nach dem Vorbild E.T.A. Hoffmanns Gestalt annehmen, vom Flügel herab predigen (Florestan), Lilienbouquets versprechen (Eusebius). Mit ihren Meinungen zu berühmten und unberühmten Zeitgenossen halten sie nicht zurück, sie tanzen gleichsam, wie im *Carnaval* die Pantomime dazu, in einer Sprache, die vom Sarkasmus Heines, vom Überschwang Jean Pauls zehrt, und doch auch einen eigenen utopisch-seraphischen Schumannton hören läßt, der nicht wenig auch die analytisch trockene Schärfe eines Korrepetitors annehmen kann.

Clara, die Tochter seines Lehrers Friedrich Wieck, hat den Klavierschüler Robert natürlich längst überflügelt. Sie war bereits ein Star und zeigte auch etwas von der kühlen Durchsetzungsfähigkeit, der robusten Gefühlsbeherrschung, die sich ein Instrumentalvirtuose anzueignen hat. Auch dies bemerkt der Hausgast, der selbst in Krisensituationen unheimlich die Ruhe bewahren, doch keineswegs »kühl bis ans Herz hinan« bleiben konnte:

»Ich sah gestern [20.8.31] einen Auftritt, dessen Eindruck unauslöschlich sein wird. Wieck ist doch ein böser Mensch.«

Was war geschehen: Wiecks Sohn hatte nicht ordentlich seine Geigenstücke geübt; der Vater stieß ihn zu Boden, riß ihn an den Haaren und schrie:»Du Bösewicht!«, ohne auf das Flehen des Kindes zu achten.

»Und zu allem diesem — lächelte Clara und setzte sich mit einer Weberschen Sonate ruhig ans Klavier. Bin ich unter Menschen?«

Schumanns eigener Vater war aus weniger rauhem Holz geschnitzt; patriarchalische Gewaltanwendung war zwar zeitüblich und wurde auch von Töchtern ungerührt hingenommen, nicht jedoch von Robert, dem zeitlebens vor seinem eigenen, verdrängten Gewalttätigkeitspotential graute.

Clara war da ganz unbefangen. Sie hatte nichts zu verdrängen, sie agierte früh ihre Launen und Gegensätze aus und konnte im übrigen auf eine instinktive Noblesse vertrauen, die ihrem Umgang zeitlebens zugute kam, trotz aller Distanz und Kühle, die sie im Interesse ihres Lebensprogramms einzusetzen wußte. Auch entsprang der schwermütige Grundton ihres

Wesens eher kleinmütigem Selbstzweifel und nicht, wie bei
Robert, dem stillen Hochmut narzißtischer Selbstquälerei.
Sie sah nicht nur die eigenen Grenzen, sie zog sie sich auch,
vielleicht zu eng und in falscher Unterschätzung ihres Potenti-
als; dem versuchte zeitlebens Robert entgegenzuwirken. Vielleicht witterte sie da hyperbolische Verklärung und glaubte
ihm nicht alles. Doch wäre ihr Mißtrauen an seiner emotiona-
len Aufrichtigkeit abgeprallt. Bei aller Schwermut und allem
Kleinmut — Mut hatte sie immer bewiesen, mehr noch als Robert, der verzagen konnte.

Mut brauchte sie schon als Kind und Backfisch; zuerst, um
ihrem Vater und Lehrer zu genügen, dann auch, um ohne ihn
auszukommen und sich in den fremden Salons und Konzertsä-
len zu behaupten. Am Ende auch ohne Robert, dem sie aber
seinen Verfall fast als Abfall verargte.

Unerschrocken stand die Zwölfjährige auf der Schwelle des
Hauses am Jungfrauenplan in Weimar, obgleich man das Wunderkind samt Vater durch Oberhofmarschall und Oberregisseur hatte abblitzen lassen. Der alte Goethe aber war durch
den jungen Mendelssohn im Jahr zuvor liebenswürdig und in-
tensiv in seine Capriccio- und Bachs Fugenwelt eingeführt
worden, so daß ihm ganz kosmisch zumut wurde — »und dazu
sitzt er in seiner dunklen Ecke«, schrieb Mendelssohn an
Schwester Fanny, »wie ein Jupiter tonans und blitzt mit den alten Augen«. Als Felix allerdings die Schicksalsschläge von
Beethovens Fünfter aus dem alten Streicherflügel heraushäm-
merte, fürchtete der alte Herr, das Haus falle ihm über dem
Kopf zusammen. Bach, ja, das war wie ein Muster der Genesis
in Gottes Busen, aber Beethoven, den er ja in Teplitz als grimmigen Bürgerschreck kennengelernt hatte — »das macht nur
staunen«; das war »grandios« und »toll« und etwas für junge
Leute, die »einen Räuber und eine Braut brauchen, um glück-

lich zu leben«. Mendelssohn dagegen, der seraphisch-ironische, dabei weltmännisch gebildete Nachkomme des großen Philosophen, Vorbild zu Lessings *Nathan*, wirkte auf den vereinsamenden Dichter, der immer noch nicht seinen Faust erlöst hatte, geradezu erleuchtend und befreiend. Da war mal einer, der nicht melancholisch sehnsüchtelte, wie das Nazarenervolk, der Abwechslung bot bei der Mittagstafel, wo die Ottilien und Ulriken von Wohltätigkeit und Krankenpflege schwatzten. Die ganze Musikgeschichte ließ der Dichter an sich vorbeiziehen — nach Tisch und reichlichem Weingenuß — und dann ein Faustfragment mit Widmung »dem kräftig zarten Beherrscher des Pianos zur Erinnerung froher Maytage 1830 ...«

Und nun kam die etwas ungebärdige zwölfjährige Clara Wieck ins Haus — der *Faust* war fertig, und die noch kindhafte Dame mußte sich zu dem Alten aufs Sofa setzen. An Zelter schreibt er dann etwas verwirrt, daß er diese neuen französischen Sachen gar nicht gekannt habe. Der junge Star war — anders als der seriöse, klassizistische, zehn Jahre ältere Mendelssohn — eine modebewußte, effektsichere Bravourvirtuosin, die zwar auch toll und kräftig, aber doch meist »heiter und französisch pikant« ihren Herz und Hünten brillieren ließ. Doch auch hier hörte Goethe ahnungsvoll einen Ton heraus, der das Floskelwesen der Pariser Rondos, Duos und Variationen merkwürdig durchdrang: »Über Claras Darstellung vergißt man die Composition.« Und er schenkte »Der kunstreichen Clara Wieck« sein Brustbild für die »meisterliche Unterhaltung«. Danach standen auch Oberhofmarschall und Oberregisseur zu Diensten, und der Großherzog und die Damen des Hofes verdrehten die Augen, als die sylphenartig aufgeputzte Kindfrau im Stadthause phantasierte — aber hielt sie der Vater nicht grausam von Kinderspielen und Altersgenos-

sen fern? Dem hielt »ein feinsinniger Musikfreund« entgegen:
»Sie ist dazu bestimmt, das Erhabene in der Kunst selbst zu
fördern.« Das »Erhabene« war durch Kants Ästhetik bereits
das Schöne als des Schrecklichen Anfang oder auch umgekehrt (Rilke verzeihe es), und gewiß ein Gegensatz zur »An-
mut« der Erscheinung des Biedermeierdämchens, als das
Clara in den dreißiger Jahren in die Salons eingeführt wurde.
Doch entwickelte sie auch da bald ihren eigenen Stil: Mit Vor-
liebe kleidete sie sich in taillenenges Schwarz, ärmellos, eine
Kamelie im streng gescheitelten Haar der einzige Schmuck;
die weißen Musselinbäusche und Rattenschwanzschlüpfe der
frühen Lithographien paßten aber nicht schlecht zu Caprice
und Valse Romantique, zu den Soireen in Paris, wohin die
Reise nach dem Goetheintermezzo gegangen war.

Dort traf sie auf Chopin, der höflich und reserviert blieb gegenüber dem Überschwang der Verehrung, die ihm von beiden, Clara und Robert, entgegengebracht wurde. Clara spielte
bald seine Kompositionen »bedeutender«, glanzvoll eindringlicher als Chopin selbst, was dieser durchaus neidlos aner-
kannte. Schwach auf der Brust, brachte er kein rechtes Forte
heraus, während Clara, laut Goethe, »mehr Kraft als sechs
Knaben zusammen« hatte. Robert begründete geradezu Chopins Ruhm in Deutschland mit seinem »Hut ab ihr Herren, ein
Genie«. Der milde Eusebius legte mit diesen Worten Chopins
Opus 2, die *Don-Juan-Variationen*, aufs Klavierpult. Chopin war
peinlich berührt: »Leporello schien mich ordentlich wie anzu-
blinzen und Don Juan flog im weißen Mantel vorbei.« Diese
Art Musikkritik war und blieb Chopin fremd; er mokierte sich
darüber, daß Don Juan der Zerline »auf dem Des« einen Kuß
verpaßt; man müsse sich doch fragen, »welcher Teil ihrer Ana-
tomie das Des wohl sein mag! Man kann nur staunen über die
deutsche Phantasie...« Schumann war durchaus selbst zur Iro-

nisierung seiner musikalisch-mimetischen Inszenierungen fähig: »Diese Privatgefühle sind vielleicht zu loben, obgleich sie etwas subjectiv sind; aber so beug' ich doch mein Haupt solchem Genius, solchem Streben, solcher Meisterschaft.« Friedrich Wieck, der mit seiner halbwüchsigen Tochter in den endlosen Abendgesellschaften nicht recht zum Zug kam, war dem noblen Polen weniger gewogen: »ein hübscher Kerl, aber durch Paris liederlich und gleichgültig gegen sich und seine Kunst geworden.« Seltsam, daß er Chopins e-Moll-Konzert für eine Arbeit von Schumann halten wollte, hätte er es nicht vom Komponisten selbst gehört. Tatsächlich entsprach Schumanns Klangideal bei den *Paganini-Etüden*, den *Etudes Symphoniques*, dem *Allegro* op. 8, den *Sehnsuchtswalzervariationen* bis hin zur fis-Moll-Sonate und der *Fantasie* op. 17 noch dem unerreichbaren Notturno- und Scherzoglanz »in schwarzen Schleiern«, die er aber noch vertrackter zu drapieren verstand, zumal der Atem, der darin wehte, heißer war, aber auch kürzer. Chopin, dem Schumann die *Kreisleriana* widmet, bedankt sich bezeichnend mit seiner F-Dur-Ballade, eine seiner zerrissensten Kompositionen: Das lyrisch wiegende Undinenthema und der darin einbrechende Meeressturm wirken wie aneinandergekittete Fragmente; tatsächlich spielt Chopin in Leipzig den Schumanns nur die (wohl erweiterte) Andantepassage daraus vor. Doch soll dem Werk die Sage von einer im Meer versinkenden Stadt zugrunde liegen. Das Thema des in des »Meeres und der Liebe Wellen« versinkenden Lebens war Schumann ominös gegenwärtig in der Sage von Hero und Leander.

Dann brach in Paris die Cholera aus. Heine, der furchtlose Flaneur, war dageblieben und wurde zum Chronisten von Szenen wie aus Geschichten von Poe: In Paris war Karnevalsstimmung, als am 29. März die erste offizielle Seuchenwarnung er-

ging. »Da dies der Tag der *Micarême* und das Wetter sonnig
und lieblich war, so tummelten sich die Pariser um so lustiger
auf den Boulevards, wo man sogar Masken erblickte, die in
karikierter Mißfarbigkeit und Ungestalt die Furcht vor der
Cholera und die Krankheit selbst verspotteten.« Ein Harle-
quin nahm die Maske ab, war blau im Gesicht und wurde zum
Hôtel-Dieu, ins Spital gefahren, wo schon andere Redouten-
tänzer, noch in ihren »abenteuerlichen Maskenkleidern« im
Sterben lagen. Es kam zu einer Revolution der »Chiffoniers«,
der Straßenkehrer, als die Stadt über ihre Köpfe hinweg drasti-
sche Säuberungsmaßnahmen durchführte. Das Volk glaubte
sich außerdem von der Regierung vergiftet und lynchte jeden,
bei dem sich »ein weißes Pulver« fand — Chlor zur Desinfek-
tion des Wassers. Alte Weiber erschlugen einen Passanten mit
ihren Holzschuhen: »Er war ganz nackt und blutrünstig zerschlagen und zerquetscht; nicht bloß die Kleider, sondern
auch die Haare, die Scham, die Lippen und die Nase waren
ihm abgerissen, und ein wüster Mensch band dem Leichnam
einen Strick um die Füße und schleifte ihn damit durch
die Straße, während er beständig schrie: ›Voilà, le Cholera-
morbus!‹

Clara, ungewaschen — 1 Liter Wasser pro Tag brachte der
»porteur d'eau« —, aber in weißem Kleid, wurde durch die
Straßenunruhen zum letzten Konzert in der »Stölpelschen
Schule« gefahren und verließ dann mit dem Vater am 13. April
Hals über Kopf die verseuchte Stadt. Nach mehrtägiger Qua-
ratäne in Saarbrücken und Claras Krankenlager in Frankfurt
trafen Vater und Tochter am 1. Mai in Leipzig ein: »Eine viertel Stunde darauf putzte Clara die Messer in der Küche.«

Schumann erkannte die Spielgenossin kaum noch: Sie war
gewachsen und »hübscher« geworden; auch mutwilliger und
selbstbewußter. Sie spielt seine *Papillons*, die ihren *Capricen*

op. 2 so viel verdanken — aber er vermißt die »Zartheit«; es sind schließlich keine Husarenstückchen, als welche er wohl ihr oktavenschepperndes Werkchen (nicht ganz angemessen) auffaßt. Ihr improvisatorischer Übermut wird »liederlich« genannt — ob wohl der »liederlich« gewordene Chopin abgefärbt hat? »Dann kommt's wieder wie zarte Regenbogenstreifen dazwischen.« Und — wieder inspiriert von einem Clara-Thema — »strömt«, »als kämen lauter Blumen und Götter aus den Fingern hervor«, der Gedanke zum Opus 5, den *Impromptus*, und reißt ihn fort.

Die Gedanken strömen, aber die Finger stolpern — alle Pianisten kennen die Gefahr: Überanstrengung und Überdehnung der Handmuskulatur durch repetierendes Erzwingenwollen von Perfektion. Manche Virtuosenkarriere scheiterte an einer Nervenentzündung. Verbissenheit, mechanisches Üben, Ignorieren von Schmerz und Verkrampfungen führen zu chronischer Neuritis, die jeder Behandlung widersteht. Schumann wollte offenbar durch eine mechanische Vorrichtung die autonome Stärkung des wenigst lenkbaren, also des Ringfingers erzwingen. Welche Finger in Mitleidenschaft gezogen wurden, ist nicht mehr eindeutig auszumachen. Daß die Lähmungserscheinungen auch Folge einer venerischen Infektion sein könnten, ist in diesem frühen Stadium einer möglichen Ansteckung wenig wahrscheinlich. Alle Heilungsversuche des »Handübels« scheiterten: Elektrizität, Homöopathie, Massagen oder Ruhe — nichts half, und Schumann resigniert wie der Fuchs bei den Trauben: »An den reisenden Virtuosen denk' ich nicht — das ist ein saures, undankbares Leben.« Ein Trauma blieb die Behinderung aber doch. Bis 1840 schrieb er nur Klavierwerke, und in Wien klagt er Clara, die in Paris mit ihrem *Scherzo* op. 10 Triumphe feiert: »Unglücklich fühle ich mich manchmal und gerade hier, daß ich eine leidende Hand

48

habe.« Die Schumann-Interpreten wissen, wie vertrackt und spannungsreich sein Klaviersatz im Frühwerk oft ein Äußerstes an pianistischer Beherrschung abverlangt; noch immer riskiert kaum ein »reisender Virtuose«, die *Toccata* op. 7 aufs Programm zu setzen, obgleich oder gerade weil sie nach zwei, drei Minuten vorbei wäre.

Wer diesen Tastensturm mit dem infernalischen Martellato der fugierten Durchführung und den akkordischen Donnerschlägen vor der beschwichtigenden Coda von Evgeny Kissin gehört hat, wird, um Fassung ringend, die Steigerung dieses Opus 7 zur Toccata Toccatarum oder auch Toccatissima akzeptieren müssen.

Schumann aber blieb in der Folge für die Verbreitung und Auslotung seines Klavierwerks auf Clara Wieck/Clara Schumann angewiesen, was die doppelgängerhafte Identifizierung mit der Geliebten begünstigt, aber auch zu Irritation, Ungeduld, gesellschaftlicher Zurücksetzung und morbider Introversion führen konnte. »Es steht alle Musik so fertig und lebendig in mir, daß ich es hinhauchen müßte: und nun kann ich es nur zur Not herausbringen, und stolpere mit einem Finger über den anderen. Das ist gar erschrecklich und hat mir schon viele Schmerzen gemacht.« Das etwas kindisch-stolze Bestehen auf dem Vorrang des Komponisten vor dem Interpreten, das Schumann Rietschel gegenüber hervorkehrt, ist auch von daher zu verstehen: Rietschel wollte in seinem Doppelrelief Claras Profil im Vordergrund halten — ästhetisch wäre das die bessere Lösung gewesen; nach Schumanns Einspruch sehen wir nun vorne statt Claras wohlgeformtem Hinterkopf die romantisch hingezwirbelte Künstlermähne Roberts.

Die Krise des Jahres 1832 führte endgültig zu Roberts Entscheidung, als Tonsetzer zu leben und schließlich auch als Schriftsteller! Neben Mendelssohn ist ja Schumann der gebildetste und wortgewandteste aller Komponisten. Während Mendelssohns erstaunlich feine und geschliffene Formulierungskunst auf seine Reisebriefe an die Familie und die Schwester Fanny beschränkt bleibt, geht Schumann daran, seine reformatorische Vision einer poetisch-musikalischen Gesellschaft mit dem »Davidsbund« und seiner *Neuen Zeitschrift für Musik* zu verwirklichen. Die Freunde, die sich im Leipziger Lokal »Coffeebaum« um ihn scharten, speisten und tranken nicht nur zusammen, sondern tauschten ihre Gedanken über die Kunst aus, die ihnen Speise und Trank des Lebens war — die Musik. Doch waren das keine Musikologen, sondern »junge Brauseköpfe«, denen es auch bei der Musik um die »Poesie« der Kunst ging. In der Philisterschelte und dem doppeldeutigen Anruf des biblischen David als Schutzpatron, wirkte die frühromantische Vorstellung einer in Gespräch und allerlei Charaden und Kunstübung versunkenen Lebensgemeinschaft weiter. Etwas davon war in den Berliner Salons der Rahel Varnhagen, der Henriette Herz und dem Gartensaal Fanny Mendelssohns verwirklicht. In Leipzig — etwas bürgerlicher — im Hause Wieck und im Haus der schönen und begabten Kaufmannsgattin und Klavierspielerin Henriette Voigt, bei der Schumann mitternächtlich »im Dunkeln« phantasierte, der er seine Schubertvariationen widmen wollte und die schließlich Clara Wiecks Eifersucht erregte. David — das war einerseits der freche Lümmel, der den Goliath besiegt, andererseits der Harfenspieler, der den Zorn des Sauls beschwichtigt. Die Musik als zauberisch in die Gesellschaft eingreifende Macht, als lebensverändernde, ja eigentlich lebenstiftende und -durchdringende Gewalt, die der barbarischen Gewalttätigkeit der Philisterwelt standhält und entgegenwirkt — das war eine Vorstellung, an der Schumann zeitlebens heroisch und auch desperat festhält. Noch eine seiner letzten Kompositionen ist

50

eine kantatenhafte Bearbeitung der Uhland-Ballade vom
Fluch des Sängers, dem der König Volksverführung vorwirft.
Das Verbrechen an der Musik führt zur Vernichtung und Verödung der Gesellschaft, wie ja auch Hitlers Ära eine merkwür-
dige, anhaltende Verödung der musikalischen Ausdrucks- und
Gestaltungsfähigkeit in Deutschland nach sich gezogen hat —
Musik als »Speise und Trank des Lebens« kommt jetzt an-
derswo her: aus Rumänien, Rußland, England, Südamerika
zum Beispiel; Schumanns Cellokonzert, von Jacqueline de
Prés gespielt, Martha Argerichs Kreisleriana, Jozef de Beenhouwer und Anna Gourari mit Claras Werk.
    Ab 3. April 1834, nachdem die erste Nummer der musikali-
schen Wochenschrift erschienen war, entwarf Schumann mit
kritischer Beweglichkeit nicht nur ein Panorama des zeitge-
nössischen Musiklebens, sondern geradezu dessen Roman:
»Wir leben jetzt einen Roman, wie er vielleicht noch in keinem
Buche gestanden«, schreibt er der Freundin Henriette Voigt, in
deren Haus ein Großteil des Plots in Form von Soireen, Kon-
versation, Flirt und Intrige gesponnen wird: Eusebius tritt herein und lächelt ironisch, Florestan springt auf den Flügel, mit
Chopin geht man Arm in Arm, der spanische Grande schäkert
mit der Bauernjungfer, Zilie, Clara Wieck nämlich, sticht sich
an einem Rosendorn, ein Gewitter bricht herein, der Kritiker
seufzt, »die Musik ist die Waise, deren Vater und Mutter keiner
nennen kann«, ein Davidsbündler (Schuncke) stirbt, und »seitdem er von uns geschieden, steht eine eigene Röte am Himmel ... Doch dann hören wir noch das schöne B der Trompete,
das die Septime zum Akkorde bildet, und rüge ich besonders
an Concert-concert-componisten (kein Pleonasmus), erstens,
daß sie die Solis eher fertig machen und haben als die Tuttis,
unconstitutionell genug, da doch das Orchester die Kammer
vertritt, ohne deren Zustimmung das Clavier nichts unterneh-

men darf, und zweitens die Modulation 7b 5 5 3 X=Dur nach
X + I = Dur, mit X bezeichnen wir allgemein einen Grundton,
mit dem nebenstehenden X+i den Baßton der ersten Stufe
aufwärts, zu der sich namentlich jüngere Componisten flüch-
ten, wenn sie nicht recht wissen wie weiter ...«
Eindringlicher und zugleich unterhaltsamer analysiert keiner die Musik seiner Zeit, zugleich mit einem Schuß Heinescher Satire und einem Guß Jean Paulschen Überschwangs,
der die penibleren Geister, Chopin und Mendelssohn, leise befremdet; vor allem, wenn sie von Florestan ständig in effigie
ans Herz gedrückt und mit Kosenamen bedacht werden. Dies
nur die ersten fünf Jahre der Zeitschrift, die bereits dreihun-
dert bis vierhundert Abonnenten hat. Später wird auch an
Chopin und Mendelssohn gemäkelt: Der eine schreibt Fugen,
aber keine Bachschen, der andere schreibt Mazurken, aber
keine Symphonien. Doch leuchten sie als Leitsterne über der
Masse der philisteriumsverdächtigen Dutzendkomponisten,
die dem doppelgesichtigen Redakteur ihre Partituren schik-
ken. Und er in sanftem Eusebiuston − »Milch gegen Gift,
kühle blaue Milch!« − oder florestanisch »tollköpfig« gibt
sich mit all dem ausführlichst ab, bis dann vom Jahre 1844 an
plötzlich ein kalter Ton einreißt: Ein gewisser Dr. Franz Brendel übernimmt die Redaktion und wirft als Anhänger der
Dresdner Wagner/Liszt-Neutönerei Robert Schumann in dessen eigener Zeitschrift zum alten Eisen.
Viele der von Schumann entdeckten und geförderten Ta-
lente sind inzwischen vergessen, manche vielleicht zu Un-
recht; so lobt er in zarten Worten die Etüden der Maria Agata
Szymanowska, die neuerdings wieder erklingen, wie auch die
Sonate des Freundes Schuncke, dem die höllische Toccata gewidmet ist. Doch Niels Gade und Sterndale Bennett sind vergessen; und auch Theodor Kirchner, der Schumann so ähnlich

52

sah, daß Clara nach des Gatten Tod kurzfristig in Gefühlsver-
wirrung geriet, denn der junge Mann wollte sie heiraten; er
widmete ihr dann statt dessen seine kurz angebundenen, interessanten *Präludien,* die vielleicht doch noch das neue Mille-
nium miteinläuten werden?
Eingeführt, geradezu vorgeführt wurden durch Schumann
in Leipzig, d. h. in die musikalische Welt Deutschlands, Chopin, Berlioz (mit seiner *Phantastischen Symphonie*) und Brahms.
Clara beschwerte sich einmal, daß ihr Klavierkonzert nicht
vom Hauptredakteur, also Schumann, besprochen worden sei,
sondern herablassend von irgendeinem Niemand. Das machte
Schumann mit der Besprechung ihrer *Soireen* op. 6 wett, die
auch Chopin bewunderte. Chopin hörte die grelle »Tocca-
tina«, deren Mittelteil im »Notturno« zutiefst melancholisch
wiederaufgenommen wird; mit steigernder Verwunderung
lauschte er bei seinem Besuch in Leipzig der ahnungsvoll aus-
schwingenden Thematik der »Ballade«, so ganz anders und
ihm doch verwandt, und der bizarren »Polonaise« am Ende;
und er erbat sich die Noten und nahm sie mit nach Paris. Schumann aber lobte das »überwallende Leben« in Claras Suite,
»das vom leisesten Hauch bewegt zu werden scheint«, und den
»Reichtum an ungewöhnlichen Mitteln, eine Macht, die heimlichern, tiefer spinnenden Fäden der Harmonie zu verwirren
und auseinanderzulegen« — und es wurde ihm »bange« davor,
wie ihm auch sonst leicht schwindlig wurde, wenn er im Wi-
derspiel von Nacht und Licht, im Zwielicht, zwischen »Lust
und Leid« auf schmalem Grat über dem Abgrund einer lok-
kenden und schreckenden Verlorenheit sich wähnte: »Was erhält man von diesen Soireen? ... wie man glücklich im Schmerz
sein könne und traurig im Glück.«
Auch sonst widmet er Künstlerinnen die gleiche professio-
nell-profunde Aufmerksamkeit in seiner Zeitschrift (und im

Leben) wie den Mannskollegen. Besonders die Engländerinnen hatten es ihm angetan. Bereits auf seiner Italienreise als Heidelberger Student, wo er nicht nur die steinernen Beine weißer verhüllter Engel streichelt und »Todtenangst« wegen eines an Abgründen hinjagenden Kutschers aussteht, hofiert er eine »noble« Engländerin in »rotem Hute« und vertraut seiner Mutter an, daß er so eine einmal heiraten werde. Die gebildet-betuchten Engländerinnen des Regency der Biedermeierzeit waren interessant-interessierte, selbstbewußt-kühle Touristinnen, ein in deutscher Provinzenge neuerscheinendes Phänomen; sie zeichneten, trugen Pistolen, Sonnenschirme und Picknickkörbe mit sich herum, bestiegen den Vesuv und besuchten Goethe. Doch kamen aus London auch Instrumental- und Gesangsvirtuosinnen nach Leipzig, z.T. im Gefolge von Mendelssohn; und Schumann war fasziniert: Clara Novello, gleichaltrig mit Clara Wieck, bestach durch schlichtes Auftreten, glockenklare Stimme, »edelsten Vortrag«. Sie sang in Händels *Messias* und Mendelssohns *Paulus*: »Seit Jahren hat mir nichts so wohlgetan wie diese Stimme, die sich überall kennt und beherrscht, des zartesten Wohllauts voll, jeder Ton scharf begrenzt wie auf einer Tastatur.« Keine Staralüren, keine Operndiva, obgleich sie auch zur Bühne strebte. Eine neue Reinheit und Werktreue, ganz im Sinne Mendelssohns, verschlug dem byronisch-wilden Florestan die Sprache und belebte bei Schumann klassizistische Neigungen, die doch immer etwas angestrengt oder stumpf in seine Tonsprache umgesetzt wurden. »Vor solcher Kunst bricht all das Stelzenwerk zusammen, worauf uns gewöhnliche Virtuosität über die Schultern zu sehen glaubt.« Schumann ließ sich von Clara Novello zu seinen *Novelletten* inspirieren (»Wiecketten« hätte häßlich geklungen, und sie heißt ja auch Clara, beruhigte er die aufmerkende Braut). Dieser Zyklus strebt bereits »reine«

Gesangslinien an, enthält außerdem die nostalgische Reminiszenz an Claras »Notturno« aus den glücklich-traurigen *Soireen* — Präludien zum Liederjahr 1840!

Die andere Engländerin, der Schumann Rosen schenkte und seine *Fantasiestücke* op. 12 widmete, war die Pianistin Robena Laidlaw. Sie spielte in Berlin erstmals öffentlich Schumanns *Concert sans Orchestre*, wie Clara Wieck nicht ohne leise Eifersucht Robert mitteilt — Clara selbst hatte zeitlebens immer nur den »Quasi Variazioni«-Satz daraus gespielt: die »Pensées« über ein Themafragment von ihr, das bis heute in ihrem Œuvre nicht nachweisbar ist. Die »bildhübsche« Virtuosin war erst 14 Jahre alt, als sie mit ihrer Anschlagskultur und Interpretationsfeinheit Lob von keinem geringeren als Rellstab einheimste. Paganini, den die junge Clara begleitet hatte, wollte das Klavier nie so »magnifico« gehört haben, so »miracoloso«. Schumann erinnerte darüber hinaus auch ihre schönen Augen und ihre blau-samtene Büste. Sie wanderten zusammen im Rosental bei Leipzig und entkamen der wasserscheuen Mutter in einem Ruderboot auf den See. Sie sprachen über E.T.A. Hoffmann und Walter Scott (für den Robenas Großmutter eine Kappe gestrickt hatte, die er zum Schreiben aufsetzte und seine »wishing cap« nannte). Schumann beschrieb ihr auch sein Frauenideal: die Kindfrau, Murillos Madonnentyp. Ihr gegenüber war er gesprächig und heiter, und seine Bescheidenheit gefiel ihr, vor allem aber, daß er auch andere Musiker gelten ließ. Und die *Fantasiestücke*: »Sie gehören Ihnen — und das ganze Rosental mit romantischem Zubehör steht in der Musik.« Clara, die mit einer gewissen ironischen Noblesse Schumanns amouröse Schwärmereien duldete, ließ dann doch als Witwe und Herausgeberin seines Gesamtwerks die ihr unpassend erscheinenden Widmungen weg: z.B. auch die Dedikation des Opus 12.

»Die Laidlaw schrieb mir aus Polen ... sie hat mich im Herzen, glaub ich. Zum Abschied gab sie mir eine Locke, daß Du's nur weißt. Eifersüchtig kannst Du wohl gar nicht sein; ich möchte Dich doch genauer kennen.«

Robena Laidlaw trat, nach Konzerterfolgen in Berlin, Petersburg, Wien, Paris und Brüssel früh vom Podium ab — sie war nun Mrs. Thomson.

»Die arme Laidlaw dauert mich — sie trägt Dich im Herzen? Das wundert mich nicht. Du möchtest mich also gern noch näher kennen? was soll ich Dir antworten? Sag ich, ›ich bin eifersüchtig‹, so belüge ich Dich, und sag ich, ›ich bin nicht eifersüchtig‹, so glaubst Du Dich belogen. So mußt Du Dich noch ein wenig gedulden.«

Sie hielten einander in Atem, Clara und Robert — er mit leisen Provokationen (»wie befindet sich das dreimal gestrichene F in der Springvariation von Chopin?« Sie traf es nicht immer. Nun die Bitte, »daß wir uns geistig treffen, über dem Thomaspförtchen. Tun Sie es nicht und es springt morgen in der zwölften Stunde eine Saite, so bin ich's«); sie mit launigen Hinhaltungen (»ich freue mich sehr auf Weihnachten, und das Stück Stolle, was ich Ihnen aufheben werde, wartet jetzt schon auf Sie, damit es von Ihnen gegessen werden möchte, obgleich es noch nicht gebacken ist«). Sie lebten seit seiner Rückkehr aus Heidelberg im selben Haus, und später noch immer in derselben Stadt. Sie ärgerte sich mehr und mehr, daß er mit ihr bloß herumkalberte, während er für die Schwägerinnen (besonders Rosalie, deren früher Tod ihn zum ersten Mal an Wahnsinn und Selbstmord denken ließ) ernsthaft schwärmte und mit einer neuen Schülerin des Vaters, Ernestine, sich gar verlobte.

1832 lernte Clara in Zwickau Roberts gesamte Familie kennen: die Brüder Eduard und Julius, die den Buchladen weiterführten, Carl, der in Schneeberg die Druckerei betrieb, deren

Frauen und Kinder und die Mutter Johanne Christiane, die so
oft im Erker am Fenster sitzt und auf Besuch wartet — so auch
damals mit Clara, und drunten geht Robert vorbei und hebt
den Zylinder grüßend. Die Mutter schließt plötzlich die dreizehnjährige Leipzigerin in die Arme und flüstert:»Du mußt
einmal meinen Robert heiraten.«

Erstmals erschienen beider Namen zusammen auf einem
Konzertprogramm: im Gewandhaus zu Zwickau machte
Clara mit den Herzschen Bravourvariationen Furore, während
Roberts (noch immer unveröffentlichter) g-Moll-Symphonie-
satz kaum begeisterte. Immerhin konnte er instrumentieren
und half Clara mit dem Orchesterpart ihres kühnen und origi-
nellen Klavierkonzerts, das sie als Vierzehnjährige bereits in
Angriff genommen hatte — das Andante gleitet schwermütig
ins Zwiegespräch mit dem Cello (das Robert an seinen Quar-
tettabenden spielte) und endet mit dem chromatisch gehauch-
ten Arpeggienaufstieg aus As nach E über ominösem Trommelwirbel, ein atemberaubend stilles Verhalten vor der okta-
venballernden Polonaise des Finales.

Robert war neun Jahre älter; er erzählte ihr Schauergeschichten, belehrte sie über den Unterschied zwischen einer
Gans und einer Ente und gab ihr»101 Charaden«und»8 spaß-
hafte Rätsel«. Er fand sie gelegentlich»albern«und»despo-
tisch«und im ganzen eben etwas unberechenbar und un-
durchschaubar. Dies genoß sie offenbar und mystifizierte sich
entsprechend sphinxhaft. Das Hin und Her und Auf und Ab
ihres Umgangs hält nun seinerseits die Biographen in Atem.
Was sie weniger zu interessieren scheint, was aber alles Episo-
dische und Dramatische ihres Lebens durchglüht, ist ihrer beider Besessenheit von ihrer Kunstübung, dem, was in alten
Lauten als»Solamen Doloris«eingraviert war: ihrer MUSIK.
Dem Backfisch schreibt der Jüngling:»Haben Sie denn recht

componiert? und was? Im Traume hör' ich manchmal Musik —
so componieren Sie.« Und der fast Dreißigjährige der Braut:
»Du vervollständigst mich als Componisten wie ich Dich. Jeder Deiner Gedanken kommt aus meiner Seele, wie ich ja
meine ganze Musik Dir zu verdanken habe.«

Liest man heiß von der Presse weg das Neueste über die
»Frau auf dem Hundertmarkschein« und die sexuelle »Nähma-
schine«, die auf die Holzpuppe einsticht, wird einem ganz blü-
merant zumut, und am Ende hofft man, daß die Figuren eines
Jarryschen Marionettentheaters gemeint sind; denn selbst das
Maskenspiel des *Carnaval* wies mehr Grazie auf, und die Fa-
schingsmasken, die den aus dem Rhein geretteten kranken
Komponisten begleiteten, waren eher Figuren einer Tragödie.

Nichtmusikern — und das sind ja die meisten Literaten,
die Biographien schreiben — fällt es schwer zu begreifen und
ernst- oder auch nur wahrzunehmen, daß Clara mehr als auf
Schumanns Charaden und Amouren auf seine Kompositionen
neugierig war, und daß auch Robert nachts nicht bloß Sex im
Kopf hatte, sondern aufs heftigste auch Claras (und seine und
fremde) Noten und Klänge, die als »wunderbare Leiden« noch
bis in die Endphase seiner Selbstaufgabe und Selbstentfremdung hinein Glück und Trauer seines eigentlichen Ehrgeizes
und Sendungsbewußtseins ahnen lassen: »wie man glücklich
im Schmerz sein könne und traurig im Glück.«

Natürlich sind auch die Musiker unter den Biographen
nicht gegen Mißverstehen und Böswilligkeit gefeit: Kollegen-
schelte, Neid, oder man steht in einem anderen »Lager«: hie
Wagner und Liszt, dort Brahms und Clara — Wasielewski gegen Eugenie Schumann. Kein Musiker hat so viel postume
Herabsetzung und Feindseligkeit auf sich gezogen wie Schumann (außer vielleicht Mendelssohn im zunehmend vergifte-
ten Klima deutschnationaler Hybris). Wie E.T.A. Hoffmann, so

wird und wurde auch Robert Schumann in Rußland und Frankreich tiefer aufgefaßt und produktiver assimiliert als im zunehmend monströs-verwaberten Walhall deutscher Musikpflege. Debussy — kein Deutschenfreund im übrigen! — bezeichnete einmal als höchstmögliche Anerkennung seiner kreativen Bemühung, wenn eines seiner Stücke vor Schumanns Ohren bestanden hätte. Die neidlose, schwärmerische Anerkennung, die Schumann als Kritiker Chopin, Mendelssohn, Brahms und — Clara Wieck gegenüber an den Tag legte, ist in dieser romantischen Ausbündigkeit natürlich auch zeitverhaftet. Doch spürt man selbst in den gelegentlich peinlichen Verstiegenheiten die vorgängige Expertise und praktische Auseinandersetzung des genialen Musikers und die förderungswillige Verantwortlichkeit des gesellschaftlichen Reformators.

Robert Schumann: Fragment der Geistervariationen, 1854.

Con fuoco — con grazia

Ins *Leipziger Lebensbuch II* schreibt der — inzwischen offiziell für mündig erklärte — Klavierstudent und Stubendichter Robert Schumann am 31. November 1831:»Wo Genius ist, so verschlägts ja wenig, in welcher Gestalt (Gestalt ist nicht das rechte Wort) er erscheint, ob in der Schwere wie beym Bach, ob in der Leichtigkeit, wie bey Mozart, ob in der Wärme, wie bey Beethoven, ob in der Dunkelheit (ist auch nicht das rechte Wort) bey Schubert, ob in Nichts, wie bey mir!«

»Nichts« ist offenbar das rechte Wort, »viel unendlicher als Alles in Allem zusammen genommen«, »Gestalt« aber nicht; denn zu fassen wäre diese Erscheinung des Genius ja nicht, es sei denn als mystische Idee eines Urgrunds, aus dem die Gestalten steigen, nebelhaft, wie der Duft von Kölnisch Wasser — »die Eau de Cologne fiel eben um« — und der Phantasie bleibt es überlassen, im Nebel die Leichen- oder Maskenzüge, die Veits-, Kobolds-, Grazien- und Totentänze auszumachen — »der Himmel ist grau, aber nicht ohne Fantasie«.

Das Nichts ist, wie viele geheime Wörter, vor denen der Opus-eins-Komponist das verkehrte Wesen wegfliegen lassen möchte, eine Abbreviatur verhehlter Ängste, Lüste und Befriedigungen, die der Genius leidenschaftlich, ehrgeizig, ebenso sprunghaft rastlos wie pedantisch versessen in »massive Objekte« verwandeln will. Für den »bleichen Engel der Zukunft« läßt er vor seiner »Fadheit«, seinem Nichts die alphabetisch geordnete Liste seines Heidelberger Umgangs als groteskes

Romanpersonal paradieren wie andererseits die gesamte Musikgeschichte als Spiel und Spuk der Leidenschaften.

Schier endlos ist die Reihe der diaristischen Vignetten und Miniaturen seines um 1830 oft orgiastischen Lebtags; mehr als bei jedem anderen Komponisten werden dann die gelebten Augenblicke mit erlauschten Momenten verwoben, und so wurden ihm schon Schuberts *Moments Musicaux* zu ungeschriebenen Jean-Paul-Romanen, und in seine Märsche projiziert er aus dem Nichts Degen, Federhut, Schnabelschuhe, aufgeschlitzte Hosen. Doch verfliegen die pikaresken Visionen so rasch zwischen den Gedankenstrichen wie die rhapsodischen Motive zwischen den Takteinheiten, und das »Nihil-sine-ratione« wird zum mystischen »Die-Ros'-ist-ohn'-Warum«: »Im ganzen möchte etwas Unergründliches in mir liegen.« Zwischen Wachen und Schlaf taucht es unvermittelt auf; »Nichts«, das Codewort, das wie der zungezeigende Kopf im Tagebuch zwischen »Ni-« und »-iente« eine Nixe umschließt?

»Hätt' ich nur keine Finger und könnte mit meinen Herzen spielen auf anderen!« Das Große und Ruhig-Schöne, das der junge Komponist zutage fördern möchte, hat einen erotischen Beigeschmack; die Phantasie, die der Fuge »schwesterlich die Hand« geben soll, holt aus dem Herzensgrund »verhüllte Venusformen« als Kontrapunkt und wird zum Blaubart, wenn eine Paganinicaprice »die ermordete Frau – tanzende Skelette u. ziehende, magnetische Nebelgeister« in den Zauberkreis zieht.

Der Tod tanzt mit auf Schumanns frühem Maskenball, aber anders als der *Red Death* bei Poe gleitet er noch in die Uhr zurück, die zum Ende der *Papillons, Davidsbündler* und *Fantasiestücke* die Zeit anschlägt (und Schumanns Mutter weinen macht).

»Das Merkmal unserer Zeit ist das Unstäte, die Flucht und

Jagd aller Ideen, Träume, Meinungen, Glauben.« So schienen die *Papillons* nicht nur Erinnerungsfetzen an Jean Pauls *Flegel-jahre* abzuflattern, sondern das Fugato todfliehender Seelen »attisch« zu umspielen: auf den Grabsteinen des Biedermeier ist oft zart das griechische Auferstehungssymbol des Schmet-terlings eingemeißelt: »Und wie ich recht an die *Papillons* dachte, schwärmte ein großer, schöner Nachtschmetterling an's Fenster heran. Er blieb aber fern vom Lichte und ver-sengte sich die Flügel nicht. Dies war eine schöne Deutung für mich.«

Oft lehnt oder »glotzt« er aus dem Fenster, hört »innig« die Nachtigall oder frönt »Fensterfantasien«, besonders wenn es bei Nacht und Nebel »Nichts« zu sehen gibt. Wo nichts ist, muß erfunden werden, und so erfindet sich Schumann neue Formen: »sprachvoll aus dem Herzen«, da die Finger — er hat es selbst herbeigewünscht — ihm bald den Dienst weitgehend versagen, lahmen und übereinander stolpern.

Wobei er heimlich lauschend Namen in Noten übersetzt, ganzen Fantasiestücken mythische Geschichten unterlegt und die damals vergessene Partitenform in Hoffmanns Manier spukhaft wiederbelebt und sich lange gegen alte Etikette wehrt.

Schumann, der ständig um seine Identität ringt, früh gegen Anwandlungen, sich aus dem Fenster oder in den Rhein zu stürzen, kämpfen muß und sich zwischen Zartsinn und Zerstö-rungslust unversöhnt und unversehens in zwei Masken spaltet — den wilden Florestan, den sanften Eusebius — erfindet sich täglich neu, ein Innovator aus stiller Verzweiflung, ein Experi-mentator aus Ungenügen am gemachten »Etwas«, den »Nul-len mit Schwänzen«, als die ihm die Noten vor Augen tanzen an schlechten Tagen.

Und alle fünf Jahre eine lebensbedrohende Krise: der Tod

64

des Vaters und der Schwester (1826), der Abbruch des Rechts-
studiums und der Sauforgien (1830), der Tod des Freundes
und die aufgelöste Verlobung (1834/35), der Prozeß gegen
Wieck und die Schaffenskrise (1839/40), der Zusammenbruch
nach der Rußlandreise (1845), Revolutionsnachwehen und die
Berufung nach Düsseldorf (1850), die »wunderbaren Leiden«
des Februar 1854.

In diese Lustren, diese Aufschwünge aus akutem Zunichte-
werden einer immer nur leisen Hoffnung und Fassung, packt
er seine Lebensleistung, 150 opera, ein Werk, ohne das sein
und unser Jahrhundert in ihrer zunehmenden Verhärtung, Ver-
räterei und Verödung ohne Stimme geblieben wäre »für den,
der heimlich lauschet«.

Für seine Kompositionen gab es immer Anlässe, Anstöße
aus Tag und Begegnung, Nacht und Traum, und meist waren
sie als Geschenke gemeint. Widmungen brachten ihm nicht,
wie Beethoven, gesellschaftliche oder finanzielle Vorteile ein,
sie verrieten, wem die Stücke zugedacht waren, wer sie am
tiefsten verstehen, am besten spielen, am dankbarsten aufneh-
men würde. Sie waren verpflichtende Liebesgaben, oft zu Ge-
burts- und anderen Festtagen überreicht: die *Abeggvariationen*
einer Ballbekanntschaft, die *Papillons* den Schwägerinnen, die
fis-Moll-Sonate Clara Wieck, die *Kreisleriana* Chopin, die *Fantasie* Liszt, die Quartette Mendelssohn und noch spät die *Gesänge der Frühe* »der hohen Dichterin« Bettina Brentano, der
sein letzter Brief aus der Irrenanstalt bestimmt war. Seiner
Frau legte er zu fast jedem Geburtstag ein prachtvoll gebunde-
nes Liederheft, eine Sinfonie oder ein Klaviertrio und zuletzt,
zum vierzehnten Hochzeitstag 1853, ein düster-originelles
Konzertstück für Klavier und Orchester — wer wird es spielen?
— auf den Gabentisch. Seine Musik sollte überraschen, beglük-
ken und anspornen. Ahnungsvoll war er öfter im Zweifel, ob

sie das auch tat. Ärgerlich lauscht er heimlich unter Claras
Fenster, ob sie die Sonate spielt; und Freund Schuncke, dem
die teuflisch vertrackte *Toccata* gewidmet war, hat sich daran
womöglich zu Tode geübt (behaupteten böse Zungen). Und ja
— wer (außer Murray Perahia 1997) hat nach Claras Premiere
je das Konzertstück in d-Moll op. 134, das übrigens Brahms
gewidmet ist, öffentlich gespielt?

Und die Anlässe, die Anstöße: Schubert und Weber für die
Tanzzyklen; Moscheles und Chopin für die »geistvolle Virtuosität« der Variationen und Etüden; E.T.A. Hoffmanns Spukge-
stalten — nicht seine Kompositionen — für Fantasie-, Nacht-
und Kreislerstücke; Jean Paul für Blumenstück, Humoreske
und Arabeske; Schuberts große C-Dur-Sinfonie — Schumanns
Entdeckung — für das erste große sinfonische Wagnis nach
Beethovens Neunter, die *Frühlingssinfonie*; Mendelssohn für
die Kammermusik, das sogleich begeisternde Klavierquintett,
das Liszt, bei dem es bereits wagnerte, schon nicht mehr mo-
dern genug war; und dann der Biedermeierhaushalt für das Jugendalbum; der Kölner Dom für die *Rheinische Sinfonie*; und
zuletzt noch Bettinas Hölderlinphantasie für die *Gesänge der
Frühe*.

Und was ist das Eigene seiner Musik, der Schumannton? Einer seiner ersten Kritiker fand bereits behutsam spöttelnd
»hübsche« Worte für das Neue, Unabgeleitete des Frühwerks,
selbst für das metaphysisch Nostalgische der *Papillons*, denen
er »Phönixeigentümlichkeit« zuerkennt. Was da aus der Asche
der auf nichts gestellten Schwermut auffliegt, »prunkt nicht
mit fremden, im Schweiße des Angesichts zusammengelese-
nen Federn« — der Vogel ist auch hier schon als »Prophet« einer eigenen Utopie erkannt — »hat sich eine neue ideale Welt
erschaffen, worin er fast muthwillig, zuweilen sogar mit origi-
neller Bizarrerie herumschwärmt«. Jean Pauls »Lebensbilder«

und Beethovens »Blitzstrahlen« schießen zum Notenbild des
»obskuren Neophiten« zusammen. Schumann schrieb sich
diese Rezension 1832 »zur Besserung ins Tagebuch«. (Die
Identität des Wiener Kritikers steht nicht fest.)

Das grimmig Aphoristische seiner aggressiven Melodik, die
plötzlichen Nonensprünge im ersten Intermezzo aus Opus 4,
die harten Taktbrüche, wo statt übergänglicher Modulatorik
Fragmentarisches abrupt nebeneinandergestellt wird, oft in
kanonisch geführten Sequenzen — dies war vielleicht mit
Beethovens Blitzstrahlen gemeint. Dagegen die eigentümlich
beschwichtigende, innig versöhnliche Gestik seiner Abgesän-
ge, Seitenthemen, Einwürfe, die gleichsam auf Engelsleitern
hoch- oder niedersteigen, in behutsamen Sekundenschritten,
verschleierter Chromatik, selten die Sprossen als Terz- oder
Quartschwung überspringend — dies war das novellistisch
Schwärmerische seiner Klangvorstellung. Die Kategorie des
Bizarren — dem Grotesken der bildenden Kunst verwandt —
war von Musikkritikern des Biedermeiers durchaus negativ
gemeint und tatsächlich zunächst Beethovens Bagatellen und
Quartettanomalien vorbehalten. Es war die revolutionär gri-
massierende, seiltänzerisch gewagte Sprüh- und Sprungfreu-
digkeit der *Caprice*, die als italienisch-diabolischer Elementar-
geist mit Scarlatti und Paganini etwas römischen Carneval
propagierte. Commedia-dell'arte-Masken stülpt auch Schumann einigen Tänzern seines Opus 9 über, und manisch wil-
der und mystisch versteckter Humor geht in die Scherzi seiner
Sonaten und Sinfonien, in die häuslich idyllischen *Albumblätter*
und *Kinderszenen* ein. Minidramen, Seelenzustände, My-
then, Pantomimen und Fabeln lösen sich in der konzisen
Kompaktheit seiner Formexperimente auf. Denn opernhaft
ausschwingende Arienthemen — wie in Chopins *Nocturnes* —
oder dekorativ ausgesponnenes Passagenwerk — wie bei den

Modevirtuosen seiner Zeit, Herz und Hünten, Kalkbrenner und selbst Moscheles — finden sich nirgends in Schumanns Werk. Seine grüblerische Geistesgegenwart, seine zutiefst kombinatorische Expressivität duldet keine Redundanz. Nicht nur seine Eigenart, sondern sein beträchtlicher stiller Eigensinn verhindert jeden Kompromiß mit den Erwartungen eines Bravour und zugleich Bravheit erheischenden Publikums. Dabei fehlt es Schumanns Musik nicht an Pathos, Grandeur und horrenden, oft geradezu hysterisch übersteigerten Höhepunkten — früh schon in den *Paganini-Etüden* op. 10, den (ihm selbst nicht geheuren) »Exercices« über das Allegrettothema aus Beethovens Siebenter, in der rauschenden Vollgriffigkeit der *Etudes Symphoniques*, dem Maestoso des Finales der fis-Moll-Sonate und in der *Fantasie* op. 17. Doch auch in Kammermusik und Sinfonik gibt es Aufschwünge und Ausbrüche von überwältigender Passioniertheit und Leidensintensität: im verminderten Septimakkordaufschrei des gesamten Orchesters am Eingang der Durchführung zum letzten Satz der vierten Sinfonie, im Sonnenaufgangsthema des Klavierquintetts, im Aufbäumen der Beschwörungsakkordik des (lange unterdrückten) Violinkonzerts, in der neutönerischen, grandiosen Kadenz des Konzertstücks Opus 134, in der Manfred-Ouvertüre, die Schumann besonders lieb war.

»Fast muthwillig« wirkt dagegen eine andere Eigenart seines Komponierens: eine oft verquere Widerspenstigkeit gegen vorgegebene Taktmetren. Die Zerreißproben, die die aufgeregte und aufregende Synkopik, die Akzentuierung »schlechter« Taktteile also, mit sich bringen, durchschießen seine Partituren mit einem agonalen Spannungsmoment, das als eigentliche musikalische Umsetzung des »Contre les Philistins«-Impetus gelten muß. Tatsächlich tritt die Ungeduld, ja Unduldsamkeit dieser taktgrenzensprengenden Eigenrhythmik

besonders krass im Marsch der Davidsbündler gegen die Philister aus Opus 9 hervor: Erst der Baßpomp des Großvatertan-
zes fängt die Laokoonsgestik des Prestosturms auf. Die Zerrspannung zwischen vorgegebenem Takt und über-
springendem Eigenrhythmus kann oft als Hörerlebnis nur
schwer aktualisiert werden, und viele Interpreten — Solisten
wie Dirigenten — entziehen sich dem Anspruch, indem sie die
(ohnehin oft nur dem Partitur- und Notenleser bemerkbare)
Diskrepanz verwischen und die Taktvorgabe vergessen machen, oft auch durch Übersteigerung des Tempos: im 10. Davidsbündler Tanz, wo der Takt der synkopierten Melodie im
Baß durchaus »widerspricht«. Banalisierend in der einzigen in-
troduktionslosen Sinfonie, der *Rheinischen*, die ekstatisch an-
hebt, doch deren Quartsprungjubel sich vom ersten Takt an
aus einem metrischen Gefüge losringen muß, dem sich das
grandiose Thema erst nach sieben Takten fügt (nur die Brat-
schen und zweiten Violinen könnten Taktakzente setzen).
Dieser gleichsam verboten und unbotmäßig strahlende Einsatz ist nie in seiner ganzen schmerzbesiegenden Schwungkraft zu hören, da zu schnell und glatt darüber hinwegdirigiert
wird. Berühmt und berüchtigt ist die Stelle im letzten Satz des
Klavierkonzerts, wo die meisten Dirigenten überhaupt den
Taktstock ruhen lassen, da es nur eine gymnastische Übung
wird, wenn Pianist und Orchester ihr kapriziöses Dreihalbe-
thema vortragen, und der Dirigent einsam seinen Dreivierteltakt dazu schlägt: Hier ist, wie oft bei Schumann, eine stille
Gegenbewegung, eine gleichsam unterbewußte Gegenströ-
mung ins Notenbild komponiert — für den, der »heimlich« —
d. h. mit dem inneren Ohr — »lauschet«; hörbar zu machen ist
diese Spannung nicht. Am Ende der Passage wacht oder
schreckt man gleichsam auf, wenn der Solist plötzlich kühn ins
vorgegebene Metrum zurückspringt. Schumanns dichterisch

geschultes Gehör dachte bei den synkopischen Eskapaden gewiß auch die Ausdrucksintensivierung der Tonbeugungen zu übertragen, die bei Klopstocks und Hölderlins Oden das Metrum überspielen. Auch hier wird gleichsam aus der Reihe getanzt; besonders aufmüpfig nahm sich das Synkopieren im Scherzo des Beethovenschen Streichquartetts op. 18,3 aus, worin ja immer noch das eigentlich vorgeschriebene »zopfige« Menuett verspottet wurde. Schumann kannte es gut; in seinen Quartettmorgen mühte er sich dabei am Cello ab.

Wie die wilden — oder auch behutsamen — Eigenrhythmen die vorgeschriebenen Taktarten aus dem Gleichschritt bringen, so verdecken romantische Einkleidungen, Umdeutungen und Parodierungen konventionelle oder idolisierte Formen. Die Fantasie soll der Fuge »schwesterlich« die Hand geben; der »Faustmantel« der *Fantasie* soll die vorgegebenen Gattungsformen zugleich umhüllen und beflügeln. Die Fuge am Ende der als *Impromptus* verkleideten Variationen op. 5 ist zugleich »satyrisch« gemeint; geplant sind »Fugengeschichten«. Die *Intermezzi* op. 4 reflektieren gleichsam aphoristisch grimassierend Beethovens *Bagatellen*. *Papillons, Carnaval* und *Davidsbündler* fliegen schillernd aus Schuberts Tanzzyklen auf. Die *Abegg- und Chopinvariationen* (über den schwarz verhüllten »Scherz« des g-Moll-Nocturnes) sind zarte Umbildungen der Vorlagen: in ein komplexeres Idiom — das elegant-elegische Notturno wird zum Nachtstück, der Warschauer Don Juan zum Heidelberger Flaneur. Die *Kreisleriana* erinnern auch in ihrer manisch-mystischen Ausformung an Hoffmanns wahnsinnigen Kapellmeister, der sein Philisterpublikum mit Bachs *Goldbergvariationen* vertreibt — tatsächlich sind die Nummern drei, fünf, sieben und acht des Opus 16 Minore-Varianten der Goldberg-Sarabande. Die grandiose Struktur der fis-Moll-Sonate wächst aus jenem »Fandango« (der keiner ist), dessen

Herkunft aus Claras Œuvre noch immer umstritten ist. Das Phantastische an *Fantasie* op. 17 und *Fantasiestücken* hat weniger programmatischen Charakter (wie bei Berlioz), sondern immer noch die gattungsspezifische Bedeutung, die Mozart und Chopin ihren mehrgliedrigen, asymmetrischen und improvisatorisch eingeläuteten Klavierwerken gaben; auch Beethovens Tombeau anläßlich einer Totenwache (sein Opus 27,2) gehört zur Genese — ein Moment der Klage, des »In der Nacht«-Seins, der »Traumeswirren«, des schauerromantischen Raunens, des alptraumhaften Stimmenhörens spielt hinein.

Die summarische Rezeption in Handbüchern und Lexika hat Schumann oft zum Miniaturisten verkleinert. Dies auch deshalb, weil die Mikrostruktur seiner Kompositionen so viele in sich geschlossene, kurzangebundene Motivkomplexe enthält, die nur durch mechanische Repetition und nicht durch organische Entfaltung zu größeren Gebilden aufgebauscht werden können, am wirksamsten aber in engen A-B-A-B-Rahmen (ohne Durchführung oder Themenveränderung) eingesetzt bleiben sollten. Diese Blickverengung läßt das Obsessive der Wiederholungsgesten, das »Ich-lasse-dich-nicht-du-segnest-mich-denn«, außer acht. Schumann war von seinen Themenfunden besessen — die »wunderbaren Leiden« zur Zeit seines Zusammenbruchs nahmen die Gestalt eines halluzinatorischen Wiederholungszwangs an. Früh schon meldet das Tagebuch die »Entzückungen« und Qualen über ihn hereinbrechender Tonfolgen — auch wenn es nur c-f-g-c war. Nicht mechanisch, sondern »durchaus fantastisch« sind diese Verkettungen gemeint, d.h. Schumann erfüllt die Großform wie in Opus 17 durch Ausdrucksverfremdung und -vertiefung des Immergleichen. Kein minimalistischer, wandhochtreibender Fanatismus, wie er zuweilen aus großen Bachpräludien herausgeholt wird, sondern eher leidvolle, auch leidenschaftliche

Beschwörung, die von einer Tonfolge nicht eher abläßt, als bis sie zum Sprechen gebracht ist. Die Modeform für derartige monothematische Perpetuum-mobile-Agitationen war natürlich die aus dem Präludium entwickelte Etüde, die durch Chopins glanzvolle Zwölferzyklen zum Medium der geistvollen Virtuosität wurde, die auch Schumann bis 1835 vorschwebte. Zugleich erreichte die bestaunte, über jede »Geläufigkeit« hinwegsetzende Kunstfertigkeit bei Paganini eine Art dämonischer Verzauberung, die mit zerfetztem Bogen und springenden Saiten die Hörer verhexte, daß selbst zynische Zeitungsschreiber den Gottseibeiuns im Schlagschatten mittanzen sahen — das Unheimliche, Ungeheuerliche und Ungehörige gehörte ja schon seit Hoffmanns Zeiten zum Bild des Genies. Schumann aber drang tiefer ein: Wo andere nur Kunststücke und Blendwerk wahrnahmen, analysierte er die Technik und entdeckte die Semantik der Formelemente. Und selbst als Liszt Schumanns Paganini-Etüden durch seine eigenen Transkriptionen zu überbieten suchte, bestand Schumann darauf, daß nur er selbst den *Capricen* »das Poetische« entlockt habe. Und darum ging es ihm in seinen großangelegten Etüdenwerken, den Paganinistudien op. 3 und 10, den *Exercices* und *Etudes Symphoniques*, der *Toccata* und einigen Teilen der *Kreisleriana*, der *Humoreske* und der *Novelletten*: um das passionierte Heraushämmern eines Anrufs, der wie ein delphisches Orakel den Lauschenden in seiner Existenz treffen müßte.

Schumanns bevorzugter »Fantasie«-Form liegt aber das Rondomodell zugrunde. Das Novalismotto »Wohin gehen wir, immer nach Hause« gibt jeglicher Rückkehr, Einkehr, Wiederkehr einen resignativen Wehmutsschimmer; doch war dies die Alternative zum Sich-Verlieren in der Fremde. Bezeichnend bedient sich Schumann dieser durchführungsfeindlichen, zyklischen Form häufiger in der zweiten Hälfte seines Klavier-

72

jahrzehnts, als seine Unlust an der Sonatenform zunahm und sein Klaviersatz unter Mendelssohns Einfluß schlichter und flüssiger wurde. Nach all den passionierten, parodistischen, zugleich meditativen oder kapriziösen und tänzerischen Seitensätzen und Einschüben erwirkt die kompakte Vollgriffigkeit des Rondothemas Zusammenhalt und Selbstvergewisserung. Der Komponist fängt sich gleichsam immer wieder, wird aus zu großem Übermut, zu tiefer Versunkenheit wieder herausgerissen; so in den Ecksätzen der *Novelletten*, im ersten Stück des *Faschingsschwanks* und im ersten *Nachtstück*.

Die Schaffenskrise am Ende seines Klavierjahrzehnts war auch dadurch bedingt, daß er sich in seinen Rondoformeln festgefahren hatte — leise stahl er sich aus der allesbedeutenwollenden Aura des Klavierwesens davon, verabschiedete sich gleichsam mit einem kleinen Meisterwerk, das bis heute als solches unerkannt geblieben ist (trotz Schumanns eigenem zarten Wink: der *Fughette* in g-Moll, ursprünglich »mon amie Clara Wieck« gewidmet, dann den Klavierstücken op. 32 zugeschlagen.

Hier nun ist in sanfter Unerbittlichkeit und transzendierender Finalität der eigene Schumannton sozusagen auf die Spitze schmerzlich-logischer Dissonanz getrieben: seine organisch wuchernde, imitative Stimmenverschlungenheit, die Clara Schumann zufolge schuld daran ist, daß die Zeitgenossen seine Musik nicht verstehen und nicht hören wollen. Zuviel ist hineingeheimnißt in Mittelstimmen, Gegenstimmen, Stimmen »aus der Ferne«, Anklänge, Zitate, Nonakkorde für Eingeweihte, Namensrätsel mit Umkehrungen, innig verwoben mit Begleitfiguren, die sich nicht unterwerfen, sondern Arm in Arm mit dem Hauptthema davonfliegen wollen. Gewiß war auch das Publikum der dreißiger Jahre polyphones Hören nicht mehr gewöhnt; schließlich waren auch Beetho-

vens fugale Spätvertracktheiten noch nicht rezipiert — seine
zehnte Symphonie hatte mit einer Fuge über B-A-C-H geen-
det; seine Hammerklaviersonate wurde erst in den fünfziger
Jahren — u.a. von Clara Schumann — entdeckt und entwirrt.
Seiner späten Streichquartette wegen hielt man ihn noch zu
Lebzeiten für verrückt; Paganini, an Kehlkopfkrebs leidender
Eremit, las gebannt in den Stimmen — spielen konnte er sie
nicht mehr.

1840 und nach dem op. 23, den *Nachtstücken*, spricht erstmals der Dichter, leiht den zwielichtigen Stimmungen der um
Ausdruck ringenden Tonfolgen eine Stimme, legt verbale Bedeutung fest. Durch diese Fixierung büßt Schumanns Thematik durchaus auch an experimenteller Vieldeutigkeit ein. Dafür
läßt sich jetzt leichter in Worte fassen, was im reinen Klavierwerk bei aller »sprachvoll« zu Herzen gehenden Entschlüsse-
lungslust hermetisch verrätselt blieb wie das wortlos bleibende
Rezitativ des Schlußstücks der Kinderszenen: »Der Dichter
spricht«.

Zu Schumann und aus Schumann haben die Dichter immer
gesprochen, und eine der letzten Aufwallungen seiner Listen-
und Sammelleidenschaft war der *Dichtergarten*, ein Florilegium
zum Lob der Musik. »Das Lied soll schauern und beben« — ein
Heinemotto, und mit dem ersten *Liederkreis* tritt geradezu er-
schreckend Schumanns Angst vor dem Nichts hervor, aus dem
sein »Wagen rollet«. Und es ist Heine, dessen schwarze Ironie
er ernster nimmt, als sie vielleicht gedacht ist: Daß jeder Herz-
schlag metronomisch Sargnägel eintreibt, die »blassen Buchstaben« erkaltet sind und um Belebung durch die Liebe flehen,
die Vögel mit ihrem Gesang den »Kummer mir stehlen« wollen, in Verlassenheitsträumen »geweinet« wird, und im letzten
Lied, das Schumann veröffentlicht, »drei Schattengestalten«,
nebelhaft verquirlt, kichernd, spöttisch und scheu am langsam

rollenden Lebenswagen kopfnickend vorbeihuschen — Schumann trifft es »mitten ins Herz«.

Was bei Schubert Schwermut war, wird bei Schumann zur Wehmut; auch Schubert dramatisiert den Sprechtext gelegentlich durch melodramatische Klavieruntermalungen — wie im *Erlkönig* zu Goethes Entsetzen —, doch Schumann untermalt nicht, er verwirkt die Menschenstimme in seine Klangtextur, und wo die Stimme gleichsam versagt, spricht das Klavier das Unaussprechliche vor.

Wie Schumann nie wieder die geistvolle Beredtheit seines frühen Klavierwerks überbieten konnte, so erschöpfte sich auch nach einem Jahr das morbid-balladesken Liedschaffen, wobei die Texte ihn oft ebenso ohrwurmhaft quälen wie zuvor die »fernen Stimmen« seiner Klavierzyklen und später die Geisterstimme seines Violinkonzerts. Worte erscheinen Schumann zuweilen wie die Schrift an der Wand des Belsazar (in Heines Ballade, die er vertont hat), und palimpsestartig, mit »sympathetischer Tinte« geschrieben, treten sie drohend hervor, wenn keine musikalische Fassung sie auffängt. Solche Ängste kann Schumann am Ende kaum noch beschwichtigen. Nach dem Liederjahr bleiben ihm noch drei Lustren kreativer Abwehr.

Die Stahlfeder auf Beethovens Grab, die Partitur zu Schuberts C-Dur-Symphonie, die aus Nebel, Hörnerklang und Schmerzensrufen halluzinierte Prozessionsphantasie der *Nachtstücke* — dies brachte Schumann aus Wien mit, und zugleich den neubelebten Ehrgeiz, selbst eine Symphonie zu schreiben.

Schon damals, 1839, hörte er bei Schuberts Neunter nicht nur Streicher, Holz- und Blechbläser, sondern »Menschen- und Engelsstimmen« und einen »Roman in vier Bänden« statt eine Sonatenform in vier Sätzen. Zugleich war die kompak-

tere, sonore, Ausschläge in extreme Höhen und Tiefen scheu-
ende Struktur seiner neuen nächtlichen Klavierstücke von der
Vorstellung trauernder, zeremoniell feiernder, antikisch chor-
hafter Menschengruppen getragen. Im Unterschied zur Or-
chesterphantastik in Opus 9, 10, 11, 13, 14 und 17 gab jetzt das
Klavier nicht mehr alle Klangfarben her, die das Hörnertrio
etwa der siebten Novellette oder die Marche funèbre des ersten Nachtstücks zu fordern schienen. Klavierstücke — wie das
Scherzo aus den *Bunten Blättern* — waren bereits symphonische Entwürfe. Aber die Klangvorstellung Schumanns war nie
die eines Kapellmeisters, der eher nüchtern die Möglichkeiten
des zur Verfügung stehenden Klangkörpers ausnützt.

Etwas von Engelsstimmen, romanhafter Stimmungserzeu-
gung, utopischem Gruppenzeremoniell war mitbeteiligt am
symphonischen Handwerk des Romantikers, der für Dvořák,
Brahms, Tschaikowsky, Mahler und selbst noch Debussy die
Orchesteraura schuf, aus der die gesamte spätromantische
Symphonik den Glanz entlehnte. Gewiß gehörte es zu Schumanns klar erkanntem Lebensprogramm, aus der Masken-
(op. 9), Gesichter- (op. 6) und Genie- (op. 16)-Individualität
zu einer Art kollektivem Pathos vorzudringen. Über seinen
Freundeskreis, die Davidsbündlerei, hinaus drängte es den Re-
formator des musikalischen Lebens, der er auch sein wollte,
zur Beherrschung größerer Menschengruppen, die sich ganz
im frühromantischen Sinne zu einem bis ins Metaphysische
ausgreifenden Lebensroman vereinigen sollten. Mit seiner
Kammermusik, mit Oratorien, mit der Oper und den Messen
ließ sich eine pseudoreligiöse Erlösungssehnsucht artikulieren, die erstaunlich konsequent auf den Chorus Mysticus des
Goetheschen *Faust* zusteuert: »Das ewig Weibliche zieht
uns hinan«. Die Apotheose der bedrohten, verstoßenen, leid-
geprüften Anima wird in Thomas Moores *Peri*-Legende, in

Hebbels *Genoveva*, im *Requiem für Mignon* und in *Der Rose Pilgerfahrt* einkomponiert. Eine psychische Abhängigkeit, eine geradezu okkulte Lebenshoffnung, die sich in häufigen — brieflichen wie diaristischen — Berufungen auf Engels- und Schutzgeistbeistand kundgeben, gehört zum Bild des Künstlers. Dies so ernst zu nehmen, wie zweifellos viele unter Schumanns Zeitgenossen (wenn auch nicht mehr Brahms), fällt uns heute besonders schwer. Freilich klangen die Hörner und Trompeten der majestätischen Eröffnung seiner *Frühlingssymphonie* zunächst weniger wie Engelsruf und mehr wie Stockschnupfen. Mendelssohn, der das Werk aus der Taufe hob, verbiß ein Lachen und empfahl die Anhebung der Phrase um eine Terz — die damals noch ventillosen Hörner und Trompeten schafften auf G und A keinen strahlenden Ton. Ausgehend davon, wurde Schumann oft dilettantische Behandlung der Instrumentation vorgeworfen: Die vielen »geheimen« ausdruckheischenden Mittelstimmen erstickten in dem zu dicken Farbauftrag. Tatsächlich hat Gustav Mahler in den neunziger Jahren durch behutsame Umverteilung und Umgruppierung im Instrumentarium eine Verschärfung des melodischen Umrisses erreicht, ohne daß dem speziellen Schumannton Gewalt angetan wird. Besonders in der tragisch verquälten Zweiten Symphonie und der (in zwei Fassungen vorliegenden) Vierten wird durch Reduzierung der Stimmverdoppelungen mehr Luzidität erreicht, während die Dritte »Rheinische« Symphonie anfangs eher stärkere Akzente vertrüge, im übrigen aber in`allem Glanz vorbrucknerscher Feierlichkeit erstrahlt.

Der neue Ton nach Schubert und Beethoven ging von den lyrischen Partien und Seitenthemen aus; das schwärmerischinnige Einsprechen der Oboen- oder Klarinettenkantilenen, das beschwichtigend wiegende Auf-und-Ab von Celloeinsätzen, die Sehnsuchtsemphatik der Geigen in den langsamen

Sätzen von Erster und Zweiter Symphonie. Ein weiteres Moment, das Schubert vorbereitet, ist die unheimliche Verdüsterung der Durchführungen in den Ecksätzen. Im Klavierjahrzehnt verwirkt Schumann nur selten auf herkömmliche Art
die Expositionsthematik seiner Sonatensätze im Mittelteil als
»Durchführung« — eine bis zur Starrheit, ja Starrsinnigkeit gehende Abneigung gegen die »Ausknitschung«, die Entstellung,
Amputation oder Wucherung der Anfangs»ideen« läßt ihn andere Lösungen versuchen, um Symmetrie herzustellen. Der
»Roman« seiner Musik besteht in Rede und Echo, im Miteinander der Charaktere, die sich nicht verändern, keine »Schicksale« haben. Die grandiose Ausnahme bildet die ekstatisch von
Höhepunkt zu Höhepunkt gejagte Durchführung des ersten
Satzes der fis-Moll-Sonate. In den Symphonien wird dieser Impuls wieder aufgenommen, und etwas von dem furienhaften
Gejagtsein der »Fandango«-Idee scheint nun Teil der steigernden Sequenzen zu werden, die etwa die Mittelteile der Ecksätze der Ersten und Vierten Symphonie bilden — zu einem
Angstschrei zusammengeballt in dem zweifach ertönenden
»durch wachsende Kraft der Brust« hervorgestoßenen Cluster,
der über das klare A-Dur am Ende der Finale-Exposition der
Vierten hereinbricht wie eine Panik: ein Sforzato auf G, atonal,
und daraus, einen Halbton tiefer emporgejagt, der wahrhaft
herzzerreißende verminderte Septakkord, auf den nach einer
Betäubungspause die fugierte Anknüpfung ans Vorangegangene erfolgt, als wäre »nichts« geschehen. Doch ist hier wohl
ein Einbruch des »Nichts« zu vermuten, das Schumann schon
früh als seine Grunddisposition auch und gerade als Komponist erkannt hat, ein Sog, den er auch schon als Zwanzigjähriger verspürt haben muß, als er am Rhein steht — und in Versuchung ist, sich hineinzustürzen. Der »Höllenhimmel der
Sehnsucht« — eine andere Formel aus dem frühen Tagebuch

78

für die Ambivalenz seiner Zukunftshoffnung: »Als könnte man im Winter nur vom Winter und nicht auch vom Frühling reden.«

Zu den mehr und mehr enttäuschten Zukunftshoffnungen, die nicht aus dem Amor vacui, sondern aus dem Horror vacui entsprangen, gehört Schumanns Gesellschaftsutopie. Musik ist die einzige Kunstübung, die zu ihrer Verwirklichung den Entschlossenen und Begabten einen Großteil der Energie, Geduld, Aufmerksamkeit und Zeit ihres eigenen Lebens abverlangt. Bach fand die Bereitschaft dazu in seiner Familie, in der Gemeinde und bei den Hofbediensteten. Beethoven hatte hochmögende Gönner und ein ergebenes Streichquartett und verbarg den Schmerz über die durch Taubheit erzwungene Einsamkeit hinter unwirschen Kauzigkeiten. Chopins Musik lebte bei Kerzenschein in den Salons adliger Damen, bis diese die Revolution auseinandertrieb und statt der Pariser Freunde im Auditorium plötzlich die Kaufleute von Manchester saßen. Mendelssohn schien bei seiner früh geförderten, wirtschaftlich gesicherten, reiselustigen Solisten- und Dirigentenkarriere leichte Hand und immer professionellen Rückhalt in aller Welt zu haben, wobei unter der Oberfläche eines heiteren, hilfreichen und unermüdlichen Wirkens aus dem »Einklang von Kraft und Milde« Melancholie und nervöse Gereiztheit schwelten, die schließlich nach dem Tod der Schwester in die grelle Klage seines letzten Streichquartetts übergriffen. Sein eigenster Wirkungskreis war eben doch weder Gewandhaus noch Londoner Philharmonie noch Berliner Singakademie, sondern der Kreis um Fanny Hensel im Gartensaal des Vaterhauses.

Die großen Musiker vor und um Schumann fanden ihre Gesellschaft vor. Schumann dagegen — wie bereits E.T.A. Hoffmann vor ihm — sah sich einer erschreckenden Horde leder-

ner oder hölzerner Philister gegenüber, vor denen der Engel
der Zukunft erbleicht, ohne seine Mission zu vergessen.
»Wer sich als Davidsbündler fühlt, dem reichen wir willig
die Hand. Philisterei wagt sich von selbst nicht heran.« Hat der
Student bereits die »sonstigen« treffen wollen, so geißelt der
Kritiker die »musikalischen« Philister, die Leerlaufakrobaten,
Variationendrechsler, Rossinifriseure — in seiner Zeitschrift
und im »Coffeebaum« in der Ecke. Die musikalische Loge, die
Gesellschaft, die er erträumte und die aus und von seiner,
Chopins, Bachs, Beethovens, Schuberts, Mendelssohns und
der Musik der Davidsbündler leben sollte, existierte eigentlich
nur in seinem Kopf. Sie bestand aus Lebenden und Toten und
dem bleichen Engel der Zukunft. Weshalb er auch noch kurz
vor seinem Zusammenbruch in Wut geriet, als ihn ein Korre-
spondent ins Gestern abdrängen und Liszt und Wagner für die
Zukunft reklamieren wollte — die seien doch nur von Heute,
Bach und Schumann die Künftigen. »Der Davidsbund ist ein
geistig romantischer. Mozart war ein ebenso großer Bündler,
als es jetzt Berlioz ist.«
  »Geistig romantisch« war schon der Versuch der Jenaer
Athenäumsbrüder, der Schlegel, Novalis, Ritter gewesen,
durch poetische Symposien und Sympoetereien gesprächs-
weise der Pariser Revolution die magisch-mystisch-libertinäre
Dimension zu eröffnen, die keinen deutschen Kleinstaatpo-
tentaten den Kopf kosten mußte. Oder die Berliner Dachwoh-
nung der Rahel Varnhagen, der Serapionsbund bei Hitzig und
Hoffmann, ja selbst der berüchtigte Weinkeller, in dem der Karikaturist und Kreislerdoppelgänger punschte — dort sogar
ging es um den neuen Menschen mit dem sonnenhaften Auge,
dem byronisch-diabolischen Witz und dem feinen Gehör für
das Unerhörte; und die preußischen und österreichischen Re-
gierungsspitzel hörten mit und hielten die Augen offen und

schnappten sich den Kammergerichtsrat Hoffmann noch fast vom Totenbett. Auch Fanny Mendelssohns Gartensaal war — vor allem im Frühjahr und Sommer — eine Oase musischen Gemeingeistes. Im Winter nicht heizbar und unheimlich bei klirrenden Winden. Beide Schumanns spürten dort ein letztes Mal — 1847 — das utopische Versprechen in den Morgenmusiken. Dann starb Fanny, im selben Jahr noch Felix, und Deutschland wurde zum »Wintermärchen«.

Doch schärfte nicht zuletzt Clara Wieck und Clara Schumann Roberts Blick für eine handfestere, professionell-engagierte, loyal wirkende Zusammenführung gleichgestimmter Menschen: durch die Kammermusik, das Instrumentalkonzert, die Symphonie, das Oratorium. Zugleich wurde die Idealvorstellung eines Musenbundes durch die zunehmend monetaristisch wertende Gesellschaft nach der Pariser Revolution von 1830 konterkariert. Nicht von ungefähr hat Delacroix neben die barbusig entfesselte Marianne seines berühmten Barrikadenbildes einen Bourgeois im Zylinder mit Flinte gestellt, den eigentlichen Sieger. Geldsorgen überschatteten und motivierten auch zunehmend die Lebensstrategien des Genies. Der karnevalesk massierte Aufmarsch gegen die Philister dünnte aus, und wenn die Masken fielen, entpuppten sich Pierrot und Colombine als sparsame Biedermeier: Buchhalter und Geschäftsfrauen. Der Umgangston wurde aggressiver und gehässiger, und in Alpträumen wurden die Buchhalter und Biedermeier zu Hyänen und Tigern, die erbleichenden Engel wurden in ihre Zukunft weggetrieben, die unsere Gegenwart sein könnte. Die Dichter, Maler und Musiker wurden zunehmend zum Gespött, die Bählamms und Klecksels und Liszts des Wilhelm Busch, und neben Bibel und Kochbuch wird bis in die fünfziger Jahre unseres Jahrhunderts Max und Moritz als »Hu-

moristischer Hausschatz« das Fürchten und Foltern lehren:
Verklärung der Entlarvung, die der zeichnende Schopenhau-
rianer ab 1860 betrieb.

Dagegen spielten die Solisten der Instrumentalkonzerte
an: Klavier, Violine und Cello standen dem Kollektiv des Orchesters gegenüber; der agonale Wortwechselcharakter dieser Musikgattung wurde zuerst von Beethoven ausgebeutet.
Schumann suchte die Verschmelzung, nicht die Gegenüberstellung, das Gespräch eher als den Wortwechsel, und gern
überläßt das Soloklavier die Cantilene dem Cello oder der Kla-
rinette des Orchesters, tritt träumerisch in den Hintergrund
oder wird zum Echo des Erlauschten. Der Solist soll Primus in-
ter pares werden. Nicht der blendende Kometenauftritt eines
Paganini oder Liszt, nicht das prometheische Aufbegehren des
Klischee-Beethovens. Wo Schumann sich mehr und mehr
zurückzog, ausgeschlossen fühlte, ausscherte — aus dem Davidsbund seiner Zeitschrift, aus höfischen, bürgerlichen, kolle-
gialen Menschenansammlungen, aus Chor- und Orchesterkol-
lektiv, aus Haus und Familie, in Schuld- und Lebensangst —
wurde ihm die eine Solistin seiner Musik zugleich zur Abbreviatur der gescheiterten gesellschaftlichen Akzeptanz, wie er
sie sich erträumt hatte: eines Zusammentreffens von »Um-
ständen, die sich vereinigen müssen, wenn das Schöne in seiner ganzen Würde und Herrlichkeit auftreten soll!« Diese
Utopie setzte einen Menschenschlag voraus, der in Jean Pauls
Romanen, aber schon nicht mehr in Heines Reisebildern vor-
kam: Einen »Wurf mit sechs Würfeln von sechs mal sechs«.
Der zuletzt aufgeführte Umstand in dieser Reflexion des Sechs-
undzwanzigjährigen war die »Widerspiegelung der Kunstfreude
im Auge des Andern«. Dieser Andere war und blieb für ihn
nach dem Brüchigwerden seiner Gesellschaftsutopie die Clara
seiner Widmungen. Während seiner ersten ernsten Schaffens-

krise, zwischen dem pianistischen Frühwerk und dem Liederjahr, schrieb er ihr, sie müsse für ihn komponieren. Und als sie
ihm — im Gegenzug zum ihr gewidmeten Opus 11 — ihr eigenes, ihm gewidmetes Opus 11 vorlegte, bekannte er mit er-
staunlicher Rückhaltlosigkeit: »Du vervollständigst mich als
Componisten wie ich Dich. Jeder Deiner Gedanken kommt
aus meiner Seele, wie ich ja meine ganze Musik Dir zu verdanken habe.«

Und ihre Musik? Zuerst die *Capricen*, dann das Nachtstück,
das *Notturno*, schließlich die *Romanzen*.

Clara Wieck, zwölfjährige, bauschärmlige Virtuosin, Schlupf
im Haar, spielte zwischen ausgestopften Vögeln und manns-
hohen Vasen, vor Prinzen, Gesandten und Ministern auf einem englischen Klapperkasten ihre *Capricen* op. 2 — in Paris,
und im Künstlerzimmer belustigten sich Chopin, Mendelssohn und Hiller mit Bockspringen. Capricen waren eigentlich Schubertsche, Webersche Walzer, und Walzer galten für
ebenso lose wie Bockspringen, dabei moralisch anfechtbarer.
Danach erhob sich der zwischen zwei Stühlen und mehreren
Damen ausgestreckte Nationaltrachtspanier und vollführte
unglaubliche Dinge auf seiner Gitarre »mit wahrhaft südlicher
Glut«. Clara, immer sehr ernst und ärgerlich unkokett,
lauschte gebannt, glitt hinaus — und ihr Bolero, und wohl auch
Robert Schumanns Pseudo-Fandango, lagen in der Luft.

Und nun spielt sie »die neuen Capricen, mir kam's vor wie
ein Husar«, schreibt Schumann. So »con fuoco« stürmt in ka-
valleristischen Oktaven nur die erste Caprice einher, schon die
zweite — »con grazia« — ist in raffinierter Schlichtheit ein Ka-
binettstück schwärmerisch-ironischer Andeutsamkeit, lieblich, aber kurz angebunden, fein punktiert wie ein Schmetter-
lingsflügel, tänzerisch auf die Spitze naiven Entzückens
getrieben, und dann mit einem Achselzucken weggewischt —

D-Dur — G-Dur — h-Moll — cis-Moll — e-Moll — G-Dur — D-Dur, im wiegenden Schaukelgang, wenig mitteilbar, was erlauscht werden will.

Caprice Nr. 1 und 2, con fuoco, con grazia — Modelle, die sich mit allerhand carnevaleskem Kostüm behängen ließen; denn das erste Lustrum der dreißiger Jahre stand im Zeichen der Grazien-, Kobolds-, Veits- und Totentänze — des Maskenballs und Paganinis!

Clara Wieck, die diesen geizig-galanten, hohlwangigen Konzertpartner besser kennenlernte als Schumann und Liszt, hatte womöglich auch rein charakterlich größere Affinität zum Teufelsgeiger als der grüblerische Robert und der modische François, mit ihrer fatalistischen Schwermut als Grundstimmung und der vitalen Professionalität des Furoremachens. Liszts Dämonie war histrionisches Gehabe — ihm fehlte jede musikalische Substanz, auch deshalb war er ein so guter Bearbeiter. Schumanns Sehnsuchtswalzermelancholie war mehr und mehr ein Abstieg nach innen. Am Ende der dreißiger Jahre — einem Wendepunkt in Claras und Roberts Lebensläufen — wendet er sich von der delphischen Orakelvirtuosität ab, und Clara ist zunächst von der zunehmenden »Traulichkeit« seiner neuen Schlichtheitsideale nicht sehr begeistert.

In der Praxis wirkt in ihr das vagantische Artistennaturell des inzwischen mythisch gewordenen Paganini weiter, auch wenn Liszt — der um 1850 als Tastenlöwe bereits abgedankt hatte — sie freundlich-ironisch zur »Priesterin« ernannte. Die Waldstein- oder gar die Hammerklaviersonate, die Chopinkonzerte und Schumanns gesamtes Frühwerk ließen sich nicht ohne extreme Passioniertheit und Waghalsigkeit zelebrieren.

Glich Liszts Paganini dem mondänen Ingreportrait, und Schumanns dem Bild von Delacroix, so mag Claras Vorstel-

84

lung mehr den capricciosen, hoffmannesk umrankten Zeich-
nungen des tauben Malers und Davidsbündlers Peter Lyser
nahekommen: psychologisch verfeinert, in ihrer Aura von Verlorenheit und Melancholie, stellen sie bei aller scharf obser-
vierten Zeitgenossenschaft den Musiker zugleich grotesk,
verletzlich und verwüstlich und doch in goyesker fledermaus-
flügliger Künstlerwürde dar.

Als Gattung steht hier die Caprice im Brennpunkt. Das
Launige dieser Form bestand seit Paganini in unvorhersehba-
ren Asymmetrien, in gewagten Modulationen, extremen Lagen, Bogensprüngen, Tempo- und Stimmungskontrasten. In
die »Ästhetik der Tonkunst« dringt sie als eine Art enfant terri-
ble ein, mit der »Unwillkürlichkeit contrastierender Gefühle«,
der »Lebendigkeit, mit welcher Entlegenes sprungweis ergriffen« wird und mit den »poetischen Freiheiten«, dem leichtge-
schürzten »Humor«, den Schumanns Phantasie bereits im Vor-
wort zu seinen ersten Paganinibearbeitungen in Gestalten und
redenden Charakteren vor sich sieht. Tieferes Studium dann
hebt die Caprice über den Leichtsinn hinaus — und hier glaubt
Schumann, im Gegensatz zu Liszt, Paganini gelegentlich ver-
bessern zu müssen, mit logischerer Durchführung oder ange-
fügter Reprise.

Clara bedient sich der Form und des Etiketts gewiß unbe-
kümmerter, aber nicht unwirksamer: Ihre *Capricen* op. 2 sind
Schubertsche Tänze mit einem Schuß wildfängerischer Okta-
venrasanz, später auch, vom Pariser Gitarristen verhext, mit
spanischem Kolorit; ihr Bolero-Capriccio wäre vielleicht in
Ravels Instrumentierung zum Hit geworden, und hat sicher
ihr Soireenpublikum begeistert. Auch das Dämonische und
Melancholische als Kontrastfarbe fehlt nicht: Ihre *Fantasia à
capriccio* aus op. 8 ist eine hochpathetische Echoversion der
Paganini-Schumann-Etüde Nr. 6 aus dem verkannten *Opus X.*

Ihr *Hexentanz* erregte ähnliches Befremden wie Chopins b-Moll-Sonate, in der ein englischer Kritiker die Grenzen des Anstands überschritten wähnte. Schumann selbst war sich des Ungehörigen bewußt, das sich in musikalischen »Gedanken« verberge — oder gar der Dolch im Gewande. Die Musik wurde enthemmter, und der leidenschaftliche Vortrag, die langen Steigerungssequenzen, die in der Spätromantik in Abdreschungen kulminierten, waren bei Clara und Robert noch von Überschwang und Vergnügen an der Verletzung philiströser Tabus befeuert. Der für Kommißstiefel ungeeignete *Marche contre les Philistins* im Dreivierteltakt war der unüberbietbare Höhepunkt des »Fratzenwesens« (Goethe über Hoffmann), wie andererseits das Intermezzo aus dem *Faschingsschwank* ein letztes Aufbäumen der ungezügelten Passioniertheit. Dem Symphoniker und Oratoriker der späteren Jahre erschien das bereits als »wüstes Zeug«.

Der Funke der Caprice, der in Impromptus, Variationen, Tanzzyklen und Charakterstücken zündet, sprang auf Schumann über. Clara wurde ihm schon früh zur Romanfigur, wie Paganini und sogar der bald lebensbedrohliche, widerwillige Schwiegervater in spe Friedrich Wieck. Sie alle sollten dem Engel der Zukunft begegnen. Das Leben ein Roman, ganz wie Novalis und die frechen Jenaer Romantiker sich das schon dreißig Jahre zuvor erträumt hatten, bevor — wie auch bei den Schumanns — über Geldsorgen und Familiengeschichten die Luft aus ihren Montgolfieren entwich und die Fabel des Höhenflugs mit Notlandungen angereichert wurde.

Kein Tag, keine Stunde sollte vergehen, ohne bedacht und verwandelt zu werden: Schumanns Tagebücher wimmeln von in Gedankenstriche eingeschlossenen Vignetten und Miniaturen, Paraden und Charaden aus dem Stoff des Wach-und-Traumerlebens — dem blassen Engel der Zukunft zugedacht,

86

der den Lebensroman durchaus auch als Schuldbuch eines wahnhaften Jüngsten Gerichts führen würde.

Für Clara war diese Art Tagebuch ihre ganze Kindheit hindurch eine ominöse Realität: Der Vater führte ihr die Feder, und das Tagebuch wurde schon deshalb zu Mahnzwecken mißbraucht. Mangelnder Fleiß, backfischhafte Aufmüpfigkeit, Unlust am Wunderkindbetrieb, Trotz und Eitelkeit wurden gleichermaßen vermerkt, und die Mündigkeit wurde lange hinausgezögert. In ihre Kompositionen aber ließ sie sich von niemand hineinreden. Nach Erscheinen ihrer *Valses Romantiques* op. 4 und ihrer *Pièces Characteristiques* op. 5 sowie der *Soirees* op. 6 und dem *Klavierkonzert* op. 7 wurde sie von der Musikkritik mit Chopin, Schumann und Berlioz den repräsentativen Musikromantikern zugerechnet, immer noch im Zeichen der Caprice. Schumann selbst lobt bereits 1834 in einem lexikalischen Entwurf die »Verschmelzung des Sentimentalen mit dem Witzigen«, die Clara Wieck in ihren Klavierstücken gelungen sei, und erkennt — doch eigentlich unerstaunlicherweise —, daß der kapriziöse Humor nicht bloß eine männliche Domäne sei. Über ihr Opus 6 gerät er geradezu ins Schwärmen, wenn er ihr »überwallendes Leben«, den »Reichtum an ungewöhnlichen Mitteln«, die »Macht, die heimlichern, tiefer spinnenden Fäden der Harmonie zu verwirren und auseinanderzulegen«, die gesteigerten »Anforderungen an sich selbst« zugutehält und sich von diesem Potential, »wo dies alles hinaussoll«, fast beängstigt zeigt. Dies ohne Spur von Neid oder Herablassung und ohne schmeichlerische Liebedienerei. Wenn es um die Kunst ging, war Schumann unbestechlich, was Clara später gelegentlich bekümmern sollte.

Auch galt das Lob Schumanns oder anderer Kritiker immer der Eigenart der Komponistin, denn sie imitierte und zitierte nicht. Sie bewunderte Mendelssohn, Chopin und Bellini, doch schrieb sie ihre eigenen Capriccios, Notturnos, Balladen und Ariosovariationen in einem Idiom, das rhythmisch schärfer akzentuiert, harmonisch expressiver artikuliert und melodisch dramatischer deklamiert. Ihre bravourösen Klangeffekte sind geistvoller instrumentiert als beim »Flitterwesen«-Liszt, ihr Kontrapunkt ist romantisch durchglüht, frei von nazarenischer Bläßlichkeit, ihr »Sturm und Regen«-Naturell kann sich zu grellen oder bewegenden Passagen versteigen, doch bleibt immer ein Unterton von Calando-Schwermut und Resignation, der ihre besondere Signatur ist.

Und es fehlen im Werk der Zwölf- bis Zwanzigjährigen die erwarteten Schumannzitate. Zwar widmet ihm schon die Dreizehnjährige ihre *Romance Variée* und die Vierunddreißigjährige ihre Variationen über das *Bunte-Blätter*-Thema — Anfang und Ende ihres Komponierens —, aber Eingriffe in ihre Noten verbittet sie sich. Dagegen wimmelt es in Roberts Frühwerk von »leisen Tönen«, »Stimmen aus der Ferne«, Anklängen, Anspielungen und Anleihen aus Claras ersten acht Opera, und bei den (ihm gewidmeten) Romanzen op. 11 stellt Schumann gar geheime Gedankenübertragung fest. Bei dieser Gelegenheit auch erklärt er sie zur alleinigen Muse seines »Dichtens« — denn er fühlt sich mehr als Poet denn als Musikant, der seinen Kontrapunkt eher dem Romancier als dem Kantor ablauscht, keine Fugen, sondern »Fugengeschichten« schreibt und sein größtes Klavierwerk, die *Fantasie* op. 17, »Dichtungen« nennen wollte.

Als Avantgarde fühlten sich beide. Das Neue, das seit der französischen Revolution und mit Beethoven in die Musik eindrang, war Pathos und Passion — Trommelwirbel, Morgenrot, Trauermarsch mit Wahnsinn und Trompeten, erst napoleonisch, dann als patriotische Aufwallung, zusammen mit

88

heroischem Gestus einerseits und andererseits das gesteiger-
te Ausdrucksbedürfnis des byronischen, schwermütig-erotisch
gestimmten Individuums, das sich keiner Orthodoxie und Autorität und auch keinen Klassenschranken fügen will, Würde
aus der unritualisierten Gefühlsechtheit bezieht. Die Sforzati
und Crescendi nehmen überhand, Durchführungssequenzen
streben orgasmischen Höhepunkten zu, die Strukturvorgaben
werden zu Entäußerungsvorwänden. In der Spätromantik wird
die Leidenschaft zu Melodrama und Routine, der Pomp zu
Blech und Kitsch.

Pathos und Passion sind in Schumanns Werk noch Reinkul-
tur: Die *Symphonischen Etüden* hießen zunächst »Variations Pathétiques« und steigern sich im Finale zum »Siegesmarsch«.
Der zuerst »Trophäen« überschriebene Mittelteil der *Fantasie*
op. 17, reißt Clara zu militanten Fantasien hin und die Hörer
— nach der irrwitzigen Sprungstretta — auch heute noch vom
Stuhl. In den Symphonien berührt sich das Pathos mit dem Pa-
thologischen und in den Freiheitsmärschen (1849) mit dem
Schwulst, so auch in Claras Opus 9 über die Kaiserhymne, das
man sich gut in den dreißiger Jahren von Elly Ney gespielt vorstellen kann.

Leidenschaft drängt in beiden zum Ausdruck, und dies ist
nicht zuletzt der Grund, warum beider Musik gelegentlich als
abstoßend, ja anstößig empfunden wird. Claras schrill disso-
nanter *Hexentanz* aus op. 5 schockiert mit anarchischer Clu-
sterwut. An ihrem Rückertlied auf den Text »Er ist gekommen
in Sturm und Regen« monierte ein Kritiker, daß sie unpassen-
derweise nur den Sturm und nicht die »Mädchengefühle«
beim Erscheinen des Geliebten dargestellt habe. Und dieser
»Sturm« legte sich auch nicht so rasch, er tobte mit derselben
Motivik noch durch die Durchführung ihres Sonatenallegros
und das Passionato ihres Scherzos op. 14. Sie war auch eine

der ersten, die Beethovens Appassionata öffentlich zu spielen
wagte, was Grillparzer in poetische Aufregung versetzte.
Beides — Pathos und Passioniertheit — war in den dreißiger
Jahren keineswegs große Mode in der Musik. Man liebte das
Leichte, tänzerisch Beschwingte, Rossini und Webers »Einla-
dung zum Tanz«, und nur in der Oper war stilisiertes Hochge-
fühl geduldet. Paganini erregte mehr Furcht und Schrecken,
und auch die Davidsbündler in Schumanns Kopf und Kaffeehaus gefielen sich als Bürgerschreck.

Zur Leidenschaft gehörte aber auch als begütigende Um-
kehr und Einkehr die Innigkeit, die Schumann für die Musik
gleichsam erfunden hatte. Als er bei Henriette Voigt eines
Abends »im Dunkeln« spielte — ein Chopin-Nocturne und die
cis-Moll-Etüde — geschah das nach seinem Tagebucheintrag
»mit viel Inwendigkeit«. Schon da und noch langehin war es
Claras *Notturno* op. 6, II, das in ihm fortwirkte. Doch war es
eben die Inwendigkeit, aus der eine neue Bedrohung erwuchs:
die Obsession, das Ohrwurmhafte innerlichen Tönens, das bei
Robert schon früh und im Alter auch bei Clara Tinnitusphäno-
mene hervorrief. (Smetana hat ein ähnliches Leiden in seinem
Streichquartett *Aus meinem Leben* als bohrenden Schmerzton
einkomponiert.) Schumann ist der erste, der unter seiner Musik physisch und psychisch leidet und dies auch zu sagen weiß.
Seine Musik greift ihn an, läßt ihn nicht los, verfolgt ihn in die
schlaflosen Nächte mit den Stimmen toter Meister, Mendelssohns, Schuberts; wunderbar beglückend, so daß er sich tot-
singen möchte, berückend und verrückend wirkt sie wie eine
Droge, Lebenselixier und Gift zugleich, Sirenengesang. So
kann die Inspiration den Sog der Tiefe verstärken, wie der
Sang der Loreley, und so geistert durch das Tagebuch schon
früh der Todeswunsch, der Drang, sich in den Rhein (oder in
die Donau oder aus dem Fenster) zu stürzen. Er wünscht sei-

ner Musik ja die orphische Magie, unter wilden Tieren Frieden
zu stiften oder die Leiden im Hades zu lindern; doch haftet
diesem Zwang auch etwas Unheimliches an. Dieses Unheimliche, das leise Grauen des Eichendorffschen »Hüte dich, sei
wach und munter«, das Fürchtenmachen und das Melodram
der Blutblume in den *Waldszenen*, drang in Schumanns Musik
schon früh mit dem Verdacht ein, daß auch das Böse musikalische Formen hervorbringt, wie Paganini auf Lysers Stich von
Teufeln und dem Geist der von ihm (angeblich) ermordeten
Geliebten umgeben ist und doch eine geniale Caprice herun-
terfetzt. Hinter Pathos und Passion stehen, wie bei allen kreativen Prozessen, auch Aggression und Gewalttätigkeit. Keinem der großen Musiker vor Schumann ist dies so verstörend
ins Bewußtsein gedrungen. Gerade er, der leise spricht, auf
Zehenspitzen geht, behutsam und schweigsam auftritt, der
nur gelegentlich seinen Künstlerstolz hervorkehrt, muß sich
insgeheim eingestehen, wieviel er verdrängt, ängstlich verbirgt, in sich hineinfrißt. Wir hören von Beethovens stampfen-
dem Komponieren, von Schuberts Unglück und Liszts Bra-
vado, doch keiner hat die Musik selbst anders denn als
wohltätige Macht erfahren und gefeiert. Man hört nicht, daß
Bach von seinen Fugenthemen wie von Furien gehetzt worden sei (obgleich man es sich bei Glenn Goulds Spiel ohne
weiteres vorstellen könnte), doch Schumann werden die agonalen Momente seiner Musik auch zur Agonie (bis hin zu dem
Orchesterschrei in der Vierten Symphonie) und führen
schließlich in die Apathie.

Clara Schumann spielte oft Roberts *Waldszenen* im Konzert
— das Stück *Verrufene Stelle* mit dem Hebbelmotto ließ sie immer aus:

Die Blumen, so hoch sie wachsen,
Sind blaß hier wie der Tod;
Nur Eine in der Mitte
Steht da im dunkeln Rot.

Die hat es nicht von der Sonne:
Nie traf sie deren Glut;
Sie hat es von der Erde,
Und die trank Menschenblut.

Clara Wieck, 1836. (E. v. Leyser)

Ob unterirdisch oder überirdisch

Du möchtest mich also gern noch näher kennen?« Hinter der provokanten Ironie verbirgt sich die leidenschaftliche Sehnsucht einer sinnesoffenen Zwanzigjährigen, aber auch die distanzierende Skepsis der Virtuosin im Bewußtsein ihres europäischen Ruhms und ihrer voll entwickelten Kunstfertigkeit. Als die von Robert zart verehrte »As-Dur-Seele« Henriette Voigt starb, schrieb Schumann einen Nachruf in seiner Zeitschrift, der einer zeittypischen Erwartungshaltung entspricht, die auch seine Braut zu fühlen bekommt – und die er alsbald revidieren mußte: »Aufgehängt über dem Flügel waren die Bildnisse der besten Meister; der Musiker, schien es, war Herr im Haus, die Musik die oberste Göttin ... Bis zum letzten Augenblicke behielt sie dieselbe Liebe zur Musik, dieselbe aufopfernde Anhänglichkeit an ihre Meister, und zeigte sie in so kleinen Zügen, wie daß sie oft selbst Blumen und Früchte einkaufte, sie einem verehrten Künstler heimlich oder offen zuzuschicken ... ihr Geist rastete selten; etwas wenigstens mußte jeden Tag fast der geliebten Musik getan werden. Dabei war sie musterhafte Hausfrau und Mutter.« Dies war die kultivierte Biedermeiergattin, die auch der mit fast dreißig Jahren schon etwas gesetzter wirkende Bräutigam Schumann in seiner künftigen Frau zu besitzen hoffte. Nicht ohne Mühe und Überwindung erkannte er aber bald, daß Clara nicht ganz so wohltemperiert funktionieren mochte, daß auch in ihr ein Dämon die Erfüllung der eigenen Bestimmung erzwang; und sie wußte

ihre unumgänglichen häuslichen Pflichten zu delegieren: Nur
wenig Einträge von ihrer Hand finden sich im Kochbuch, das
ihr Robert zum Einstand hoffnungsfroh schenkte — eine Köchin wurde eingestellt. Schwangerschaften, Kindskram und
ein empfindlicher Gatte hielten sie am Ende nicht vom Üben
und Konzertieren ab. Und auch Henriette Voigt entzog sich
den restriktiven Kategorien, die selbst Schumann anzulegen
wußte; Henriettes Tagebucheinträge, dem Nachruf angefügt,
zeigen, was es in jener Zeit hieß, wenn die Musik zu »Speise
und Trank des Lebens« wurde: »Heute war ich in einem Laden, wo das Neueste der Messe zu sehen war, in ungeheurer
Fülle und nur Putzsachen! — Diese Menschen alle die da kauf-
ten, diese Menge die da verkauften, ein Drängen und Treiben
zum Wahnsinn! Alle liefen durcheinander und Viele verloren
fast ihren Kopf über das, was sie darauf setzen wollten. — Es
drängte sich mir unwillkürlich eine Träne ins Auge, mir fiel
Himmel und Erde so schwer auf's Herz — ich dachte: diese
Anstrengungen alle, wozu? warum? — um zu *leben* doch
nicht?«

Konsumrausch, leere Betriebsamkeit, falsche Bedürfnisse —
kein unbekanntes Phänomen um 1840. Dagegen setzt sie die
»Freude«, unter Mendelssohns Stabführung sein neues Werk
zu proben.

Robert Schumann würde Clara noch nahe genug kennen-
lernen, und es ist erstaunlich, wie sensibel und bescheiden,
wenn auch unter Qualen und momentweise rückfällig, er von
eigenen Präferenzen und von den Konventionen seiner Zeit
ablassen und wieviel er dazulernen konnte.

Nach ihrer Rückkehr aus Paris begann für die noch immer
halbwüchsige Pianistin eine »vielbewegte, pflicht- und arbeits-
reiche Zeit« (Litzmann). Sie gab in drückender Julihitze zwei
aufsehenerregende Konzerte im Gewandhaus. Sie spielte nun

alles auswendig — in Paris wurde man sonst nicht ernst genommen; in Leipzig und Berlin begann man zu verstehen, daß
»nur so« die Sprünge und Überkreuzungen ihres Handwerks
zu bewältigen wären, weil sie jetzt »auf die Tasten sehen«
könne. Allmählich wird ihr Spiel nun auch in seiner Besonderheit erkannt und gegen die Kunstfertigkeiten anderer Virtuosen und Virtuosinnen abgesetzt: »Der Ton der Belleville
schmeichelt dem Ohre, ohne mehr in Anspruch zu nehmen,
der der Clara senkt sich ins Herz und spricht zum Gemüt.« So
der Kritiker Robert Schumann, und der unumgängliche Rellstab erklärt sie rundweg zur »Autorität« in allen technisch-musikalischen Fragen. Der Vater Wieck sah darauf, daß die Honorare mit dem Ruhm der Tochter Schritt hielten: »Zu irgend
einem wohltätigen Zweck wird Clara stets bereit sein, *umsonst*
zu spielen, jedoch Abzug vom Honorar, wenn man einmal um
Geld spielt, kann ich nicht ertragen.« Schumann irritierte dieses eigentlich nur professionelle Verhalten des Managers und
Lehrers, der selbst sich aus ärmlichen Verhältnissen hoch gearbeitet hatte. Clara teilte die nüchterne und vorsorgliche Einstellung des Vaters zum Geld, ohne zu Geiz oder Habsucht zu
neigen, wie ihr das zuweilen nachgesagt wird. Allerdings verärgerte sie Robert gelegentlich mit ihrer vom Vater abgeschauten finanziellen Vorsicht und Vorsorge. Er war durch das
Testament seines Vaters und die von den Brüdern verwalteten
Geschäftsanteile gutgestellt, wenn auch nicht wohlhabend.
Nur so konnte er in seiner Sommerwohnung in Riedels Garten
komponieren, redigieren und kritisieren, ohne auf Tageseinnahmen angewiesen zu sein. Irritiert schimpfte er Wieck einen
»Meister Allesgeld« und zuckte vor dessen lautem und ordinärem Wesen zurück. Schumann selbst sprach leise, trat behutsam auf, ruhig und gefaßt, auch als er vor Gericht die beleidigenden Trunksuchtsanwürfe des künftigen Schwiegervaters

entkräften mußte — er fraß die ungeheuerlichen Zumutungen in sich hinein, nicht ohne katastrophale Spätfolgen.

Clara wollte von Robert nicht nur als Künstlerin ernst genommen werden, sondern, obwohl noch ein halbes Kind, auch als Frau. Als Robert sich mit dem Adelsfräulein Ernestine von Fricken verlobte, mußte sie sich eine gewisse Verlorenheit eingestehen. Die halbbewußte, aber demonstrative Anhänglichkeit der Vierzehn- bis Sechzehnjährigen nahm er vielleicht auf die leichte Schulter. Er wollte sie, die Jean Paul noch nicht gelesen hatte, eine Ente nicht von einer Gans unterscheiden konnte, die sich, wie sie später spottet, verzweifelt »in ihrem leeren Kopf« umsieht, er wollte sie erziehen, kultivieren, was ja der »Meister Allesgeld« seiner Ansicht nach sträflich versäumt hatte. Sie war dafür empfänglich, ohne sich groß einschüchtern zu lassen. »Es macht Freude, wie sich ihre Herzens- und Geistesanlagen jetzt immer schneller, aber gleichsam Blatt für Blatt entwickeln«, schreibt er etwas gönnerhaft an die Mutter. Zugleich beginnt ein Lebensweg, den er ahnungslos und ganz unallegorisch als Wanderepisode festhält: »Als wir neulich zusammen von Connewitz heimgingen (wir machen fast täglich zwei- und dreistündige Märsche) hörte ich, wie sie für sich sagte: O wie glücklich bin ich! Wer hört das nicht gern! — Auf demselben Weg stehen sehr unnütze Steine im Fußsteg. Wie es sich nun trifft, daß ich oft im Gespräch mit andern mehr auf als nieder sehe, geht sie immer hinter mir und zupft an jedem Stein leise am Rock, daß ich ja nicht falle. Einstweilen fällt sie selbst darüber.« Steine genug wurden ihnen in den Weg geworfen; sie stolperten wenig: Schumann bewunderte die Seiltänzer, die, als er eben die *Humoreske* komponierte, die Straße heraufzogen. (Angeblich verdankt ihnen die Eleganz des Werks nicht wenig.) Sie waren beide gute Tänzer, gut zu Fuß — Schumann hob gerne ab, trotz aller Höhenangst; er behaup-

tete, einen »Luftballon« zu besitzen und: »Wo sich der Faustmantel der Phantasie um kräftige Formen schlingt, so ist unsere Fahrt eine schöne« — wo Schumann reiste, paradierten
die Bilder um ihn her und verschlangen sich zu »schönster
Musik«, alles ging da hinein: Kindstaufe, Rattenfang, Kartof-
felschmaus, Sonnenbad, Graziengeleit (Emilie, Therese ...),
Gewitter und der Terzdezimenakkord, der das Wesen Claras
dissonant-expressiv zusammenfaßt. Er stolperte nicht, er ach-
tete auf den Weg, der am Ende auf eine Brücke führte, von der
er sich in den Rhein stürzte.

Clara ging ihre eigenen Wege. Anläßlich ihrer Erstkommu-
nion erklärte Vater Wieck der Vierzehnjährigen: »Du sollst
nun selbständig werden.« Sie war nicht nur eine renommierte
Künstlerin, sondern auch sonst schon erwachsen genug.
Wieck spürte wohl, daß er ihr kaum noch etwas zu bieten
hatte: »Ich habe Dir und Deiner Ausbildung fast 10 Jahre meines Lebens gewidmet; bedenke, welche Verpflichtungen DU
hast.« Wie von vielen Eltern auch heute noch, wird die schwin-
dende Zuwendung der Kinder durch erpreßte Dankbarkeit be-
lebt. Doch kündet sich zugleich als leise Drohung die Möglich-
keit der Abnabelung und Verstoßung an. Immerhin lebt man
noch im Nachglanz der Goethezeit, und Wieck sieht im Gegensatz zu Schumanns Verdacht bei seinem Ausbildungspro-
dukt nicht bloß auf Erfolg und Anerkennung: »Bilde den Sinn
für ein nobles und uneigennütziges Wirken, für Wohltun und
eine wahre Humanität immer mehr und bei jeder Gelegenheit
aus. Lasse Dich, wenn Du bitter verkannt, verleumdet und
beneidet wirst, nicht irre machen in Deinen Grundsätzen.«

Überflüssige Worte; Clara war nicht zu beirren in ihrem
»noblen« Wirken und ihrer »Humanität« — auch nicht, als
sie vom eigenen Vater verkannt und verleumdet wurde. Während Robert eher bürgerliche Vorurteile und Bedenken hegen

98

konnte, war Clara zugleich unbefangen und unbeugsam in ihren »Grundsätzen«, die von größerer emotionaler Selbstgewiß-
heit und Entschiedenheit getragen waren, als dies ein Mann
der Biedermeierzeit es sich leisten konnte. Der taube Maler Lyser, der sich als E.T.A. Hoffmanns Doppelgänger fühlte und zu
Schumanns Davidsbündlern gehörte, hatte begriffen, was 150
Jahre später nicht mehr ernst genommen wird: die fremdartige
Autorität, die von einer halbwüchsigen Klaviervirtuosin aus-
geht, und dies nur kraft ihrer Musik. Angeblich ging sein Artikel in der *Cäcilia* auf einen Brief Heinrich Heines zurück, dem
das »Graziös-Nachlässige in ihren Bewegungen« die »etwas
fremdartig geschnittenen Augen« und der »dann und wann etwas spöttisch oder schmerzlich« verzogene Mund der klavier-
spielenden Kindfrau augenfällig geworden waren. »Erschei-
nungen wie Clara liegen ganz außer dem Bereiche des
Gewöhnlichen«, schreibt Peter Lyser in der *Cäcilia*, »es ist, als
wisse das Kind eine lange, aus Lust und Schmerz gewobene
Geschichte zu erzählen, und dennoch — was weiß sie? — Musik.« Sie war auch ein »duslich Kind«, wie sie selbst schreibt,
das aber ernst genommen werden wollte. Als die feine, drei
Jahre ältere Ernestine, Tochter eines Freiherrn und Ritterguts-
besitzers, Wiecks Schülerin wurde und vom leicht erregbaren
Schumann plötzlich umworben wurde, regte sich Eifersucht.
Vater Wieck entfernte die ohnehin reizbar und unlenksam gewordene Tochter nach Dresden zur musikalischen Weiterbil-
dung: Sie wußte noch nicht genug Musik. Sie lernte instrumentieren, sie schrieb ein Klavierkonzert, auch instrumentierte sie
ihre *Valses Romantiques* (die in dieser Form leider verloren gegangen sind). Aus der Ferne nahm sie Anteil an dem Freund,
der ihr entgleitet: Er schreibt nicht, er kommt nicht. Sie will
ihn der Nachtschwärmerei entreißen, den Dämmerschoppen
und Langsamkeiten (»Eiligkeit lieben Sie nicht«).

Er indessen verlobt sich mit dem Adelsfräulein aus Asch; mit biedermeierlichen Nebenhoffnungen auf Mitgift und Prestige. Vater Wieck, dem es auch da vor allem um die von ihm vermittelte Kunstfertigkeit ging, mißbilligte durchaus die Aufdringlichkeit des »launigen, störrischen, aber noblen, hochbegabten, bis ins Tiefste ausgebildeten genialen Tonsetzers und Schriftstellers«. Soll er doch endlich Symphonien schreiben, nicht immer nur abrupte Miniaturen, und die neue Musikzeitschrift füllen, und nicht Wiecks Schülerin Ernestine ablenken und verführen: »Auch hatte sie alles wieder verlernt, was ihr mit so vieler Mühe gelehrt worden war. Sie glich einer Pflanze, welche, so lange sie begossen und auf einem Fleck stehen bleibt, sich mit Müh und Not erhält, jedoch versetzt man sie, so welkt und stirbt sie nach und nach ab, denn sie hat nicht mehr die gewohnte Pflege und Ruhe. Die Sonne brannte zu scharf auf sie, d. h. Herr Schumann.« Dies wohl auch zur Warnung Clara ins Tagebuch!

Für Wieck eine welkende Pflanze, für Schumann ein »Kleinod« − Ernestine bleibt schemenhaft, gerade auch weil sie die Einlösung des Verlöbnisses nicht durchsetzen will, sich zurückzieht, als sie mit der Enttäuschung des Bräutigams konfrontiert wird, der plötzlich herausbekommt, daß sie eine unehelich geborene Adoptivtochter des Freiherrn ist und nicht erbberechtigt.

Zurück also zur »Doppelgängerin«, zum »Terzdezimenakkord«, in dessen »Lust und Leid« verschränkende Unaufgelöstheit er Claras Wesen hörbar zu machen glaubt. Und immer wieder die Frage: »Ob Sie viel componieren, ob unterirdisch oder überirdisch?« Überirdisch klangen ihm wohl später »Notturno« und »Ballade« aus ihren *Soirees Musicales*; doch schon die zweite Caprice aus ihrem op. 2 läßt an Erlkönigs Töchter denken: »... und wiegen und tanzen und singen dich ein«. Unterirdisch dagegen der dämonisch-paganineske »Danse de Fantômes« und der »Bolero« aus op. 5.

Doch die bizarre Virtuosin entzog sich zunächst weiterer Annäherung. Sie reiste umher und feierte Triumphe in Magdeburg, Hannover, Bremen und Hamburg — immer mit den Pariser Novitäten, die den alten Goethe erstaunten, und die zu seinem *Faust* so gut und schlecht paßten wie etwa Delacroix' elegante Illustrationen.

Clara wird zum Star. Doch »in jeder Stadt 700mal« fragen Publikum, Kollegen und Rezensenten den Impresario Wieck: »Spielt Ihre Tochter gern?«

»Clara spielt mit Widerwillen und will eigentlich gar nichts mehr tun. Was ist ein Virtuose ohne Eitelkeit!« Sie aber lebt in der Musik, ist rastlos und besessen von unerschöpflicher Musizierlust, sie will wirken, aber nicht glänzen. Wie Robert treiben auch Clara zunehmend und oft fast fieberhaft gesellschafts-utopische und -reformatorische Impulse um, als ahnten sie beide, daß bald — schon um 1850 — pseudomythische, salonfolkloristische, nationalgußeiserne, programmgeschwätzige »Zukunfts«-Musiken den Markt und die Säle überschwemmen würden. Die Brücke vom »innigen« Lebensversuch zum inständigen Musikexperiment war zerbrochen, und die »Tondichter« fanden sich im trüben Wasser kollektiver »Heldenleben«-Ideen wieder. Der Geschmack künftiger Diktatoren bereitete sich vor. Das Scheitern von Schumanns einziger Oper steht auch unter diesem Aspekt: die Seele, ein Fremdes auf Erden, Genoveva, die Peri, Hero mit der Lampe in Grillparzers Turm — dies waren Themen der Nachtstücke-Fantasie, die das Publikum der Vor-, Mit- und Nach-Bismarck-Zeit nicht mehr erreichten. Bert Brecht staunte über sich selbst, wie wenig ihn noch Romeo und Julia und sonstige private Liebesgeschichten interessierten — nach dem Ersten Weltkrieg, in dem Georg Trakl (»Es ist die Seele ein Fremdes auf Erden«) umkam.

»Sie müssen doch große Freude haben, da Ihnen der Himmel so eine Tochter geschenkt hat?«

»Ja«, antwortete Friedrich Wieck darauf, »es schneite einmal — da fiel mir eine ungezogene Schneeflocke in die Arme und siehe — das war diese Clara, gerade so, wie sie vor Ihnen steht.«

Überreiztheit, Erschöpfung, schlechte Instrumente, geldgierige Unternehmer, neidische Kollegen, schlammige Straßen, brechende Räder, dazwischen lüftet Schumann den Hut, wenn sie einmal wieder in Leipzig ist: »Er hat mich nicht einmal angesehen«, klagt sie, und weiter geht es nach Halle.

Zu ihrem sechzehnten Geburtstag bekommt sie von den Davidsbündlern eine goldene Uhr. Sie dankt mit einer Rede und spielt das Scherzo aus Schumanns fis-Moll-Sonate (die ihr gewidmet ist) sowie mit Mendelssohn ein Capriccio für zwei Klaviere. Sie wollte eine ihrer Pariser Novitäten anhängen; doch der höfliche, aber empfindliche Mendelssohn weigerte sich, derartiges anzuhören; statt dessen spielte er selbst Bachsche Fugen und imitierte nach einigem Champagnergenuß Liszts und Chopins Manieriertheiten am Klavier. Mehr noch als Clara und Robert, fühlte Mendelssohn sich von modischpantomimischer Extravaganz befremdet. Er selbst war kein Provinzmusiker, er war weltläufig und hochgebildet, doch machte er keinerlei Faxen, weder beim Spielen noch beim Dirigieren. Werktreue war sein Ideal. Auch einiges von Schumann war ihm zu exzentrisch; die drei Streichquartette dann, die ihm Schumann widmete, gehören zu dessen feinst strukturierten, durchsichtigsten Werken, die auch Friedrich Wieck, der dem mißliebigen Schwiegersohn das nicht zugetraut hatte, aufhorchen ließen.

Noch auf einem der letzten Fotos trägt Clara altväterisch an goldener Kette die Uhr der Davidsbündler am schwarzen Taftkleid überm Nabel. Sie war dennoch oft nicht pünktlich und zögerte auch noch, wenn sie schon am Flügel saß, mit dem Einsatz — sie litt immer mehr an Lampenfieber, auch unter Vergessensangst; das erhöhte nur die Spannung im Auditorium, das ihr atemlos zusah, wenn sie sich langsam die Handschuhe abstreifte.

Das Jahr 1835, das Jahr der Wiederkehr des Halleyschen Kometen, brachte bleibende Konstellationen in Claras Leben: Chopin, der in Dresden um die ebenfalls sechzehnjährige Maria Wodzińska vergeblich geworben hatte — man will keinen schwindsüchtigen Schwiegersohn — lehnt galant und trauerumflort in Leipzig am Flügel, der unter den Majestosoakkorden des Schumannschen Opus-11-Finales bebt: Später, in George Sands Landschloß, wird er ein wildes Echo zu Schumanns »Fandango«-Satz, der die fis-Moll-Sonate eröffnet, hören lassen — im passionierten Allegro seiner b-Moll-Sonate. Claras Opus 6 nimmt er mit. Beide trauern um den jung verstorbenen Bellini, den Opernkomponisten, dem Clara Wieck in ihren *Variations de Concert* op. 8 einen melancholisch-brillanten Tombeau schreiben wird, der als Gegenstück zu Schumanns *Etudes Symphoniques* gelten kann — gewürdigt auch heute noch nur von Janina Klassen, gespielt nur von Joseph de Beenhouwer.

Sie wird Chopin nicht wiedersehen — er war auf Mallorca bei ihrem zweiten Parisaufenthalt — doch sein f-Moll-Konzert spielt sie noch bei ihrem Abschiedskonzert im Frankfurter Museum ein letztes Mal: »Oft war mir in Gedanken, besonders des Nachts, als könnte ich keine Note mehr finden, wenn ich mit Jemand sprach sogar, so liefen mir dabei immer die Passagen im Kopf herum — es war geradezu unerträglich.« Sie war zweiundsiebzig Jahre alt und litt unter deprimierenden Gehör-

störungen; Musik, die sie anhören mußte, wurde zum Höllen-
spektakel — aber das f-Moll-Konzert war unzerstörbarer Teil
ihres Wesens geworden. Chopin gehörte zur Lebenskonstella-
tion; die feixenden Stimmen verstummten für die Dauer dieses letzten Konzerts.

In jenem Jahr 1835 wurde Mendelssohn zum Direktor der
Leipziger Gewandhauskonzerte ernannt; ein Grundton von
Trauer auch da: Vater Abraham war gestorben — das f-Moll-
Präludium aus op. 35,4 ist sein Klagelied. Präludien und Fugen
— Bach ohne Ende; und die Pariser Novitäten beginnen zu
verblassen, auch für Clara. Von nun an sieht man die Virtuosin
und den Dirigenten oft zusammen an zwei Flügeln — beide ruhig und gefaßt, dabei diabolische Tempi nehmend in den Pre-
stosätzen: sein Konzert für zwei Klaviere, Bachs Doppelkon-
zerte, später Schumanns zarte Andantevariationen. Oder sie
spielte unter seiner Stabführung Schumanns a-Moll-Konzert,
Chopins Konzerte, Beethovens viertes Klavierkonzert mit
dem verhangen apokalyptischen Dialog zwischen Soloinstru-
ment und Orchester inmitten. Sie vertraute ihm mehr als Robert, der ihn vergötterte, aber auch mißtrauisch Gerüchten
nachhing, daß man ihm jüdischerseits übelwolle. Schumanns
unklares Schuldbewußtsein nahm manchmal die Form eines
milden Verfolgungswahns an. Vielleicht regte sich sogar Eifersucht bei ihm: Clara kam auch mit Eheproblemen zu Mendelssohn, auf dessen Verschwiegenheit sie bauen konnte, auch
auf den diskreten Einfluß, den er auf Robert zu nehmen wußte.
Sie wollte nach Rußland, auf große Konzerttournee, Robert
sah sich aufs Nebengleis geschoben, Mendelssohn vermittelte,
begütigte, stimmte Robert um. Die Welt der Schumanns begann zu veröden, als Mendelssohn zu den Klängen seines
wortlosen Trauerlieds, das Moscheles instrumentiert hatte,
1847 zu Grabe getragen wurde. Wie Schubert, die Engel der

Zukunft, die Tiger und Dämonen, so wird Mendelssohn die Träume des schwer verstörten Schumann der fünfziger Jahre heimsuchen. Clara spielte seine *Lieder ohne Worte* oft als Abschluß eines Klavierabends — nach so wuchtigen Stücken wie Schumanns Opus 13 oder der Appassionata: ein unmöglicher Abfall nach heutigen Programmvorstellungen, wo selbst das »Spinnerliedchen« kaum noch als Zugabe auftaucht.

Und dann, während der Komet schon wieder das Sonnensystem verließ, das Nachtstück, da Clara Wieck »im blauen Kleide« die Lampe vom Tisch nahm und den Besucher Schumann nach einem Konzert die Treppe hinableuchtete. Zu ihrer Überraschung küßte er sie im Hausgang, und sie glaubte in Ohnmacht zu fallen und stellte jedenfalls rasch das Licht ab, um es nicht fallen zu lassen. Das Jahr kam ans Ende, es war schon November, der 25.

Ernestine von Fricken trug Schumann seinen Wortbruch nicht nach; sie ließ sich auch nicht von Friedrich Wieck zu belastenden Aussagen über den Exverlobten verleiten. 1838 vermählte sie sich mit einem entfernten Verwandten, wurde 1841 Witwe und starb drei Jahre später. Schumann hatte ihr sein *Allegro* op. 8 gewidmet, in dessen Coda schon das Zitat aus Beethovens Zyklus *An die ferne Geliebte* eingewebt war, das später mit so innigem Pathos den ersten (und ursprünglich auch den letzten) Satz der großen *Fantasie* op. 17 abschließen sollte, die Clara zugedacht und Liszt gewidmet war.

Friedrich Wieck kniff die Augen zusammen und sah sein Erziehungs- und Ruhmeswerk gefährdet. Er glaubte Schumann zu kennen: Er hat ihn beraten, unterrichtet, verköstigt, gefördert — er hat sogar mit ihm getrunken und gefeiert. Der junge Tollkopf überraschte ihn zum Geburtstag 1833 mit den zu wildem Fugato gesteigerten *Impromptu*-Variationen über das Romanzathema seiner Tochter — gewiß tiefsinnig, aber

auch kurzatmig. Faul, versoffen, unbemittelt und unzuverlässig
erscheint ihm allmählich der verstiegene Musikredakteur und
erfolglose Klavierkleinmeister, der seiner Tochter nachsteigt.
Er wußte wohl außerdem besser als der biedermeierliche
Schwarmgeist Schumann, daß Clara bei all ihrer herb-berük-
kenden Sylphenexotik vom unstillbaren Ehrgeiz professionellen Musikantentums erfüllt war. Nicht erst der Siebzigjähri-
gen, auch schon der Siebzehnjährigen gingen, während sie mit
Florestan und Eusebius parlierte, die magisch glitzernden Passagen des Chopinschen f-Moll-Konzerts durch den Kopf. Vater Wieck wollte sie durchaus nicht in hilfloser Abhängigkeit
halten; fast zu früh drang er darauf, daß sie eigene Verantwortung übernimmt, mehr und mehr auch für die Programme, die
sie spielen wollte, für ihre Kleider- und Kirschengelüste ohnehin — sie hatte ihr eigenes, selbstverdientes Geld. Ein Ehemann würde ihre Virtuosenlaufbahn auffliegen lassen. Dies
war Wieck ein gräßlicherer Gedanke als die mögliche Ent-
fremdung, die ja auch eine Entlastung bedeutete; denn das Im-
presariodasein mit dem Ärger über schlechte Instrumente,
ungeheizte Säle und dummes Publikum war er am Ende
gründlich leid. Tief in der Seele wurmte ihn aber dann doch
der Liebesentzug, der mit der Erkenntnis schmerzte, daß sie
inzwischen allein reisen und »Furore machen« könnte, wie
dann am Ende des Jahrzehnts bei ihrem zweiten Parisbesuch,
der nicht das von Wieck (und ohne Wieck) erhoffte Fiasko
wurde. Plötzlich wurde der fortschrittliche Lehrer und Helfer
zum grimmigen Patriarchen, der vor Schumann auf der Straße
ausspuckte, mit dem Revolver herumschlich, Briefe abfing, die
Tochter belauerte, wenn sie ausging, ihre Konzerte durch ge-
zielte Verleumdungen zu verhindern oder zu beeinträchtigen
suchte. Selbst als Schumann den Ehekonsens gerichtlich er-
zwungen hatte — Clara unverrückt an seiner Seite, mitleidig

CLARA WIECKS TRIUMPHE

106

den Vater fixierend —, glaubte er noch weitere Ehrverletzungen ahnden zu müssen. (Man duellierte sich noch das ganze Jahrhundert hindurch, wenn man sich nicht anders gegen den Phantomschmerz einer Ehrabschneidung zu helfen wußte.) Wieck mußte für zwei Wochen ins Kittchen, zumindest auf dem Papier. Er hatte sich gründlich verschätzt. Die Gesellschaft brachte seinem gekränkten Vaterstolz keine Sympathie entgegen. Die Ex-Ehefrau und die Davidsbündler sowie die Fama der kulturellen Zentren von Paris bis Wien verschworen sich gegen ihn. Schumann trat ihm plötzlich als »Herr Doktor« entgegen, und niemand wollte Alkoholmißbrauch oder Schürzenjägerei attestieren. Die Vermögensumstände waren zufriedenstellend, ebenso die Berufsaussichten.

Eines ahnte Wieck richtig voraus: Clara wollte nicht das Heimchen am Herd spielen, das sich selbst Robert in aller Harmlosigkeit erhofft hatte. Es eilte ihr zwar mit der Liebeserfüllung — sie war eine leidenschaftliche Natur —, doch mit der Heirat hätte sie durchaus warten können; beim gesetzteren Robert war es eher umgekehrt: Er sah, daß die häusliche Geschlossenheit den heraufdämmernden Lied-, Symphonie- und Kammermusikjahren günstige Rahmenbedingungen schaffen könnte.

Sie, auf der Höhe ihres kaiserlich und königlich verbrieften Virtuosenruhms, fürchtete mit gutem Grund den Absturz in Obskurität und Kindersegen. Denn nach dem Verblassen des Kometenjahrs überstrahlte ihr eigener Stern alle anderen Stars am Musikhimmel. Selbst Liszt mit seinem klavierzertrümmernden Aplomb wird als »Repräsentant der französisch-romantischen Schule« nicht immer so ernst genommen wie die »deutsch-sentimentale« Clara, die »in die höchsten Regionen« versetzt und »ohne Grimassen beim Spiel« Wärme, Tiefe und Kühnheit vereint — »als Muster aufzustellen«, wie die *Neue Zeitschrift für Musik* am 27. April 1838 befindet. Interessant die Gegenüberstellung Liszts und Clara Wiecks, die später von Clara als Gegenposition verstanden wird, bei zunehmender Feindseligkeit und Ratlosigkeit Liszts Kompositionen gegenüber. Originalität ohne alles Vorbild: Liszt. Insichgekehrtsein: Clara. Die Achtzehnjährige, die ihn in Wien erstmals hört, ist über diese »Originalität« geradezu erschrokken: »Er ist Original, nicht selten verletzt er das Schönheitsgefühl, indem er die Melodien zerreißt, das Pedal zuviel aufhebt, wodurch nicht dem Kenner, jedoch dem Laien seine Kompositionen noch unverständlicher werden müssen.« Mehr als ein Jahrzehnt später, als Liszt Schumann seine h-Moll-Sonate widmet, hört Clara nur noch Lärm und Chaos, als leide sie schon unter dem Tinnitus ihres Alters, der auch Robert zur Qual wurde. Dafür sich auch noch bedanken zu müssen, verlangt ihr ein Äußerstes an Selbstverleugnung ab.

Daß aber schon von der achtzehnjährigen k. u. k. Hofvirtuosin die von Schumann erfundene Vortragsbezeichnung »Innig« in eine musikalische Grundhaltung übersetzt wird, die offenbar der Faszination ihres Vortrags nicht abträglich war, ist damals auf den Konzertpodien der dreißiger Jahre ein neues Phänomen, das Clara unterwegs zu einer neuen Ästhetik des Klavierspiels zeigt, die Liszt als »priesterlich« verspottet, obgleich sie keinen heiligen Franz auf den Wellen wabern läßt – jedenfalls wird sie allem notenspinnenden »Floskelwesen« abhold, entsagt auch den Knall- und Flüstereffekten der Pariser Novitäten. Alles extrovertiert Kapriziöse wird in Scarlatti oder das ein oder andere Mendelssohnstück projiziert, in ihr eigenes d-Moll-Scherzo, solang sie es noch spielt, oder ihren *Hexentanz*. Ihre Sonate und ihr zweites Scherzo sind schon von Insichgekehrtheiten durchsetzt; ihr letztes großes Werk, die Schumannvariationen op. 20, vereinen das Innige mit dem

Brillanten in wunderbarer Textur. Schumann las noch im Abseits von Endenich darin.

In Clara sah Schumann eine Doppelgängerin; doch andere sahen das Gegensatzpaar: er leise, schleichend, wenn nicht gar »schlotternd« umhergehend, abwesenden Blicks, die Künstlerlocken um ein früh gealtertes, leicht verquollenes, chinesisch maskenhaftes Gesicht, das immer nach vorn oder zur Seite geneigt und aufgestützt über die Welt hinauszulauschen und abzusinken schien, der Mund vage zum Pfeifen gespitzt; ein Mensch, der leicht zu verstören ist, der seine eigenen Kinder auf der Straße nicht erkennt, vergeßlich, empfindlich und im Traum aufschreiend, dabei gutmütig, schweigsam und nachtragend. Während sie ihn zu interpretieren und zu entschuldigen hat; sie die straffe, schlanke, zähe, praktische und entschlossene Gefährtin, die Mann und Kinder vor der Revolution in Sicherheit bringt, kühlen Kopf in allen Krisen behält, mit dem Personal fertig wird und ihre Konzertreisen organisiert.

So aber sahen sie einander gewiß nicht; und wie Lebensgefährten einander sehen, bestimmt über Dauer- und Glückhaftigkeit ihres Umgangs miteinander. Auch sie erkannte in ihm die verwandte Natur: Beide waren sie leidenschaftlich und unausgesetzt bei ihrer Sache — der Musik; Clara studierend, übend, exekutierend und improvisierend, aber auch komponierend und kritisch anhörend; Robert reflektierend, sammelnd, entdeckend, analysierend und komponierend. Bei beiden führte die Obsession schließlich zu Abnutzungserscheinungen, die sich in Gehörstörungen und Schlaflosigkeit äußerten. Beide kämpften oft verzweifelt gegen körperliche Verfallserscheinungen, die ihre Kreativität behinderten: Er suchte Heilung für seine Gelenklähmungen, Depressionen, Schwindelanfälle und halluzinativen Zustände; sie litt bei

Schwangerschaften, nach Fehlgeburt und Nervenüberreizung,
unter Arthritis und Tinnitus. Beide hielten an idealistischen
Vorstellungen über die Kraft des Geistes fest und an den Erwartungen und Hoffnungen, die sie geradezu rituell einander
zu erfüllen verstanden. Sie schliefen oft miteinander, und zu jedem Geburtstag legten sie einander die Partitur eines neuen
Werks (im »Prachteinband«) auf den Gabentisch; sie noch zuletzt, zum 8. Juni 1853, die *Variationen* op. 20, er im selben Jahr
zum 13. September das düster-rauschende Konzertstück in
d-Moll. Sie irritierten einander, er mit seiner »Kälte« im Sym-
phonienstreß, sie mit ihrem Ehrgeiz im Konzertreisefieber.
Die Balance schien gestört in der Bewertung ihrer öffentlichen
Reputation; sie war eine Zeitlang die Gefeierte, er der noch
wenig bekannte Kleinmeister; doch nach dem Erfolg der
Frühlingssymphonie, des Oratoriums *Paradies und die Peri*, des
Klavierquintetts und des Klavierkonzerts, und nachdem einige
seiner Lieder und das Jugendalbum populär geworden waren,
war um 1850 der Bekanntheitsgrad auch in den Augen der Öffentlichkeit ausgeglichen. Zwischen den Lebensgefährten
spielten solche Prestigeerwägungen eine geringere Rolle, als
von einigen neueren intrigengewohnten Literaten angenom-
men wird. Die fünfzehnjährige Clara Wieck, die sich durch
Schumanns fis-Moll-Sonate »wie ein Wurm« wand, die den un-
geheuren technisch-interpretatorischen Anforderungen der
Paganinistudien und *Symphonischen Etüden* gerecht wurde und
über dem machtvollen Pathos der *Fantasie* op. 17 gar das
Fürchten lernte vor dem, was in diesem Robert umging und
ausbrach — sie wußte bis in die verquersten Nonenakkorde
hinein, was Schumann als Komponist leistete und noch leisten
würde. Gewiß, sie zieht ihn gelegentlich auf mit Hinweisen auf
eine ungegorene Wagnersymphonie, zu einer Zeit, da Schumann noch kein Orchesterwerk veröffentlicht hatte. Seine

frühe *g-Moll-Symphonie* war — unverdient — erfolglos geblieben und ist bis heute ungedruckt. Sie hatte aber mit ihm Ellbogen an Ellbogen über ihrer Klavierkonzertpartitur gesessen und wußte, daß er die Farben des Orchesters wohl einzusetzen verstand, eine neue Sehnsuchtspalette in Klarinett- und Oboenkantilenen, eine neue Mystik in Tuba- und Posaunenchöre. Sie wußte, daß er, im Verfolg des Unbedingten, um mit Novalis zu reden, vieler großer Dinge fähig war. Ein nachtgeweihtes Werk, vor dem ihr zuweilen auch unheimlich wurde. Sie war nicht von ein paar ungebildeten Höflingen oder mißgünstigen Rezensenten in ihrem Urteil irrezumachen. Erst als ihr der schlaflose Kranke fremd und bedrohlich zu werden begann, suchte sie auch in seiner Musik nach unzumutbaren, wertmindernden Verstörungen, die sie dann — oft gegen Brahms agitierend — eliminiert sehen wollte. So kam es, daß das qualvolle Pathos des Violinkonzerts fast hundert Jahre ungehört blieb (und das Werk wird auch heute noch nur von Gidon Kremer gespielt).

Schumann seinerseits behandelte bereits das Kind Clara als ernstzunehmende Kollegin, ihre Kompositionen als Inspirationsquelle seiner eigenen Zyklen und Sonaten. Ihr Spiel verfolgte ihn bis in die letzten Jahre in der Anstalt; er hörte es mit dem inneren Ohr, denn sie durfte ihm nicht mehr vorspielen. Er saß über ihren Variationen zu seinem *Bunte-Blätter*-Thema und erinnerte sich. Dies war der neun Jahre jüngeren, gesunden und rastlos Konzerte planenden Clara besonders schrecklich: Daß er zuletzt immer nur Erinnerungen nachhing und nicht mehr an die Zukunft dachte, deren »bleicher Engel« nun eher Tore zuschlug, die er zuvor, eins nach dem anderen, geöffnet hatte.

Nein, sie sahen einander nicht als Konkurrenten, eher als Leidensgefährten, in einer Gesellschaft, die dann vor allem im rheinischen Düsseldorf ins bürgerlich Betriebsame, populistisch Unterhaltsame absank, so schien es zumindest dem kunststrengen Paar aus Sachsen. Auf ihrer letzten gemeinsamen Konzertreise erlebten sie doch auch ein enthusiastisches Publikum, das ihrer beider Wert erkannte: in Holland, wo Robert auf seine selbstversunkene Art noch einmal das Klavierkonzert mit Clara als Solistin dirigierte.

Neuerdings wird die Ehe der Schumanns als »miserable Notgemeinschaft« beschrieben. Misere und Not waren allerdings vorausgegangen: Nachdem Schumann, heimlich des Nachts vor ihrem Fenster, in Gefahr, erschlagen oder erschossen zu werden, vergeblich darauf wartete, daß sie seinen wilden Sonaten-»Fandango«, den »Herzensschrei«, üben würde, wagt sie es am 13. August 1837, drei seiner *Symphonischen Etüden* öffentlich zu spielen. Schumann traute seinen Ohren nicht. Jeder Verkehr war zwischen ihnen vereitelt, seine Briefe waren ihm zurückgeschickt worden – jetzt wollte sie sie wiederhaben. Jetzt war die »Notgemeinschaft« besiegelt. Der Freund, Ernst Adolf Becker, der zwischen ihnen vermittelt hatte, verdient beider nachhaltigen Dank; Schumann widmet ihm die *Nachtstücke*. Beider Unterschrift steht unter einer Kopie eines Phantasiestücks *(Des Abends)*, die sie ihm schenkten. »Am Tag Eusebius, den 14. August (1837) verlobten wir uns«, schrieb er ins Tagebuch, und sie etwas später: »Den 14. August verlobten wir uns.«

Auf die Gefahr hin, angespuckt, erschossen oder an den Haaren gezerrt zu werden, machte Schumann bei Vater Wieck kurz nach Claras 18. Geburtstag seine Aufwartung, zog höflich den Zylinder und hörte sich die verworrenen, widersprüchlichen und böswilligen Anwürfe des Patriarchen an. Er ist ihm noch nicht gewachsen, fühlt sich »todt, so erniedrigt«, ist sich wohl noch nicht sicher, ob sein Lebenswandel (bayerisches

Bier, Schulden, Schanker, Liebeswirren) tatsächlich gerichtlich gegen ihn ausgespielt werden kann. Zugleich ist er, in Claras Augen, »kalt, ernst und schön«, ein starker junger Mann, der noch alle Verletzungen verkraften und verdrängen kann, ob auf die Dauer, ist ungewiß. Daß er Clara für noch stärker hält — jetzt und oft später noch, nicht nur weil sie neun Jahre jünger ist — zeigt seine Reaktion auf den »fürchterlichen« Auftritt mit Friedrich Wieck: »Sie müssen mir sagen, was ich tun soll. Es wird sonst alles Spott und ich gehe auf und davon.« Eine Art heinescher Verzweiflungseskapismus: Es »nagt« an ihm, er friert. Sie waren noch immer per Sie. »Ich bin angegriffen an der Wurzel meines Lebens.« Auch Clara litt, aber sie war härter im Nehmen; auch fühlte sie sich ganz unangreifbar, sie hatte immer nur gearbeitet, kaum einmal ernstlich an sexuelle Abenteuer oder andere Exzesse gedacht; wenn nicht der Vater, so hatte sie sich selbst in der Hand. Sie wußte, was sie wollte, spielen und diesen Mann: Robert. Wohl auch in dieser Reihenfolge. Sie verstand die Sorge des Vaters; sie selbst erkundigte sich gelegentlich nach den Schumannschen Vermögensverhältnissen. Sie war aus gutem Hause, und der Gedanke, daß sie im Eheleben angemessen versorgt sein müsse, war ihr nicht fremd, obgleich die anerzogene Vorsicht, die Robert in neuerliche Herzensnot stürzte, gar nicht der in ihr nachdrängenden Leidenschaft standzuhalten vermochte. »Eine starke Seele hab ich — ein Herz, das fest und unveränderlich ist. Sie sei Ihnen genug, um jeden Zweifel zu unterdrücken.« Noch immer waren sie per Sie.

Sie aber rumpelte von Triumph zu Triumph. In Prag »begeisterte« sie der Gedanke an den Herrn Verlobten beim Spielen so sehr, »daß das ganze Publikum mit begeistert wurde«. In Wien kam der bisherige Höhepunkt ihrer Laufbahn mit der Verleihung des selten gewährten kaiserlich-königlichen Diploms einer Kammervirtuosin: »Ich feierte einen Triumph, indem ich alle Chopinianer, Henseltianer, mit einem Wort alle Musikfreunde entzückte und eine Aufnahme fand, die uns entschädigte für die abschreckende Kälte der hiesigen Künstler, die durchaus nicht mit der Zeit fortgehen wollen und sich fürchten, aus ihrem Schlendrian gerissen zu werden.«

Sie versucht es mit Schumanns Kompositionen, lädt besonders den entzückten Grillparzer zu einer Soiree ein, wo sie den *Carnaval* spielen will. Doch das Publikum wollte keinen Anti-Philister-Marsch, es wollte seinen Lannerschen Schlendrian. (Vielleicht hätte sie mit den zart-virtuosen *Sehnsuchtswalzervariationen*, die dem *Carnaval* vorausgingen und in ihm mündeten, eher Erfolg gehabt. Aber Schumann hatte sie unvollendet liegen lassen; außerdem wären sie Henriette Voigt gewidmet gewesen, eine der wenigen Frauen, auf die Clara eifersüchtig sein zu müssen glaubte, obgleich sie ihr ihre eigenen *Soirees Musicales* dediziert hatte.) Die »schrecklichste aller Fragen«, die Clara in Wien nicht zum ersten Mal und auch nicht zum letzten Mal hört, trifft bei Schumann wohl auf den schon angedrohten Spott und Hohn, den er als Florestan elegant zu artikulieren weiß: »›Wer ist denn eigentlich der Schumann, wo lebt er, spielt er Klavier? − Er componiert. − Wie sind seine Compositionen? − Da möcht ich auch wie Du sagen: Das ist ein Mensch, um den Ihr Euch gar nicht zu bekümmern braucht, der auch so hoch steht, daß Ihr ihn gar nicht begreift und der sich mit Worten gar nicht beschreiben läßt.‹«

Inzwischen waren sie also per Du. Der Künstlerstolz, der sich in dieser Reaktion verrät, mag elitär und marktfern anmuten; er gibt nicht nur Clara, sondern gerade Robert die Kraft, ihrer Vision zu folgen, Kompromisse zu vermeiden und gegen den Strom des vorherrschenden Geschmacks zu schwimmen, wo das nötig wird. Wenn Franz Liszt, zehn Jahre später, nach

Anhören des Schumannschen Klavierquintetts, höflich die
Nase rümpft und das Ganze etwas »Leipzigerisch« findet, also
nicht pariserisch-avantgardistisch wie Meyerbeer und Wagner,
sieht er sich zu seinem Erstaunen plötzlich allein im Zimmer.
Schumann war, nachdem auch noch Mendelssohn höhnisch
erwähnt worden war, in stummer Wut aufgestanden und hin-
ausgegangen. Clara hinterher. Liszt, der Weltmann, konnte
nur den Kopf schütteln über diese provinzielle Empfindlich-
keit, natürlich sah er großmütig über den Affront hinweg; er
schätzte beide Schumanns, er hatte es nicht bös gemeint. Er
setzte sich später für Schumanns verkannte Oper und seine
Faustszenen ein, er führte den *Manfred* auf, alles, was irgend-
möglich auf Wagner hinauslaufen mochte. Clara hielt kühl auf
unfreundliche Distanz.

Es war Clara, nicht Robert, die in einem Brief aus Wien
schrieb, das »unedle Verlangen« sei ihr fern, den »Geist zu einem Handwerk machen« zu wollen. Sie waren beide Berufs-
musiker, keine Dilettanten, sie waren auf Perfektion aus, auch
auf Wirkung und Anerkennung des Geleisteten; doch wenn
dies letztere ausblieb, blieben sie gefaßt. Robert: »In zehn Jahren sieht alles anders aus.« Und dann war sie in Paris, allein
ohne den Vater, und machte Furore trotz Neid, Teuerung und
Nervenschmerzen in den Fingern. Der Tod wirft immer seine
Schatten in ihrer beider Leben: Henriette Carus war gestorben, »ich hab' sie einmal schwärmerisch geliebt«, bekennt Robert in einem Brief aus Wien. Sie war die Frau des Inspizienten
der Irrenanstalt auf Schloß Colditz gewesen; Schumann hatte
sie dort besucht — sein Sohn Ludwig würde in dieser Feste, die
schon als Gefängnis und Armenhaus gedient hatte, die letzten
dreißig Jahre seines Lebens verdämmern.

Und dann starb sein Bruder Eduard; die Schatten dieses Todes fielen in die *Nachtstücke* voraus.

Clara Wieck, 1840. (J. H. Schramm)

Robert Schumann, Wien 1839. (J. Kriehuber)

Ein Choral von Posaunen

Beim Pferdewechsel auf einer Poststation zwischen Wien und Leipzig glaubte Schumann am 6. April 1839 um halb drei Uhr früh im Nebel einen Choral zu hören; er hatte geträumt, so schreibt er Clara im fernen Paris, daß sie als Schutzengel neben dem Wagen einher geflogen sei — »in schönen Gewändern, mit Flügeln und liebenden Augen«. Man sah sich viel in die Augen in jener Zeit, und die Portraits der Romantiker, auch Claras und Roberts Bildnisse aus jenen Jahren, leben aus der schwermütigen und weltfernen Selbstversunkenheit des Blicks; Caspar David Friedrichs Selbstbildnisse zeigen geradezu kosmisch geweitete Pupillen: Der Augenkult nahm überhand. Das erste, was Schumann an der zehnjährigen Tochter Friedrich Wiecks auffiel, waren ihre Augen; sie schienen eher zum Verhexen als zum Schauen bestellt, weniger zur Orientierung als zur Hypnose geöffnet, mehr ausstrahlend als wahrnehmend. Der Blick projizierte seine innere Vision ins Gesehene und verwandelte es entsprechend in innere Landschaft. Man ließ den andern nicht auf sich beruhen, man verwandelte ihn schwärmerisch oder grotesk. Beides schlug sich in Hoffmanns Werk nieder, dessen Augen seine Frau Mischa erschreckten, als er eine lebensgroße Portraitzeichnung seines Gesichts, hinter einem Blumenstock halb verborgen, ihr in den Weg gestellt hatte — sie strahlten auch den »Horror« aus, der laut Poe »nicht aus Deutschland, sondern aus der Seele« komme. Der Horror der Märchen, die man ohne weiteres auch

den Kindern zumutete, der Horror, der kathartisch zu Furcht
und Mitleid stimmen sollte – solange er noch aus der Seele
kam und nicht eben doch aus Deutschland, wie damals schon
einige – Heine unter ihnen – ahnten und argwöhnten.

Schumann war auf dieser Reise ohnehin nicht wohl: Er
wollte im Hinblick auf die noch zu erkämpfende Ehelizenz
seine Zeitschrift und seine Existenz in Wien etablieren, in der
Stadt, wo Clara vor kurzem noch Triumphe gefeiert und bei
Hofe akkreditiert worden war, fern den lebensgefährlichen
Machenschaften Friedrich Wiecks und der restriktiven Phili-
strosität der Leipziger Gesellschaft. »Wir haben uns überhaupt
viel zu bürgerlich behandeln lassen«, trumpfte der Florestan in
ihm auf, »wir müssen nun genialer auftreten. Was kümmert
uns die Welt! Jetzt heißt es vorwärts, und sollen die paar Dutzend Philister darüber in Ohnmacht fallen.«

Also antichambrierte Schumann in Wien, mal im schwarzen Frack mit Atlasweste, mal im feinen blauen Rock mit Sei-
denweste, beim k. u. k. österreichischen Oberzensor, dem ge-
fürchteten Grafen Sedlnitzky, um eine Lizenz für seine
musikalische Zeitschrift zu erwirken. Man traute ihm nicht;
der Ton seiner Kritiken, die Richtung seiner Ausfälle gegen
den Status quo und die Lannerschen »Fußwalzer« paßte nicht
in Metternichs Konzept einer harmlos hedonistischen, rigo-
ros ruhiggestellten Obrigkeitsgesellschaft. Man vertröstete
den obskuren Federfuchser, der tatsächlich auf Beethovens
»Leichenstein« eine Stahlfeder gefunden hatte, mit der er die
große Würdigung der von ihm entdeckten, von Mendelssohn
uraufgeführten *Großen C-Dur-Symphonie* von Schubert schreiben würde. (Wer ist schon Schubert, fragte sich Graf
Sedlnitzky.) Nachtragend konnte Schumann sein, im Unterschied zu Clara: Er schmuggelte in seinen *Faschingsschwank*
die in Wien verbotene Marseillaise ein – wenn schon nicht

den Kopf, die Stellung hätte ihn das ohnehin gekostet; doch reiste er ja stellungslos ab.

Im Morgengrauen also der »Choral«, wie von Geisterposaunen. Er komponierte im Geiste schon die *Nachtstücke*, die am Ende seines Klavierjahrzehnts, am Ende einer ausschließlich diesem Instrument gewidmeten Werkreihe stehen sollten: Opus 23. Danach dringt in die Werkliste erstmals eine neue Kompositionsgattung ein: Lieder auf Texte von Heine, Geibel, Chamisso, Kerner und Rückert; auch Clara trug dazu bei; das »Liederjahr« 1840 kündigte sich an. Als Nachzügler des Klaviercorpus kamen noch der *Faschingsschwank* op. 26, die *Romanzen* op. 28 und die *Vier Klavierstücke* op. 32 dazu. Wie kein anderer Komponist reflektierte Schumann beim Komponieren immer seine ganze Existenz mit; was er fühlte, dachte, erlebte, sah und ahnte, löste sich nie ganz in die Musik auf, die er schrieb, sondern wollte ausgesprochen und weiterphantasiert werden: »Von einer Ahnung schrieb ich Dir; ich hatte sie bei meiner neuen Composition; es kommt darin eine Stelle vor, auf die ich immer zurückkam; die ist, als seufzte Jemand aus recht schwerem Herzen ›ach Gott‹ ... Ich sah bei der Composition immer Leichenzüge, Särge, unglückliche, verzweifelte Menschen, und als ich fertig war und lange nach einem Titel suchte, kam ich immer auf den: *Leichenphantasie* – ist das nicht merkwürdig?«

Die Stelle, auf die er immer zurückkam, zieht sich in der Mitte des dritten Nachtstücks über mehr als dreißig Takte hin; in ihrer monotonen Insistenz auf dem Schmerzenston f mit endlichem Ausschlag auf das b der Grundtonart, ist diese auskomponierte Ahnung eine der unheimlichsten Passagen in Schumanns Klavierwerk: Die dumpf angerissenen Echobässe unter der düster rauschenden Hülle der Umspielung klingen wie Hohn auf die Klagetöne, die sich nach der trügerischen

Beruhigung im b des b-Moll fremd verschleiert in debussyhaf-
ten Sequenzen entfernen und endlich chromatisch zurücktas-
ten und -fallen in das Des-Dur des rahmenden Posaunenrufs.
(Svjatoslav Richter spielte die Stücke an seinem 74. Geburtstag in London, und ein merkliches Erschauern lief bei diesem
Verzweiflungsintermezzo durch die Reihen der Lauschenden.)
Beim Titel *Leichenphantasie* hatte Schumann wohl an Schillers gleichnamiges Gedicht gedacht, dessen hohl klopfender
Rhythmus zur Marche Funèbre des ersten Nachtstücks
stimmt:

Gleich Gespenstern, stumm und hohl und hager,
Zieht in schwarzem Totenpompe dort
Ein Gewimmel nach dem Leichenlager
Hinterm Schauerflor der Grabnacht fort.

Die melodramatische Aufdringlichkeit dieser Juvenilie entspricht aber nicht dem eher sanften Pathos der Schumannschen Diktion. Und auch die visionären Titel »Trauerzug«,
»Curiose Gesellschaft«, »Nächtliches Gelage« und »Rundgesang mit Solostimmen« streicht er am Ende — sie zeigen aber,
daß Schumann bei den *Nachtstücken* kontrastierende Gruppen
und Stimmungen einer nächtlichen Gesellschaft heraufbe-
schwören wollte — ein Panorama, das über die trübe Ahnung
der Ausgangssituation hinaus sich ausweitet.
1839 war für Schumann ein Krisenjahr. Während Clara
Wieck, ganz in Schwarz, mit einer Kamelie im Haar, im Salon
des Klavierbauers Erard gefeiert wird, auch mit der Hommage
an Chopin aus dem *Carnaval*, verdüstert sich Schumanns
Stimmung in Wien zusehends. Er begegnet dem umnachteten
Dichter Lenau, hört Mozarts *Requiem* und phantasiert bei einer Cousine Mendelssohns, der Baronin Pereira: »Ich hatte ei-

gentlich keinen Grund zur Freude und doch so ein seliges
Sterbegefühl. Die Leute wußten gar nicht, wie ihnen zu Muth
war; es schien ihnen aber zu gefallen.«
Sein Phantasieren hat viele Hörer in Bann geschlagen. Das
geheimnisvolle Zwielicht, bei halb aufgehobenem Pedal, in
dem eine Stimme leise der anderen nachspricht, träumerischer »Pas des deux« auf Nebelwiesen, Magie der Arabeske,
schwebend und fremden Modulationen offen — dies alles ließ
das Handicap mit den gelähmten Fingern vergessen.

Die Brüder Erard hatten mit der Erfindung der Repetitions-
mechanik und der Einführung geschmiedeter Rahmen die
letzten signifikanten Verbesserungen am Instrument erreicht.
In Wien erlaubte die einfachere Mechanik der Klaviere leich-
teren Anschlag. In Paris und London aber verdrängten die so-
noren, klaren Erards alle anderen Klaviermarken; bis etwa
1860 spielte Erard die Rolle, die jetzt dem Steinway zufällt. In
Claras Haus in Baden-Baden standen gleich zwei Erards, der
eine ein Geschenk der Königin Viktoria.

Doch für Schumann war das Klavier mit seinen »Geheim-
nissen und Entzückungen« am Ende der dreißiger Jahre aus-
gereizt, es wurde ihm zu »eng«. Durch die dicker werdende
Textur seiner *Novelletten* und *Nachtstücke* hörte er Posaunenchöre, Klarinettenkantilenen, ferne Geisterstimmen mit Pau-
ken und Glocken. Schon früher suggerierte er dem Soloinstru-
ment orchestrale Effekte, doch nicht weil ihm der Klavierton
nicht genügte, sondern weil er ihm letzte Geheimnisse entlok-
ken wollte. Doch plötzlich, nach seiner Rückkehr aus Wien,
fühlte er »wenig Kraft zum Produciren, gar keine« und: »Sehr
schwach im Kopf immer«. »... ich verbittre ganz und bin oft
ganz desperat über die Langsamkeit — dazu mein jetziger völ-
liger Mangel an Gedanken, namentlich am Clavier! Jetzt componire Du nur für mich.«

NACHTSTÜCKE

Clara radierte auf Roberts Geheiß eifrig in seinen Noten
herum; in einem ihrer Londoner Konzerte wunderte sie sich,
daß sie das vierte und letzte *Nachtstück* mit seinem weitgriffi-
gen Arpeggiogesang, dem abgründig-kanonischen Mittelteil,
wiederholen mußte, da der Beifall nicht nachlassen wollte.
Die »Ahnung« aber, von der die *Nachtstücke* ihren Ausgang
nahmen, hatte nicht getrogen: »Unser geliebter Eduard ist tot
— früh halb drei hörte ich auf der Reise genau einen Choral
von Posaunen — da ist er gerade gestorben ...«
Wie genial auch immer Schumann auftreten möchte — er
weiß, daß er Geld braucht, bürgerliche Sicherheiten; und in
die Sorge um Eduard mischt sich auch die Angst um mögliche
Vermögenseinbußen, wenn der Bruder, der das väterliche Geschäft, Buchhandlung und Verlag, weiterführt, im Sterbefall einen Bankrott nach sich zieht: Er hatte kein Testament hinterlassen.«... ›es wird dir schon gut gehen ... ‹ ich sah ihm aber
etwas an den Augen an, was ich den Todeszug nennen möchte
... welche Veränderungen sein Tod in unseren Verhältnissen
hervorbringen mag, weiß ich noch gar nicht«, schreibt Schumann an Clara.
Robert hat mit allen seinen Schwägerinnen geflirtet: Der
Tod Rosalies, der Frau des Bruders Carl, ging ihm so nahe, daß
er den Verstand zu verlieren fürchtete. Bruder Julius, Eduards
Kompagnon, war ebenfalls 1833 verstorben. Therese, Eduards
Witwe, bezauberte Schumann mit ihrer Klugheit, ihrem Fein-
sinn. Doch war sie nun, ohne letztwillige Absicherung durch
den Gatten, dem Gutdünken der Verwandten ausgeliefert, die
es allesamt, einschließlich Robert, über der Erbteilung an Soli-
darität fehlen ließen.
Plötzlich vergaß Robert, weshalb er immer für Therese ge-
schwärmt hatte und sogar seinen Bruder eifersüchtig werden
ließ: »Daß sie mit Eduard nicht glücklich gelebt hat, hat sie

auch die Hälfte Schuld; sie hielt sich immer für viel zu schön für Eduard. Er wäre mit einer weniger schönen und gebildeten Frau viel glücklicher gewesen, er war durch und durch bürgerlich, gutmüthig, familiär in allem. Er hat kein Testament hinterlassen, und ich muß es an Theresen loben, daß sie nicht unzart in ihn gedrungen. So bekömmt sie denn nur ein Drittel. Davon kann sie nun nicht leben.«

Natürlich hatte sie ihn aufopfernd gepflegt, wie man anerkennen mußte. Aber von den 20 000 Talern fielen ihr nur 3000 zu, und sie war darüber recht verzweifelt.

Clara hatte auch hier ihren eigenen Kopf. Zweierlei Töne ihres heiß geliebten Roberts fanden keinerlei zustimmendes Echo bei ihr: die metaphysischen Verstiegenheiten (es sei denn, sie waren humoristisch verkleidet) und dann auch die philiströsen Anwandlungen. Aus Paris schrieb sie Robert, daß sie gerne Therese bei sich wohnen ließe, falls sie sich allein unglücklich fühlt, und daß sie in Frieden mit ihr leben würde: »Ihren Kummer sollte sie gewiß ein wenig vergessen.«

Dazu kam es nicht: Therese heiratete zur Erleichterung der Verwandten 1840 wieder einen Buchhändler und fiel keinem der Schwäger weiter auf die Tasche.

Robert aber bestieg nach der spukhaften Kutschenfahrt am 8. April 1839 einen »Dampfwagen« auf der soeben eröffneten 116 km langen zweiten deutschen Eisenbahnstrecke nach Leipzig, keine Posaunenchoräle waren über Räderrattern und Schürgekeuch zu hören; nur die unmelodische Zurechtweisung einer Dame, die Roberts Zigarrenrauch belästigte.

Daß auch bereits das Klavierspiel eine Umweltbelastung bedeuten konnte, bezeugt Heinrich Heines kaustisch-köstliche Marginalie:

»Die herrschende Bourgeoisie muß ihrer Sünden wegen nicht bloß klassische Tragödien ausstehen, sondern die himm-

lischen Mächte haben ihr einen noch schauderhafteren Kunst-
genuß beschert, nämlich jenes Pianoforte, dem man jetzt nirgends mehr ausweichen kann, das man in allen Häusern erklingen hört, in jeder Gesellschaft, Tag und Nacht ... Die
technische Fertigkeit, die Präcision eines Automaten, das In-
dentificiren mit dem besaiteten Holze, die tönende Instru-
mentwerdung des Menschen, wird jetzt als das Höchste gepriesen und gefeiert ... Was ist aber in der Kunst das Höchste:
Das, was auch in allen anderen Manifestationen des Lebens
das Höchste ist: die selbstbewußte Freiheit des Geistes.«

Ein rauherer Wind wehte bereits im Umbruch zu den vier-
ziger Jahren, und als 1848 europaweit die Revolution ausbrach, das kommunistische Manifest erschien und die pol-
nisch-russisch-italienisch-österreichisch-ungarische Salonari-
stokratie Paris fluchtartig verließ, stand Chopin ohne Schüler
da und mußte den Kaufleuten von Manchester vorspielen.
Und doch: Aus Chopins Spiel und Werk hörte sogar der lar-
moyant-satirische Heine den befreiten »Geist« heraus, und um
den Geist, den man haben muß, ging es zeitlebens auch den
Schumanns. Noch war dieser Anspruch nicht zur wilhelmini-
schen Bildungsphrase verkommen. Noch hatten die Chirur-
gen, zusammen mit der Seele, die Chemiker und Physiker, die
nichts mehr mit Naturphilosophie zu tun haben wollten, die
Sozialreformer ihn nicht ganz vertreiben können. War es doch
seit Hegel fast eine Staatsaktion, die den Geist als ultima ratio
dialektisch aus dem Geschichtsprozeß herausdestillieren und
keineswegs verdampfen lassen wollte. Geist — in diesem Begriff lebte noch der frühromantisch-revolutionäre Begriff von
der Überwindung der Natur durch ein zu findendes Sesam-
öffne-Dich, ein Zauberwort, ein Machtwort, das der Dichter
erlassen würde (nach Shelleys Wort der »geheime Gesetzge-
ber« der Menschheit) und nicht die Dampf- und Elektrizitäts-

entfessler, nicht Metternich und seine Monarchen und Allianzen. Nur so unterschied sich echtes von hohlem Pathos: Wer Hölderlin zitierte, drang mit ihm auf den standes- und spartenvergessenen Zusammenhalt einer Gesellschaft, die ihr Glück den Musen verdanken sollte, die aber nur inspirierten, nicht gängelten. Eine Generation, die nach 1848 in Umnachtung, Tod, Vaterlandsfuror oder Exilhäretik verkam, erschauerte in den Jahrzehnten zuvor noch lange unter Schillers Distichon *An die Muse*:

>»Was ich ohne dich wäre, ich weiß es nicht – aber mir
>grauet
>Seh' ich, was ohne dich Hundert und Tausende sind.«

Dieses Grauen war zugleich ahnungsvolle Vorwegnahme einer hochbrisanten Resignation, die den Geist zum Verneiner des Lebenswillens, der Daseinsillusion ernennt, in Schopenhauers Denken, das erst nach der Mitte des Jahrhunderts zu wirken begann. Schumann erfuhr in dunklen Stunden den musisch erregten Geist als das »Nichts«, das die »Apathie« der Illusionslosigkeit mit sich bringt: Dagegen wehrt sich seine Kreativität mit dem Enthusiasmus stiller Verzweiflung, mit dem Vor-sich-Herschieben einer Krise, in der (laut Schopenhauer) »denen, in welchen der Wille sich gewendet und verneint hat, diese unsere so sehr reale Welt mit allen ihren Sonnen und Milchstraßen – NICHTS« wird.

Heine hält diesen Zwielichtaspekt, die bis ins Fin de siècle erfahrene Verschränkung von Selbstbefreiung und Untergang, in seiner Coda zur Satire auf die Automatenperfektion der Pariser Klavierwettbewerbsgesellschaft fest: »Bei Chopin«, schreibt er unvermittelt, »vergesse ich ganz die Meisterschaft des Klavierspiels, und versinke in die süßen Abgründe seiner Musik, in die schmerzliche Lieblichkeit seiner ebenso tiefen wie zarten Schöpfungen.«

NACHTSTÜCKE

126

Was Heine im Salon der George Sand zu hören bekam, waren die *Nocturnes* — Nachtstücke auch sie, eine Fieldsche Erfindung, arienhaft ausschwingende Melodik über zunehmend kontrapunktischer Begleitfiguration. Eines dieser Nocturnes hat auf Schumann geradezu verstörend eingewirkt: das *Nocturne in g-Moll* op. 15, Nr. 3:
»Ich lese darin die furchtbarste Kriegserklärung gegen eine ganze Vergangenheit, ... so daß man allerdings fragen müsse, wie sich der Ernst kleiden solle, wenn schon der ›Scherz‹ in dunklen Schleiern geht...«

Dieses, wie Schumann selbst einräumt, »etwas paradoxe« Lob versteht man erst, wenn man seine (vor wenigen Jahren erstveröffentlichten) fragmentarischen Variationen über dieses schlichteste aller Nocturnes heranzieht: Ein fernes Gewitter vielleicht hat er herausgehört, ein bizarres Augenfunkeln gesehen unter den Trauerschleiern der Totenwache, das Aufblitzen einer Zukunftsvision in jenem dissonant begleitenden Halbtonschritt, der alte Harmonien leise verhöhnt, im Crescendo nach d-Moll, das den Chopin gemäßen Fehdehandschuh wirft.

In der dritten Variation bricht Schumann ab, um nicht auch in diese »süßen Abgründe« zu versinken. Doch verraten die das Thema umflüsternden, umzüngelnden Mittelstimmen die apokalyptische Erregung des Nachtschwärmers, und am Ende der zweiten Variation heben sich auch die »dunklen Schleier«, und der »Scherz« wird zum Schönen als des Schrecklichen Anfang.

Doch immer zur Feier der Nacht. Fast alle Werke Clara und Robert Schumanns feiern die Nacht, sind die Nachtgedanken und Nachtstücke einer Zeit, die tagsüber andere Sorgen hatte: Schienenwege, Asphaltstraßen, Choleratode, Armengesetze, Verfassungskämpfe, Weberaufstände. Abends: Soireen, Bälle,

Gesellschaften in den reicheren Bürgerhäusern, in Redouten-
sälen und Lokalen. Nachts waren die Straßen trotz französi-
scher Ingenieurskunst weitgehend dunkel, man leuchtete Gästen die Treppe hinunter und bis zur Tür, aber weiter nicht.
Wenn auch seit der Gregorianik die strenge Stundengebun-
denheit europäischer Musik aufgehoben war, so ist doch seit
der Romantik und vor dem Zeitalter ihrer technischen Repro-
duzierbarkeit, ihrer ubiquitären Verfügbarkeit und mechani-
schen Wiederholbarkeit, die Musik weitgehend der Abend-
und Nachtzeit zugewiesen. Bach hatte noch Morgenmusiken,
Telemann Tafelmusiken und Mozart für alle Tageszeiten geschrieben. Chopin und Schumann schrieben für die Nacht.
Sinnige Ironie, daß Bachs Nachtstücke — die *Goldbergvariationen*, zur Unterhaltung und Beruhigung eines schlaflosen Aristokraten geschrieben — von Hoffmanns Kapellmeister Kreis-
ler dazu verwendet werden, in langen Nachtstunden die
Philister aus seiner Bude zu vertreiben. Und Schumanns *Kreisleriana*-Suite fügt den Bachschen vier weitere Schumannsche
Goldbergvariationen hinzu. Die »Scènes Musicales« der *Sehnsuchtswalzervariationen* und des *Carnaval*, die »Nachtfalter« des
op. 2, die *Davidsbündler Tänze*, *Phantasiestücke*, der *Faschingsschwank* und die *Romanzen*: alles Nachtstücke, oft mit programmatischen Titeln; so auch Clara Wiecks Kompositionen
der dreißiger Jahre: musikalische Soireen, weniger abgehoben
vom gesellschaftlichen Anlaß, doch nicht weniger geisterhaft
und wild mit *Notturno*, *Bolero* und *Hexentanz*.

Für Virtuosen und Komponisten war der Tag Vorberei-
tungs- und Übezeit für die Abend- und Nachtstunden. Beethovens »Mondschein«-Sonate war anläßlich einer Vigilie, einer
Nachtwache für einen Toten, entstanden. Die Nacht entfaltete
sich als vielgesichtige Ikonographie in der Malerei der Romantik und des Biedermeier, sie erfuhr bei Novalis eine morbide,

todeslüsterne, geschichtsphilosophische und apokalyptische
Apotheose, die ein Lebensgefühl begründete: die Absage
deutscher Künstler und Literaten an jegliche Tagesordnung,
zugleich auch das Stillhalten unter jeder Tagesverordnung.
Die Nacht war für die großäugigen, somnambulen, mesmeri-
sierenden Tischchenrücker und Märchenrauner nicht nur zum
Essen, Gähnen, Entspannen, zu Unterhaltung und Sex da, sie
war das eigentliche Reservoir und Medium der Erlösungs- und
Befreiungshoffnungen eines politisch mundtoten, ökonomisch
unentwickelten, reisebehinderten Zollschranken-, Zensur- und
Friedhofsruhenkollektivs. Das »Insichgekehrtsein« der k.u.k.
Kammervirtuosin Clara Wieck, das »Innige« der Eusebius-Ly-
rismen war in das Nacht-Heimweh einer allgegenwärtigen
Kultur-Introversion gebettet, die erst durch die Literaten des
Jungen Deutschland und des Vormärz (alle sofort verboten!)
ans Licht gezerrt und ernüchtert wurde.
　　»Es war eine von jenen unheimlichen Nächten, wo Licht
und Finsternis schnell und seltsam miteinander abwechselten.
Am Himmel flogen die Wolken, vom Winde getrieben, wie
wunderliche Riesenbilder vorüber, und der Mond erschien
und verschwand in raschem Wechsel. Unten in den Straßen
herrschte Todtenstille, nur hoch oben in der Luft hauste der
Sturm wie ein unsichtbarer Geist.
　　Es war mir schon recht, und ich freute mich über meinen
einsam widerhallenden Fußtritt, denn ich kam mir unter den
vielen Schläfern vor wie der Prinz im Märchen in der bezau-
berten Stadt, wo eine böse Macht jedes lebende Wesen in
Stein verwandelt hatte; oder wie ein einzig Übriggebliebener
nach einer allgemeinen Pest oder Sündflut.«
　　Aus den *Nachtwachen des Bonaventura* (August Klingemann).
Diese versteinerte Gesellschaft zum Tanzen zu bringen, war
der Ehrgeiz Schumanns im *Carnaval*; ein Tanz über die Däm-

merungsschwellen hinweg: »Manches bleibt in Nacht verloren – hüte dich, sei wach und munter«. Sein letzter Brief war an Bettina Brentano adressiert; sein letzter Klavierzyklus ihr gewidmet: *Gesänge der Frühe*; auch dies ein Nachtgedanke: »Gefühle beim Herannahen des Morgens«.

»In anderen Räumen schlug die lustigen Gezelte das Licht auf. Sollte es nie zu seinen Kindern wiederkommen, die mit der Unschuld Glauben seiner harren? Was quillt auf einmal so ahndungsvoll unterm Herzen und verschluckt der Wehmut weiche Luft? Hast auch du ein Gefallen an uns, dunkle Macht? Was hältst du unter deinem Mantel, das mir unsichtbar kräftig an die Seele geht? Köstlicher Balsam träuft aus deiner Hand, aus dem Bündel Mohn. Die schweren Flügel des Gemüts hebst du empor. Dunkel und unaussprechlich fühlen wir uns bewegt ...«

Hardenbergs *Hymnen an die Nacht*. Laudanum und Opium war in allen Apotheken erhältlich und wurde nicht nur gegen Zahnweh, sondern gegen jede »Wehmut« beflügelnd eingesetzt. Dunkles Con Moto, machtvolle Stärkung: »Abwärts wend ich mich zu der heiligen, unaussprechlichen, geheimnisvollen Nacht.« Den Musikern war sie der Raum ihrer Selbstverwirklichung.

Die Maler lassen uns wie durch ein Fenster in das Innere dieses Habitats blicken, als sei nicht längst die Zeit darüber hinweggegangen: Kersting malt den Lesenden bei dunkel beschirmter Lampe, die Schatten spielen an der grünen Wand, die Regale von schlichtem Design nur spärlich gefüllt mit Kästen und Büchern, der Sessel mit schön geschwungener Lehne, die Hand des Lesers im blauen Jabot dreht ratlos an der Stirnlocke. Die Schachspieler Erdmann Hummels am Fenster, das von klassischen Büsten und deren Schatten an der Wand flankiert ist – der Mond zwischen bauschigen Wolken

und zwei Pappeln und eine Linde in den Glasgevierten, die
Gardinen halb vorgezogen, Zuschauer mit langer Pfeife, Offi-
zier mit langem Degen, zwei Spieler schwermütig das »Matt«
beschweigend. Oder die Dame vor der Ladentür, den Schirm
aufspannend gegen den Abendregen. Die Gestalten Caspar
David Friedrichs auf Felsen hockend, in Gruppen und doch in
der Aura der Einsamkeit; hingegeben an kosmisches Schauspiel und mysteriöse Erwartungen, die als Segel am Horizont
auffliegen oder als aufgehender Mond. Samuel Beckett denkt
bei Estragon und Vladimir an das Friedrichsche Brüderpaar,
das in braunen Mänteln und flachen Mützen der Nacht entge-
gensieht, abgekehrt von Betrachtern. Die Nacht der Abge-
kehrten, Insichgekehrten, Eingekehrten. Das Erhabene, das
Kant für die Ästhetik als erschauern machenden Genuß be-
drohlicher Naturmächte (Alpen, Abgründe, Vesuvausbrüche)
entdeckt hatte, wird nun als Andacht vor dem Numinosen
kosmischer Himmelsphänomene zelebriert.

Auch die erotische Dimension wird in die Ambiguität des
Zwielichts getaucht: »Hast ein Reh du lieb vor andern — laß es
nicht alleine grasen.« Die öffentliche Moral läßt die Entdek-
kung unabgesegneter Paarung befürchten. Der Vater mit der
Pistole. Diese Angst lebt in Grillparzers Drama *Des Meeres und
der Liebe Wellen*. Ein ganzer Akt wird vom nervösen Spiel Heros mit ihrer Lampe überschattet: Sie stellt sie bald ins Fenster, um Leander im Meer den Weg zu weisen, bald trägt sie
das Licht mit sich herum, beschirmt es vor dem Wind, der es
zuletzt doch ausblasen wird, als Schlaf sie überfällt. Das Wiener Publikum der dreißiger Jahre war bereits mehr dem Markt
und dem Tag in den Wirtsgärten zugeneigt und konnte mit
diesem Nachtstück nicht viel anfangen. Das Drama war erst
gegen Ende des Jahrhunderts, als Edison schon die Glühbirne
erfunden hatte, ein nostalgischer Erfolg am Burgtheater.

Schumann aber ging die Geschichte von Hero und Leander
plötzlich als mythischer Hintergrund seiner *Nachtstücke* auf:
An Clara schreibt er über sein Phantasiestück *In der Nacht*:
»Später habe ich die Geschichte von Hero und Leander
darin gefunden. Du kennst sie wohl. Leander schwimmt alle
Nächte durch das Meer zu seiner Geliebten, die auf dem
Leuchtturm wartet, mit brennender Fackel ihm den Weg zeigt.
Es ist eine alte schöne romantische Sage. Spiel ich die ›Nacht‹,
kann ich das Bild nicht vergessen — erst wie er ins Meer stürzt
— sie ruft — er antwortet — er durch die Wellen glücklich ans
Land — nun die Cantilene, wo sie sich im Arm haben — dann
wie er wieder fort muß ... — bis die Nacht alles in Dunkel ein-
hüllt.«
Daß die Lampe erlischt, und Leander ertrinkt, und Hero
sich vom Turm stürzt, ist ausgespart. Wahrscheinlich wußte
Schumann auch, daß Lord Byron das sportliche Vorbild Lean-
ders keine Ruhe gelassen hatte, er hatte den Bosporus an der
engsten Stelle durchschwommen (2 km), obgleich keine Hero
auf ihn am anderen Ufer wartete; wenigstens war das Wasser
noch unverschmutzt. Schumann hätte es ihm nicht nachtun
können; er konnte nicht schwimmen und wäre im Rhein er-
trunken, hätte ihn der Fischer, dessen Rettungsmedaille im
Schumannhaus in Zwickau noch heute zu sehen ist, nicht an
Land gezogen.
»Freilich denke ich mir die Hero genau wie Dich und säßest
Du auf einem Leuchtturm, ich würde wohl auch schwimmen
lernen noch.«
Dazu hätte sie ihn vielleicht ermuntern sollen. Aber wie oft
auf seine etwas exaltierten Schwärmereien hin, hüllte sie sich
in nüchternes Schweigen. Das wilde und zehrend schöne
Phantasiestück mit dem hochbrandenden Mittelteil war kei-
nes ihrer Lieblingsstücke. Von den *Fantasiestücken* spielte sie

am liebsten den »Aufschwung« und die »Traumeswirren«. Schumann aber faszinierten die Meereslegenden. Er trug sich lange mit einer Opernidee zu E.T.A. Hoffmanns *Doge und Dogaressa* — einer düsteren Geschichte vom alten Dogen, der den Ring ins Meer wirft, um sich mit der »kalten bösen Flut« zu vermählen. Seine junge, lilienhafte Gemahlin schauert vor »der da unten‹, der eigentlichen Braut des »sposo del' mare«. Als der ehrsüchtige Doge nach aufgedeckter Verschwörung den Kopf verliert, läßt sie sich gern vom jungen Antonio wegrudern, aber »das Meer, die eifersüchtige Witwe des enthaupteten Falieri ... erfaßte die Liebenden und riß sie hinab in den bodenlosen Abgrund«.

Schumann hatte bereits ein Libretto entworfen — mit Happy-End: »In der Ferne sieht man Anunziata fortsegeln. Schöne Beleuchtung.«

Auch dies ein Nachtstück, und eine »ganze neue Welt« war Schumann in Hoffmanns Erzählungen aufgegangen. Hoffmann, der Dichter der *Fantasiestücke*, der *Kreisleriana*, des *Kater Murr* und der *Nachtstücke*, ein dreifach Begabter, als Komponist, Karikaturist, Fabulist, ein Gespensterseher und Philisterfeind, der unter der Fühllosigkeit der Gesellschaft leidet und sie verlacht, der in allerlei Verwandlungen und Verkleidungen in ein Abseits einlädt, das eher Fata Morgana als Neue Welt ist. Robert liest dem kranken Kind Clara aus den Märchen vor. Sie fürchtet sich: Beim »Fürchtenmachen« aus den *Kinderszenen* fällt ihr ein, wie oft ihr dabei gegraut hat: »Das Fürchtenmachen verbitte ich mir späterhin, besonders wenn wir des Abends allein beieinandersitzen. Gute Nacht.«

In Hoffmanns *Nachtstücken* konnte Schumann auf unheimliche Weise den Alptraum seines eigenen Lebens vorausgespiegelt sehen: »Dunkle Ahnungen eines gräßlichen mir drohenden Geschicks breiten sich wie schwarze Wolkenschatten über mich aus, undurchdringlich jedem freundlichen Sonnenstrahl.«

Der *Sandmann* des ersten Nachtstücks ist zunächst nur der Kinderschreck eines Ammenmärchens, der »Hände voll Sand in die Augen wirft, daß sie blutig zum Kopf herausspringen«, eine Spukgestalt, die aber plötzlich groben Schritts ins Leben des Erzählers Nathanael tritt und ihn blendet und verblendet für die therapeutische Vernunft und Liebesbemühung seiner Braut, die nun auch noch Clara heißt:

»Sei mir nur nicht böse, daß ich trotz Deiner seltsamen Ahnung heitern unbefangenen Sinns bin wie immer. Geradezu will ich Dir gestehen, daß, wie ich meine, alles Entsetzliche und Schreckliche, wovon Du sprichst, nur in Deinem Innern vorging, die wirkliche Außenwelt daran wohl wenig Teil hatte. Es ist das Phantom unseres eigenen Ichs, dessen Einwirkung auf unser Gemüt uns in die Hölle wirft oder in den Himmel verzückt.«

Das Phantom eines Doppelgängers, das unheimliche Anklopfen eines apokalyptischen Gläubigers, das ist der Inbegriff der schwarzen Romantik, des Schauerromans; war die Kehrseite der unerschrockenen philosophischen Neugier, der Selbstbefreiung aus eigenverschuldeter Unmündigkeit, der Forscherfreude an Bändigung und Entfesselung von Energien. In der Musik tritt dieses Numinosum zuerst mit dem steinernen Komtur in Mozarts *Don Giovanni* auf, dringt auch in Beethovens Geistertrio und Schuberts Quartette ein, wird von Hoffmann erstmals in seiner Wirkung auf verunsicherte Hörer beschrieben. In Berlioz' *Phantastischer Symphonie*, die Schumann analysiert hat, wird das Unheimliche bereits zum manieristisch grellen Stilmittel. Bei Schumann selbst bleibt es meist verschleiert, bricht selten unverstellt hervor.

Der Clara in Hoffmanns *Sandmann* ist alle »mystische

Schwärmerei« aufs höchste zuwider, beim Frühstück schilt sie ihn »das böse Prinzip, das feindlich auf meinen Kaffee wirkt«.

Tatsächlich kündigte sich mit dem unheimlichen Posaunenchoral, dem Klageruf der *Nachtstücke* eine Lebenskrise an, die als »Ende vom Lied« für einen romantischen Künstler hätte tödlich verlaufen können. Robert an Clara: »Es geht nicht mehr mit mir. Ich habe meine Phantasie verloren. Lache nur nicht.«

Es war nicht zum Lachen: Die Phantasie war die größte Hoffnung der Romantik; sie versprach Erlösung von der Trivialität des Philisterdaseins, sie erschloß »neue Welten«, sie verwandelte, verfremdete und entschlüsselte jedes Geheimnis, sie entrückte nach vielen Vigilien ins Atlantis der Liebeserfüllung und Erkenntnis; sie war die Lilie aus dem Nachttopf, eine alchimistische Verheißung aus Jakob Böhmes Retorte. Ohne Phantasie nimmt die Schwermut überhand, die Acedia, die Lethargie, das Zigarrenrauchen und Fensterglotzen, die Lust, ins nächstbeste Wasser zu springen.

»Jetzt componire Du nur für mich.«

Clara kann das nicht ernst nehmen: 1839 entstanden *Faschingsschwank*, *Humoreske*, *Arabeske*, *Blumenstück*, *Romanzen*, die wunderbar gelungene *Fughette* als Abschluß des Klavierjahrzehnts.

»Ein tiefes trauriges Wesen in mir, Wenig Kraft zum Produciren, gar keine, Sehr schwach im Kopf immer.«

Der Nathanael des Hoffmannschen Nachtstücks ist allerdings nicht zu retten: Er springt vom Turm und will die Geliebte mit sich in den Abgrund reißen. Und wie das wahnhafte Hoffen auf Erlösung durch die Phantasie in den Tod treiben kann, hatte noch wenige Jahre zuvor, 1834, die zur Legende gewordene Geschichte der Charlotte Stieglitz gezeigt.

Mit ihrem Dichtergatten Heinrich war sie eine Zeitlang den

Leichenzügen unbekannter Choleraopfer zum Friedhof ge-
folgt:»ein schauerliches Nachtstück«, notiert sich der Dichter
der *Bilder des Orients*. Doch sehr viel mehr fällt ihm dabei nicht
ein. Charlotte hatte ihm zur Verlobung einen Dolch geschenkt. Dieser hing fortan über Heinrichs Schreibtisch. Doch
auch dazu fällt ihm nichts ein. Charlotte beschließt ihn aufzu-
stören. Zu Weihnachten 1834 schickt sie ihn ins Konzert, legt
priesterliches Weiß an, nimmt den Dolch von der Wand, dra-
piert sich aufs Bett und sticht sich die Klinge ins Herz. Selbst
dazu fiel Stieglitz nichts Rechtes ein, Grabbe spottete:»Hättst
du der Frau ein Kind gemacht / sie hätte sich nicht umge-
bracht.« Die Tragödie der Erlahmung der romantischen Phantasie. Was Wunder, daß dann die Weltausstellung 1851, die
Phantasie durch Konsum zu ersetzen versprach, ein solcher
Erfolg wurde. Charlotte wurde von den Zeitgenossen zur Al-
kestis verklärt, die für den Mann in den Orkus geht. Doch es
fiel ihm nichts dazu ein. Die jammervolle Vergeblichkeit dieser
großen endgültigen Geste deutete auf Epochenwende, auch
im Leben der Schumanns: Das passionierte, ans Hysterische
grenzende Drängen auf eine Welt, deren geheimer Gesetzge-
ber der Dichter, der Künstler wäre, wich dem kulturbeflisse-
nen Ritual, der epigonalen Bewahrung des Erbes, der Resignation.

In den zwei mal vier *Nachtstücken* aus Hoffmanns Feder
wird vielfach das Grauen beschworen, das aus dem Wechsel-
spiel von lebloser Verschlossenheit und plötzlich aufbrechen-
der Verstörung entsteht: Nathanael, blind für die Wirklichkeit,
wird Zeuge der Zerstörung der Puppe Olympia und fällt in
Umnachtung zurück; die Sängerin im»Sanctus« verliert plötzlich ihre Stimme, wird stumm: Hinter der Fassade des»Öden
Hauses« herrscht Romanschauer, Schauerroman: die Verschlossenheit der Sinne, die Abgesperrtheit in den Wahn, die

Hypertrophierung des Ichphantoms führt in Nacht und Umnachtung. Der Dichter Matthisson, dem der aus Frankreich
heimkehrende wahnsinnige Hölderlin auf einer Brücke begegnet (und er erkennt ihn nicht), nennt den Tod Ugolinos im
Hungerturm des Danteschen *Inferno* ein »Nachtstück«.

Der schwere Tritt des »Sandmanns« auf der Treppe von
Nathanaels Elternhaus geht im Marschtritt des »Trauerzugs«
in Schumanns *Nachtstücke* über, in jähem Forte schließlich
über dem Orgelpunkt, wo dann die Prozession in nächster
Nähe vorbeizustampfen scheint. Danach der Satyrtanz nach
dem Trauermarsch, das rasante Stakkatogerassel der »Curio-
sen Gesellschaft«, ein anderer Aspekt der Nacht, und mitten
im »nächtlichen Gelage« die Todesahnung der einsamen
Stimme und der fis-Moll-Spuk eines vorbeihuschenden Gei-
stertrios. Zum Schluß der beschwichtigende »Rundgesang mit
Solostimmen«, die Utopie gesellschaftlicher Harmonie jen-
seits der »alten Welt«, in die paradoxe Novalisvision eines
»Lustgartens« und »freieren, wüsten Raums« hinein, wo dann
endlich das Sehnen gestillt wäre:

Zu suchen haben wir nichts mehr -
Das Herz ist satt — die Welt ist leer.
Unendlich und geheimnisvoll
Durchströmt uns süßer Schauer -
Mir deucht, aus tiefen Fernen scholl
Ein Echo unsrer Trauer.

Ein Echo der *Hymnen an die Nacht* schallt uns auch noch aus
Schumanns *Nachtstücken* entgegen — doch vielleicht auch die
Ahnung, daß das Klavier als Medium der Umsetzung und Verklärung von Lebens-, Welt- und Geschichtserfahrung am Ende
der dreißiger Jahre, 1839, ausgespielt hatte, trotz aller Nach-

spiele, die von der Spätromantik noch geliefert wurden. Nachtstücke ihrer Funktion wie ihrem Gehalt nach blieben aber auch noch die Kompositionen nach 1840.

Clara und Robert Schumann, Wien 1847. (E. Kaiser)

Hüte dich, sei wach und munter

Ob Schumann als »böses Princip« Claras Frühstückskaffee
vergällt hat, steht dahin; die »Übergabe des Tagebuchs« er-
folgte jedenfalls in der ersten Zeit »alle Sonntage (früh zum
Caffee womöglich)«, und Schumann, der neun Jahre ältere
Ehemann, besteht humorig, aber doch auch etwas pompös
und pedantisch auf sorgfältiger Erwägung, ob die Woche auch
»würdig und thätig« hingebracht wurde. Fleiß, Sparsamkeit
und Treue werden hervorgehoben, Florestan springt vom Flügel und tritt ab. Das geniale Auftreten weicht behutsamer Ge-
mütlichkeit, wobei man unter »gemüthlich« nicht nur das
häuslich bequeme, sondern noch ein »traulich« verbindendes
Zusammensein meinte. Schumann hatte die Lebensstimmung
bereits mit seinen *Kinderszenen* musikalisch vorbereitet. Clara
konnte da nicht gleich mitschwingen; sie hätte lieber gesehen,
daß ihr der Bräutigam ein Bravourstück liefert; »das Trauliche«, so schrieb sie mit nadelfeiner Ironie, lebe nicht im Konzertbetrieb, in dem sie mit ihren virtuosen Bellinivariationen
und dem d-Moll-Scherzo »Furore« machte.

Doch spielte sie zu Anfang des neuen Jahrzehnts nun auch
Bach- und Mendelssohn-Fugen, und bald zeigte sich, daß die
Wohnung in der Inselstraße hellhörig war und Schumann
beim Komponieren nervös wurde, wenn durch die Wände Claras Chopin-Etüden rauschten. (Schon gut und grandios, aber
eine Symphonie hat er ja nicht geschrieben, und die George
Sand sollte man »aus der Stadt prügeln«.) Schumann schrieb

jetzt eine Symphonie und hoffte im stillen, daß Clara die untrauliche Podiumskarriere aufgeben würde. Auf diesem Ohr allerdings war Clara taub, und Roberts Flüstern zu überhören, fiel ja auch leicht. Wie schon seine Verstiegenheiten, so ignorierte sie auch seine Verhuschtheiten. Und Schumann lernte und wandelte sich, doch fiel ihm jede neue Anmutung und Zumutung schwer auf die Seele: Nichts prallte von ihm ab, alles sank in ihn ein und wurde in Unmut, Schwermut, Kleinmut bebrütet; seltener mit dem Hoch- und Übermut des neuen symphonischen Pathos, das auch in seine Kammermusik eindrang und im Klavierquintett zu dem weitgespannten Sonnenaufgangsthema aufflammte, um im Trauermarsch desselben Werks in den Begängnisschritt zurückzufallen.

Die Krise am Ausgang des Jahrzehnts aber überwand er mit Liedern — nicht einer Handvoll oder einem Dutzend, sondern mit zehn Dutzend und vier Handvoll in einem Jahr; mehr als der Hälfte seines gesamten Liedschaffens. Schon die *Novelletten* waren von einer Sängerin inspiriert — der kühlen, klaren Clara Novello; dazu die neuerliche Begegnung mit Schuberts Eigenschriften im Besitz des Bruders Ferdinand. Die Gesanglichkeit der akkordisch kompakten *Nachtstücke* ließ palimpsestartig einen Text ahnen, der sich über das »Ach Gott« der Todesahnung hinaus nicht artikulieren konnte. In seiner ersten Balladenkomposition, dem *Belsatzar* Heines, bildet die fatale Schrift an der Wand gleichsam den Subtext zur Zitation des mitternächtlichen Gelages. Es ist für Schumann typisch, daß seine Musik nicht spätromantisch steigert und schrillt, sondern — bei Ermordung des Frevlers durch seine Knechte — vom hohen G des »Ich« in ein Flüstern absinkt. Schumann ist Heine als junger Mann begegnet, sie starben beide im selben Jahr 1856. Der Heinezyklus op. 24, der die Reihe der Klavierwerke erstmals aufbricht, vertont eine Auswahl aus den *Jungen*

Leiden: Warten, Enttäuschung und Gram vereiteln das Liebes-
glück, und darüber wird auch gelacht, und viel wird hinunter-
geschluckt, verwunden — »Aber fragt mich nur nicht: wie?«
Und Schumann wiederholt das »Nicht wie?« auf der Domi-
nante von d-Moll, unaufgelöst. Er hatte den Witz nicht mit-
gekriegt, wie auch Clara oft in Gesellschaft den witzelnden
Brahms großäugig mißverstand und ernst blieb, wenn sich die
Tischgesellschaft vor Lachen bog. Sie waren ernste Naturen,
etwas kindlich vielleicht und schwer von Begriff in dieser Beziehung, schwerblütig eben. In Heines Vierzeiler sah Schumann sich selbst gespiegelt: verletzlich, stoisch, tapfer, insich-
hineinfressend, mit Folgen, die noch nicht zu ahnen sind:

Anfangs wollt' ich fast verzagen,
Und ich glaubt', ich trüg es nie;
Und ich hab' es doch getragen,
Aber fragt mich nur nicht: wie?

Was aber für Schumann das Fatum, ist für Heine lediglich ein
Paar zu enge Schuhe. Für Heine ein bittersüßer Witz, doch
dann für Becketts Tramps durchaus eine existentielle Plage
und angemessene Metapher der beengten, geängstigten con-
ditio humana.
    Ein anderes Heinelied, das erste aus dem Zyklus *Dichterliebe*
op. 48, beginnt und endet in einer Figur, die Heines melancholische Ironie schwärzer verschleiert als Chopin seinen
Notturno-»Scherz«: mit einem unaufgelöst-gebrochenen Do-
minantseptakkord, der im Zwielicht zwischen A-Dur und fis-
Moll verhallt — »ein Emblem unbefriedigten Verlangens, ewig
erneuerter Sehnsucht«, ein Akkord, der auch schon über den
Sehnsuchtswalzervariationen hängt, die fragmentarisch bleiben.
Und die Idee des »romantischen Fragments« ist es auch, die

Charles Rosen als Strukturmerkmal in Schumanns Musik umgesetzt findet: Das Lied beginnt, als führe es einen schon in
Bewegung gesetzten Prozeß fort. Das romantische Fragment
ist der Ausdruck unbefriedigter Sehnsucht. Es setzt erinnerte
Vergangenheit voraus und öffnet sich unabgeschlossen auf
eine Zukunft, die das Ersehnte bringen soll, das innerhalb des
fragmentarischen Werks unerreichbar bleibt, wie die Liebeserfüllung des Heinesängers. Der »bleiche Engel der Zukunft«
steht am Anfang und Ende des Resümees geselliger Begegnungen im Tagebuch des Heidelberger Studenten Schumann.
Ihm ist alle Aufzeichnung und Arbeit zugedacht. In Schumanns späten, halluzinierend durchwachten Nächten erscheint er in Gesellschaft eines verklärten Franz Schubert, der
noch einmal ein Variationenthema aufgibt. Der junge Schumann vermag noch das Mangelgefühl, das frustriertem Ehrgeiz, vertagter Erotik anhaftet, zu reflektieren und in musikalische »Gedanken« umzusetzen. »Pensées« nennt er in einer
Skizze die Variationen zu Clara Wiecks Andantino im *Concert
sans Orchestre.* Friedrich Schlegel liefert in den Athenäumsfrag-
menten einen ahnungsvollen Kommentar voraus: »Es pflegt
manchem seltsam und lächerlich aufzufallen, wenn die Musiker von den Gedanken in ihren Kompositionen reden. Wer
aber Sinn für die wunderbaren Affinitäten aller Künste und
Wissenschaften hat, wird eine gewisse Tendenz aller reinen
Instrumentalmusik zur Philosophie nicht unmöglich finden.
Muß die Instrumentalmusik sich nicht selbst einen Text neu-
erschaffen? Und wird das Thema in ihr nicht so entwickelt,
bestätigt, variiert und kontrastiert, wie der Gegenstand der
Meditation in einer philosophischen Ideenreihe?« Das Frag-
mentarische bei Schumann, dessen Apotheose der erst als
»Ruinen« bezeichnete Kopfsatz der *Fantasie* op. 17 ist, wird
auch zum Ausdruck eines überspannten Ehrgeizes, der sich

mit dem Zuweggebrachten nie zufrieden gibt. »Wir suchen
überall das Unbedingte, und finden immer nur Dinge«, klagt
schon Novalis, der schließlich das »Unbedingte« in der Auslö-
schung der Dinge durch die Nacht herbeiphantasiert. Dies der
Erlösungsaspekt einer Umnachtung der Sinne. Wieweit Schumann dem Suchtcharakter solchen Suchens nachgibt, ist nicht
eindeutig aufzuhellen.
     Die Texte, die er sich für seine Lieder wählt, vor allem im
Eichendorffzyklus op. 39, bewegen sich fast immer in Todes-
nähe. Hier schon mit archaisierenden kirchentonalen Anklängen in Nr. 8 und 11, die in Schumanns Düsseldorfer Jahren
auch in seine Symphonik (Die *Rheinische*) eindringen. Und immer sucht er den »Grundton«, der »durch alle Töne tönet« und
in der »Mondnacht«, dem 5. Lied des Kreises, die Begleitung
monotonisiert, aus dem Nachtflug der Seele sich nur schwer
losringt. Schumann deutet mit subtil verzückter, schaurig heiterer Stimmverwebung die Antinomie zwischen Himmel und
Erde aus, die Eichendorffs Gedicht durchzieht: Eingewachsen
und versteinert der Ritter — darüber die Regenschauer; die
Gruft — der Engelssang; die Wogen — der Frühling über mir;
das Schloß im Tal — der Mondesschimmer; »Manches geht in
Nacht verloren — hüte dich, sei wach und munter.«
     Astra Desmond schreibt über dieses Lied: »Mit ›Zwielicht‹
hat Schumann in der Gattung Lied etwas völlig Neues geschaffen: an aspect of night as something *sinister*« — ein Begriff, der im Englischen das Düstere, Unheimliche, Fatale und
hinterhältig Böse umfaßt. Der Nacht ist die Dämmerstunde
vorgelagert, die Stunde des Verrats: »Hast du einen Freund
hienieden, trau ihm nicht zu dieser Stunde.« Diese »Stunde«,
die Schumann auf dem hohen D über vermindertem Septakkord heraushebt, schlägt ihm selbst immer wieder — auch
wenn er die Schläge nur im Innern hört, im Tinnitus des Ver-

144

folgungswahns: Falsche Freunde versuchen ihm die Braut abspenstig zu machen, die Lizenz für die Zeitschrift in Wien zu hintertreiben, seine Kreditwürdigkeit anzuzweifeln, seinen Lebenswandel anzuschwärzen, seine Schrift und Sprache der Undeutlichkeit zu zeihen, ihm bürgerliche Fähigkeiten und Verdienstmöglichkeiten abzustreiten, seine Gemütsverfassung ins Pathologische zu verkehren, seinen Künstlerstolz zu verletzen, seine Autorität als Komponist, Kritiker, Dirigent zu untergraben, ihm die Zukunft abzusprechen, ihn zum alten Eisen zu werfen. Sogar Clara weckte seinen Argwohn, enttäuschte ihn, zuerst mit ihren Bedenken, ob er sie auch standesgemäß unterhalten könne, dann indem sie auf Talmi-Musik (Bellini statt Bach!) bestand, Zuflucht nahm, Rat holte bei womöglich falschen Freunden — Mendelssohn, der blinden Rosalie Leser, dem jungen Brahms und Joachim; in der Stunde wachsender Umnachtung wurden auch die Engel zu Tigern. Schumann war von Haus aus geradezu vertrauensselig; doch der halbherzige Jurist, der er fast geworden wäre, der Buchhalter seiner Lebens-, Liebes- und Wirtschaftsverhältnisse flüsterte ihm in dämmrigen Mußestunden als unsicherer Kantonist und Doppelgänger allerhand Kleinlichkeiten ein. Solange er sich noch fassen konnte und der unwandelbaren Loyalität seiner Lebensgefährtin versichert blieb, hellte sich das »Zwielicht« in ihm und um ihn wieder auf; seine Großmut und natürliche Güte gewann die Oberhand, er wischte alles »Sinistre« vom Tisch. Auch wenn der Tisch ausschlug; denn in den letzten Jahren vor seinem Zusammenbruch vertraute er kindisch auf die Offenbarungen des Tischrückens, wie schon das Dichteridol seiner Jugend, Justinus Kerner, mit den Klopfzeichen der magischen Tischlein die Toten wieder zum Sprechen zu bringen wähnte. Schumann traute den Toten; er gab sie nie verloren, er hing mit makabrer Hilflosigkeit von ihnen ab, sie waren

1840

Teil der Zukunft, wie er sie verstand. Nicht Liszt und Wagner, schrieb er in seinem letzten Verteidigungsbrief an einen jungen Kritikus, nein, Bach ist die Zukunftsmusik. Den Toten konnte man trauen. Auch wenn sie in schlafloser Nacht wiederkehrten: Sie intrigierten nicht (mehr), sie inspirierten nur noch und über ihre Lebenszeit hinaus.

»Mächtiger als irgendwo sonst in der Liedliteratur wirkte hier der Dichter auf den Komponisten«, schreibt Fischer-Dieskau über den Eichendorff-Liederkreis. »Der Zyklus ist mein Romantischstes«, erklärt sich der Komponist verhalten. *Ahnung und Gegenwart* ist der Titel des Romans, aus dem Schumann vier Gedichte in den Zyklus aufnimmt. Es schwingt viel »Leides Ahnung« (die Beethovenvariation, die erst 1854 diesen Titel erhält) in den Liedern mit. Zugleich umspielen sie mit viel gebrochener Septimenschrägheit ein Lebensgefühl: »Groß ist der Männer Trug und List — kommst nimmermehr aus diesem Wald«; das Gefühl des Verirrtseins, verirrt in eine »neue« Zeit, die ihm nichts Neues bietet, des Irreseins wird akkordflirrend in der Schwebe gehalten durch die kreative Gewißheit, ein neues Jahrzehnt vor sich zu haben, das mit einer *Frühlingssymphonie* beginnt. Es ist »Nacht«, aber es ist eine »Frühlingsnacht«, und der Zyklus hält bis zuletzt den Ton schwermütiger Verzückung ein, der zuvor nie zu hören war: »Jauchzen möcht' ich, möchte weinen, ist mirs doch, als könnt's nicht sein! Alte Wunder wieder scheinen mit dem Mondesglanz herein.«

Fischer-Dieskau sieht in der »Darstellung der Gefährdung des Menschen« Schumanns Modernität. Man denkt an Caspar David Friedrichs Bruderpaar, das den Mondaufgang erwartet und dann durch Beckett in den Wartestand versetzt wird: Worauf die Landstreicher warten, wissen wir nicht: Godot kann ebensogut Flügel wie Prügel bedeuten.

Clara Wieck und Robert Schumann, Hamburg 1850. (J. A. Völlner)

In Sturm und Regen

Der Abhaltungen gibt es fortwährend«, bemerkt Clara als Ehefrau bereits in der zweiten Woche. Robert ist gegen den Auftritt in einem Gewandhauskonzert; die Morgenstunden können »zu ernstem Studium« nicht verwendet werden, da Robert gestört würde, und sie ist und bleibt von seinen Stimmungen abhängig, hat »Hausfrauenängste«, wenn Gäste zu Tisch bei Schumanns sind und »bangt« auch uneingestanden, daß die jüdische Freundin Emma Meyer ihren Mann zu sehr anhimmle. Sie selbst ist (im Gegensatz zu Robert) in den ersten Monaten, da sie mit dem Mann ihrer Wahl ungeängstigt schlafen kann, emotional höchst aufgeregt. Gerade einundzwanzig geworden, schreibt sie: »Statt ruhiger (wie man sagt, daß man in der Ehe wird), werde ich immer feuriger! – Mein armer gepeinigter Mann!« Die Freundin schenkt ihr immerzu Äpfel und Birnen, und als sie heiratet, feiert Clara erleichtert den Polterabend mit, doch ist es ihr dort nach einer Stunde zu laut, und sie bemerkt nostalgisch (was Robert beim Sonntagskaffee mit Befriedigung gelesen haben wird): »Manches Mädchen mag es wohl beglücken, sich einmal als Königin eines Festes zu sehen, es werden ja nicht alle Ehen in so inniger Liebe und Ergebung zueinander geschlossen, als die Unsrige – uns würde natürlich jede fremde Einmischung nur störend gewesen sein.« Zur Trauung der Freundin geht sie dann nicht: »Ich fürchtete die jüdischen Ceremonieen, die ich nicht ohne Mißbehagen hätte ansehen können.« Merkwürdig die Befremdung, ja Feindseligkeit, die auch Robert gelegentlich in abstracto gegenüber dem Judentum seiner Freunde an den Tag legt. Beide verehren sie Felix Mendelssohn und dessen Schwester Fanny, die mit dem Maler Wilhelm Hensel verheiratet ist: »Mendelssohns Schwester, der Geist und Tiefe aus den Augen spricht«, vermerkt Robert lapidar beim ersten Besuch 1843. Dann im Februar 1847 waren die Schumanns im berühmten Gartensaal des Mendelssohnschen Vaterhauses zu Gast: »Elegante Welt von Berlin«, und Clara ist von Fannys Spiel und Persönlichkeit so angetan, daß sie Robert beim abendlichen Dominospiel dazu drängt, nach Berlin umzuziehen. Doch dann stirbt kurz darauf Fanny Hensel während einer Musikprobe im selben Gartensaal, und im selben Jahr noch auch Bruder Felix, zu dem Robert mit ekstatischer (und doch auch nicht unkritischer) Bewunderung aufschaut — einer der Toten, die ihm in den »wunderbaren Leiden« schlafloser Nächte wiederkehren.

Auch Clara schrieb Lieder — Robert drängte darauf. Rückkerts *Liebesfrühling* vereinte ihrer beider Namen auf dem Titelblatt, und zur Verwirrung der Kritiker war nicht vermerkt, welche Lieder von ihm, welche von ihr stammten. Der Rezensent der *Allgemeinen Musikalischen Zeitung* ahnt die Urheberschaft der passionierten zweiten Nummer: »Er ist gekommen in Sturm und Regen / Ihm schlug beklommen mein Herz entgegen‹.« Und mißbilligt gründlich, was er durchaus feinfühlig heraushört: »So möchte wohl keine Mädchenbrust in ihrer entzückenden Beklemmung klopfen, das ist mehr ängstlicher Hilferuf; sodann finden wir die Begleitung schwülstig und schwer, sich mehr in der Malerei des Sturmes ergehend, als die Gefühle des Mädchens schildernd.«

Clara lebte »immer in tausend Ängsten, ob es auch den Gästen schmecke und ich meinem Mann keine Unehre mache«.

Robert, vom »Dämon« getrieben, nahm all das gelassen hin,
doch wurmte es ihn auch, daß Clara auf eben diesen Dämon
Rücksicht zu nehmen hat — »die Liebe, Gefälligkeit und An-
spruchslosigkeit selbst«; daß er sein Werk »oft durch [ihr] Still-
schweigen und ihre Unsichtbarkeit erkaufen« muß. Vielleicht
doch ein zu hoher Preis? »So geht es nun in Künstlerehen«,
meint er behäbig und heiter; doch ist das ein billiger Trost für
Clara, die eben wieder Liszt gehört hat und darauf brennt, ihre
durch zu viel Domestizität hervorgerufene Angst und Unsi-
cherheit beim Spielen überwinden zu können. Sie ist rasch
schwanger; sie wird acht Kinder gebären und erlitt zumindest
eine, vielleicht auch mehrere Fehlgeburten. Vater Wieck ver-
härtet weiterhin sein »Herz«, das ihm, wie Clara traurig fest-
stellt, »versagt ist«. Doch setzen sich Clara und der Dämon,
der auch sie vorantreibt, über die Widrigkeiten familiärer Eng-
stirnigkeit und ehelicher Unausgewogenheit hinweg: Am
31.3.1841 tritt sie — zum ersten Mal als Madame Schumann —
wieder im Gewandhaus auf: Roberts *Frühlingssymphonie*, seine
erste, wird unter Mendelssohns diskreter Stabführung erstauf-
geführt. Mendelssohn, der erfahrenere Symphoniker, hatte einige verschnupfte Fehlnotationen bei den Blechbläsern eliminiert und auch sonst freundschaftlich helfend beigestanden;
mit Clara zusammen spielte er (in Windeseile) sein vierhändi-
ges *Allegro Brillant* op. 92, und zum Schluß glänzte Clara doch
noch einmal, ungeachtet ihrer neuen antivirtuosen Bach- und
Beethovenbesessenheit — mit der »Furore« machenden *Moses-
fantasie* von Thalberg, einer dieser langsam verblassenden »Pariser Novitäten«, die den alten Goethe angenehm befremdet
hatten. Schumanns symphonischer Erstling war ein großer Erfolg; von seinen vier Symphonien ist sie die populärste geblieben. Robert schrieb gemessen ins Tagebuch: »Meine Clara
spielte Alles wie eine Meisterin, und in erhöhter Stimmung,

daß alle Welt entzückt war.« Spätestens da hat er seine etwas
kindlichen Biedermeierträume vom traulichen Heimchen am
Herde begraben müssen. So ganz ernst war es ihm ohnehin
nicht damit; von früh an hatten sie, wie alle anderen gutbür-
gerlichen Leipziger Familien, Personal, das Kinder und Haushalt versah. Wenn einmal ein Dienstmädchen ausfiel, aßen die
Schumanns gelegentlich auch im Hôtel de Bavière, ob es nun
»mundete« oder nicht.

Im gesellschaftlichen Bereich fällt auf, daß Clara viel schärfer hinsieht, unduldsamer und ungeduldiger ist als Robert, der
nur unter Zurücksetzungen als Künstler zu leiden scheint. Sie
haßt alles Getue und alles Unechte: Sarkastisch vermerkt sie,
wie die Majorin Serre Mendelssohn umgirrt, weil sie einen
Eintrag ins Poesiealbum von ihm haben möchte, wonach er
dann »huldvoll entlassen wurde«. Die Mutter des englischen
Konsuls verabscheut sie als Trinkerin: »Ihr Blick ist unstät, und
ihr Geist in einem furchtbar erregten Zustand.« Auf Engländerinnen ist sie schon wegen Roberts englischer Flirts selten gut
zu sprechen und ist ganz erstaunt, daß eine Miss Horsley
»mehr Gefühlswärme besitzt, als ich es von einer Engländerin
je geglaubt hätte«, obwohl auch sie mit dem Album wedelt.
Amalie Rieffel, eine Kollegin, ist, »glaub ich, nie zu curieren«;
das hat sie ihr auch auf den Kopf zugesagt. Kein Wunder, daß
Clara noch heute eine so schlechte Presse hat: Sie war unbe-
quem, direkt und vielleicht gelegentlich verletzend. Der Rieffel
sagte sie, sie studiere zwar fleißig, fliege aber nur so über die
Tasten weg, weil es ihr an innerer Ruhe fehle; dazu zucke sie
mit ihren Gliedern herum, daß es einem leid tun könne. Clara
hatte einen unbestechlichen, aber keinen mitleidlosen Blick.
Skeptisch, und mit geradezu heinescher Ironie besieht sie sich
ostentativ glückliche Liebespaare, wie etwa Herrn Voigt und
Bertha Constantin (in der zwölften Woche ihres eigenen Ehe-

glücks):»Das ist nun einmal ein glückliches Brautpaar anderer
Art, als wir es waren: die schmelzen in Wonne ›mein Bertchen,
mein Carlchen‹ Eau de cologne, Bonbons ect. fehlen nicht in
des Bräutigams Tasche: Bertchen hustet — um Gottes Willen
ein Bonbon her!« Solche Verzärtelungen liegen der herben
Clara fern. Und was sie auch nicht begreifen kann: Die Gattin
eines Geigenvirtuosen »strahlte in Diamanten (Französin natürlich) und überdies noch mit zwei großen schwarzen schönen Augen, hörte aber gar nicht hin, was ihr Gatte spielte, der
übrigens einem Spitzhunde ähnelt«. Und dann Liszt — mit
dem sie 1841 noch einmal an zwei Klavieren das hochbrillante
Hexameron über ein Thema ihres von Robert so innig gehaß-
ten Bellini spielte, der ihr Blumen aufs Podium brachte und ihr
später seine *Paganinietüden* widmete — Liszt!: Sie bewundert,
beneidet, mißversteht und haßt ihn, in dieser Reihenfolge.
»Liszt mag spielen wie er will, geistvoll ist es immer, wenn
auch manchmal geschmacklos, was man aber besonders seinen Compositionen vorwerfen kann: schauderhaft — ein
Chaos von Dissonanzen, die grellsten, ein immerwährendes
Gemurmel im tiefsten Baß und höchsten Diskant zusammen,
langweilige Introductionen, etc., als Componist könnte ich ihn
beinahe hassen.« Ernste, nüchterne Kollegin, die sie ihm noch
immer ist, findet sie die Anhimmelei der Damen um den
Piano-Beau besonders »unausstehlich«: »Auch die Verehrung
muß eine Grenze haben.« Der Zug zum Grenzenlosen, der in
Schumann, sei es nur in der Sehnsuchtsübersteigung des Ada-
gios seiner zweiten Symphonie, zum Durchbruch kommt, befremdet sie zutiefst; und doch hat auch sie die Kraft zur
Grenzüberschreitung: Das nächtlich »Mystische«, das ein englischer Rezensent jener Jahre als Wesen von Schumanns Klavierwerk begreift, ist Teil auch ihres Wesens, und Schumann
amüsierte es, wie hartnäckig sie an der Vortragsbezeichnung

IHRE SONATE

»Misterioso« festhielt (am Ende ihres Scherzos op. 10), obgleich der kurze Notenaugenblick, der damit bezeichnet ist, kaum darein getaucht werden kann. Liszt also nur begrenzt verehrbar: »Ein verzogenes Kind, gutmütig, herrschsüchtig, liebenswürdig, arrogant, nobel und freigebig, hart oft gegen andere — ein sonderbares Gemisch von Characteren.« Ja, sie verstand sich auf die Komplexität der Mitmenschen; sie wäre vielleicht die Romanschriftstellerin geworden, die es in Deutschland damals nirgends gab. Dann wieder ließ sie sich ergreifen: von einer Sängerin »mit heiserer Stimme«; sie mußte weinen. Hier hörte sie das Echte heraus, wie sie es verstand: »Ihre Persönlichkeit ist höchst liebenswürdig, bescheiden und anspruchslos.«

Sie komponierte nicht nur Lieder. Jetzt, da Robert mit seiner Liederpassion und symphonischem Ehrgeiz das Klavier »zu eng« fand und die Sonate als Form veraltet, jetzt schrieb sie eine Sonate, die erst vor wenigen Jahren veröffentlicht wurde: ein großes, reich bewegtes, im Finale mitreißend virtuoses Werk. Sie übte auch viel die immer noch weithin unbekannten und in Konzerten ungespielten Beethovensonaten. Die manisch-mächtige sogenannte Hammerklaviersonate op. 106 — Clara Schumann war es, die sie erstmals öffentlich zu spielen wagte, einschließlich der abstrusen und monströsen Fuge!

Schon die letzten Schubertsonaten waren Dank- und Abdankungskundgebungen; Schumann, dem sie der Verleger mehr als zehn Jahre nach Schuberts Tod widmete, war nicht stark beeindruckt. Seine eigenen drei Sonaten sind schwer erkämpfte experimentelle Sonderformen, die vor allem da, wo die Durchführungsteile fehlen, Mitte und Climax vermissen lassen. Nach Claras Sonate ist als großes Werk dieser Gattung, das in den Kanon der Konzertprogramme aufgenommen wurde, nur noch Chopins dunkel stürmische h-Moll-Sonate zu verzeichnen. Die Klaviersonaten von Brahms, Grieg, Tschaikowsky blieben als gußeiserne Repliken wenig oder gar nicht gespielt. Die Sonate, wie Beethoven sie ausgebildet hatte, entfaltete sich als Pendant zum Bildungsroman, als Modell individueller Lebensstimmungen, -kontraste und -geschicke. Das zentrale Formschema enthielt ein »männliches« und ein »weibliches« Thema, die (im Durchführungsteil) verwandelt, gebeutelt oder auch (laut Schumann) »ausgeknitscht« und durch Himmel und Hölle moduliert werden, um einander in der Reprise sozusagen selig und geläutert (»gebildet« im klassisch-romantischen Sinne) in die Arme zu fallen. Tempo und Temperament wechseln von Allegro zu Adagio oder Andante, zu Menuett oder Scherzo, zu Presto und Finale. Varianten kommen vor, und das Gedächtnis muß um die dreißig Minuten Musik fassen und verknüpfen können. Dieses Interesse geht nach 1825 verloren. Das Geschick des bildungswilligen Einzelnen verliert an Bedeutung, das Kollektiv tritt in den Vordergrund, als nationales, reformerisches, revolutionäres, proletarisches, bürgerliches, militärisches, freizeitliches, und da hat die Sonatenform nur noch als symphonisches Massenereignis eine Chance. Symphonie und Oper, Operette und Salonstück sind die bevorzugten Formen des — nicht mehr »heimlich« lauschenden — betäubungs- und unterhaltungsbedürftigen Abendpublikums nach 1850. Robert Schumann versuchte diesem professionell (wenn auch nicht emotionell) begriffenen Anspruch noch gerecht zu werden, auf seine eigensinnig verträumte, mutlos mutmachende, musikalisch komplexe und subtile Art. Doch fehlte ihm die robuste, effektsichere, eingängig vulgäre Volksverbundenheit seiner Nachfolger (und auch Nachahmer), eines Dvořák, Tschaikowsky, Grieg, und auch der mulmig-mythomane Kitschappeal des Richard Wagner,

154

dem er so oft stumm gegenübersaß. Im Grunde glaubte er
noch, das Leben — nicht nur das Leben des Künstlers — müsse
einem individuellen Bildungsroman gleichen; darin blieb er
Frühromantiker, und von daher versteht sich auch das lebens-
lange Bedürfnis, den schönen Schein einer gelungenen Künstlerexistenz im Medium des Tagebuchs hoch- und aufrechtzu-
erhalten.

In ihre Sonate (den ersten Satz) sowie in ein furioses
Scherzo baute Clara Schumann Eigenzitate aus ihrem Sturm-
und Regenlied ein, das die Mädchengefühle so anstößig ver-
nachlässigt: wie sie in der Ehe nicht ruhiger geworden war,
sondern feuriger, so auch im Werk. »Der Freund zieht weiter,
ich seh es heiter / Denn er bleibt mein auf allen Wegen.« So
endet dieser Rückerttext, den sie mit tapferer Ruhe abfängt,
nach dem Sturm des »verwegenen« Herzraubs. Robert und
Clara Schumann fanden ihre Wege, die sie getrennt zu gehen
hatten, ohne einander aufzugeben. Weihnachten 1841 be-
schenkten sie einander, wie an anderen Festtagen, mit ihren
Kompositionen — beides Nachtstücke: ihres eher dramatisch,
seines idyllisch: sein »Dämon« und ihr »Insichgekehrtsein« ergänzten einander:

»Ich versuchte dem Robert Etwas zu componieren, und
siehe da, es ging! ich war selig wirklich einen ersten und zweiten Sonatensatz zu vollenden ... Aber auch er beschenkte mich
und mein Mariechen mit einem reizenden Wiegenlied, das er
noch am Weihnachts-Nachmittag componierte.«

Aber die Zeit der Bälle, der Davidsbündlertänze schien vorbei:

»Am 2 ten Feiertag waren wir auf dem Gewandhausball —
es war der Erste und vielleicht auch der Letzte. Wir waren
froh, als wir dieses Vergnügen überstanden hatten.«

Robert Schumann, Hamburg 1850.
Ausschnitt aus einer Daguerreotypie. (J. A. Völlner)

Es klafft ein Sprung

Bereits 1842 nahm bei Robert wieder die Melancholie überhand: Mehr als Clara quälte ihn die aufbrechende Unvereinbarkeit einer doppelten Künstlerexistenz mit der Eierkuchenehe, die Leipzig,»die Welt«, von ihnen erwartete. Aber Leipzig war ja nicht die Welt. Auf nach Amerika oder Rußland, Paris, Wien, London ...

»Soll ich denn mein Talent vernachlässigen, um dir als Begleiter auf der Reise zu dienen? Und du, sollst du dein Talent ungenutzt lassen, weil ich nun einmal an Zeitung und Clavier gefesselt bin?«

Der wachsende Haushalt wächst ihm schon jetzt über den Kopf; das Geld reicht nicht aus, die Ruh' ist hin. Amerika, Rußland etc., das sind »Auswege« für Clara, für ihn ...?

»Kurz nach dem Erwachen des Gedankens [an Amerika] fiel mir im Gasthof ein Blatt in die Hände mit einem Gedicht, das mich recht traurig machte. Es war darin von einem Jüngling die Rede, der auch einen fremden Welttheil aufsucht, und dort von seinen Hoffnungen betrogen sich mit seiner Leyer ins Meer stürzt.«

Schon wieder Leander, ohne Leuchtturm und Geliebte, der den Tod im Wasser sucht. Seit früh kehrt dieser Gedanke als Ausweg wieder. »Clara las das Gedicht auch und schien darüber nachzusinnen.«

Sie wird wenig Gedanken daran verschwendet haben. Vielleicht aber erzählte ihr Robert vom wahnsinnigen Dichter Le-

nau, der zehn Jahre zuvor enttäuscht aus Amerika zurückfloh
(und der sechs Jahre vor Schumann in Umnachtung sterben
würde). Robert reiste nicht gern, Clara dagegen war von Kind
an nichts anderes gewöhnt. Sie war unruhig und langweilte
sich rasch, wenn sich nichts bewegte. Im Dampfboot nach
Hamburg starrt Robert träumerisch in die Ferne, in den stür-
mischen Himmel über der Silhouette der Stadt – »Clara spa-
zierte viel auf dem Verdeck herum.«

Und weiter geht es für sie nach Kopenhagen – er bleibt zurück, fährt zurück zu Kind und Küche. Schon hier verliert die
Nacht ihren bergenden Zauber:

»Die Nacht, unsere letzte vor der Trennung, brachten wir
fürchterlich hin. In einem Schankkeller unter uns wurde bis
früh 4 auf das schrecklichste gelärmt und gebrüllt.«

Auch Clara litt unter der ersten Trennung. Ein Sturm verhinderte die Reise nach Dänemark, sie sollte acht Tage auf das
nächste Dampfboot warten, das hielt sie nicht aus. Sie reiste
»bei dem heftigsten Regen und dem Heulen des Windes« über
Stock und Stein nach Lübeck und Hamburg und wieder zurück nach Kiel und endlich auch zu den gewohnten und erwarteten Triumphen nach Kopenhagen.

Ihr durchdringender Blick trifft auf den Märchendichter
Andersen: »ziemlich jung, sehr häßlich, aber dabei furchtbar
eitel und egoistisch.« Die schwärzesten Texte, die Schumann
je vertont hat, stammen von ihm; in ihnen die Ahnung eines
Wahnsinns, der das Zerbrechen einer ganzen Welt vorweg-
nimmt, wobei die Musik zur schrillen Begleitung amusischer
Barbarei entartet: *Der Soldat* wird zur Erschießung des Freundes abkommandiert, »bei gedämpfter Trommel Klang«, und
Befehl ist Befehl – er schießt ihn »mitten ins Herz«; *der Spiel-
mann* geigt gellend auf der Hochzeit, die ihm die Geliebte
wegholt, zerbricht sein Instrument, und alle zeigen mit Fin-

gern auf den Verrückten; nur der Dichter (und Komponist) bekreuzt sich vor der Drohung:»Bin selber ein armer Musikant.« (Andersen, so deutet Clara maliziös an, hatte mit der Gastvirtuosin geflirtet.) Der *Muttertraum* hätte Claras Ängsten um Marie gelten können: In der Wiege liegt ihr »Engel«, und vor dem Fenster kreischt der Rabe »mit der Sippschaft«:»Dein Engel, dein Engel ... dient uns zur Speise.« Das *Weihnachtslied* endlich ist ein Appell »bei finstrer Nacht« an die kranke und matte Seele, die »nagenden Schmerzen« zu vergessen. Schumann traf mit Andersen 1844 zusammen; Schumanns Vertonungen gefielen ihm nicht.

Während Clara in Dänemark bei Hofe spielte und Thorwaldsens Atelier besuchte, schreibt ihr Robert verzweifelte Briefe; und auch deshalb saß er in dieser »Trübsinnszeit« dem aus Paris zurückgekehrten Richard Wagner stumm gegenüber. Um so mehr schwatzte der andere »ein Mensch, der nie aufhört, von sich zu sprechen, höchst arrogant ist, und fortwährend in einem weinerlichen Tone lacht«. Schließlich sah er sich noch Gretrys Oper *Blaubart* an — die Angst der Frau vor dem Schlächter Mann; später wird er eine Oper schreiben über Genoveva, die von den Männern bedrängt, bedroht, verraten und verstoßen wird. Gewalt zwischen Mann und Frau. Er brütet darüber und fürchtet sich zuletzt vor sich selbst. Clara, aus dem ehelichen Schlafzimmer gewiesen, nimmt bei der blinden Freundin Rosalie Leser Zuflucht. Bis dahin ist es noch weit.

Auch die Peri ist eine Verstoßene. Sie ist zugleich die Papillon-Nymphe, die den Seelenfalter der Griechen und den Sommernachtstraum des Biedermeier erotisch-aetherisch umfabelt. Thomas Moores graziöse Verserzählung von der persischen Elfe, die trostlos Einlaß begehrt an Edens Gartentor, kannte Schumann schon seit 1841 — Freund Flechsig hatte sie übersetzt; doch Schumann kannte wohl auch das Original aus dem *Lalla Rookh*-Zyklus. Zehn Jahre zuvor hatte er dem Kommilitonen zugerufen:»Lies den Titan, oder ich tret Dich!« Dies war die Stimme des revolutionären Florestan, der mit Gianozzo im Ballon aufsteigen und aufrührerische Flugblätter abwerfen wollte. Jetzt war der sanfte Eusebius am Werk: Schumann bearbeitet den Text (zusammen mit dem Byron-Übersetzer Böttger), und um das Oratorium entsteht geradezu ein Ergriffenheitskult, wie fünfundzwanzig Jahre zuvor um La-Motte-Fouqués und Hoffmanns Oper *Undine*. Undine und die Peri sind Naturgeister, die eine aus dem Wasser, die andere aus der Luft. Der Ritter, der zwischen Gemahlin und Nixe verträgliche Lebens- und Liebesgemeinschaft anstrebt, entsprach der geheimen Doppelmoral der nachnapoleonischen Gesellschaft.

Auch Undine ist eine Verstoßene, die sich allerdings rächen wird. Die Peri schwebt über allen individuellen Verwicklungen, sie repräsentiert schwermütige Verantwortung für Kollektivschuld und opferbereite Versöhnung mit dem bleichen Engel der Zukunft, »who was keeping the gates of light«. Die Schuld, mit der die Dichter ihre erotisch-aetherischen Wunschbilder beladen, war ein schwacher Reflex des verlorenen Vertrauens in die christliche Botschaft, der noch Mendelssohn seine Oratorien widmet. Die Peri, auf der Suche nach dem erlösenden Geschenk, das ihr die Paradiesespforten öffnet, wird mit dem Leid der Welt konfrontiert. Sie bietet den letzten Blutstropfen eines patriotischen Kriegers, den letzten Seufzer einer Liebenden, die ihrem pestgefällten Liebsten nachstirbt – umsonst, das Himmelstor bleibt verschlossen. Erst die Reueträne eines Verbrechers, die selbst die Pest zu löschen vermag, öffnet den Weg zur Erlösung. Schumann hielt dieses Werk, das nazarenisch-chorisch auf individuelle Arien und dramatische Rezitative verzichtet, für sein Bestes bis dahin. Und der ergriffene

Respons des Publikums schien ihm recht zu geben. Fein gewebt und innig erfühlt, ist dieser säkulare Erbauungsversuch Schumanns erste und radikalste Verwirklichung eines Strebens nach volkstümlicher Schlichtheit und versöhnlicher Synthesis, als seien die historischen Konflikte schon ausgetragen und Hegels dialektische Endphase eingetreten. Schon schwingt Verzicht auf Umschwung und Provokation mit, ein Einschwenken auf den okkulten Eskapismus einer Gesellschaft, die auch die Vormärzliteraten und -demokraten vergeblich aufzurütteln suchen.

Erstmals versuchte sich Schumann für die *Peri* auch als Dirigent; doch zeigte sich gleich, daß er keine Führernatur war. Der Geiger David spottete in einem Brief an Mendelssohn: »Er dirigierte mit der Lorgnette paradisische Taktarten, die ich mir nicht ins Irdische übersetzen konnte.« Während Claras Insichgekehrtsein lediglich Konzentration und Selbstvergessenheit bei der Ausübung ihrer Kunst anzeigte, war Roberts Introversion eher Abkehr vor den Enttäuschungen der Weltberührung, das Wegtauchen des Mannes mit der Leyer, über dem die Wellen zusammenschlagen. Clara schreibt schon damals alle Kritik an ihrem Mann dem Neid zu: »David und Mendelssohn benahmen sich nicht schön gegen ihn – wie garstig ist schon der Neid.«

Die »Welt« funkte, auch ohne daß persönliche Bosheit im Spiel war, gelegentlich in die Eusebiusentrückungen hinein: Als Clara am 19. August 1843 mit Mendelssohn das träumerisch fließende *Andante mit Variationen* an zwei Klavieren zelebrierte, schrillte plötzlich ein Feueralarm dazwischen, wodurch das Publikum »etwas die musikalische Fassung und Ruhe« verlor, »die zur Empfänglichkeit eines solchen innerlichen gemüthlichen Stücks durchaus nötig ist.«

An Fassung und Ruhe fehlte es Robert nicht, obgleich

Clara, die »Capital sammeln« und »etwas Großes unternehmen« will, an ihm rüttelt, so daß er sich »oft gerührt« abwendet, auch wenn sie am Klavier ein ganzes Orchester donnern läßt: den Klavierauszug seiner *Peri.* Wenn sie in Dresden konzertiert, erstarrt er daheim in Leipzig: »Es sieht so still und ausgestorben im Hause aus, wenn sie nicht da ist.«

Er ist erst dreiunddreißig und schon erschöpft, fühlt sich gealtert; die Umwelt verschwimmt, früher gebrauchte er die Lorgnette zum Scharmutzieren unter Fenstern oder im Kaffeehaus, jetzt beugt er sich tief über seine Partituren oder schlägt damit geistesabwesend den Takt, für den Orkus mehr als fürs Orchester. Mit Mendelssohn spielt er Billard, und wenn der — unruhig wie Clara — zu heftig zustößt, argwöhnt Robert, man wolle ihn steinigen: »Die Steine, die wir zu ihrem Ruhmestempel mit aufgefahren, gebrauchen sie dann gelegentlich um auf uns damit zu werfen.« Leicht sieht er sich von Intriganten umgeben. Und Clara setzt, mit Mendelssohns diskreter und wohlmeinender Hilfe, die Rußlandreise durch.

»Unausstehliche Hetzerei«, »russische Gesichter, Juden, Schlittenleben«. In Riga »fürchterliches Drängen und Schreien in den Straßen«. In einem Hotel tobt die Tänzerin Lola Montez mit Offizieren »Bacchanalien«. Clara wird gefeiert, Robert wird krank: »Zum Schluß des Concerts fehlende Bediente und zu Fuß Gehen nach Hause«. »Donnerwetter mit den Bedienten — in der Nacht Tanzmusik unter uns.« In Moskau »schauderhafter Kirchengesang« in der orthodoxen Kathedrale. Schumann steht öfter plötzlich auf in Gesellschaft und macht sich davon. Doch hält er die Augen offen, ein aufmerksamer Tourist. »Sehnsucht wieder zu Hause zu sein.« Auf dem Schiff von Kronstadt nach Swinemünde hat er eine momentane Vision der nachrevolutionären Gesellschaft — 1848 dämmert herauf: »Immer größere Bewegung des Schiffs — hübsche

Gruppen — Gleichheit der Stände — gegen Abend starkes
Schaukeln des Schiffes und Claras Angst«. Die Schumanns waren immer republikanisch gesinnt. Fast meint man, Schumann
wolle einen Rußlandroman schreiben, er hat in Moskau ein
Gedicht entworfen: über eine Glocke, die beim Guß mißlun-
gen ist. Claras Reisenotizen sind sogar noch ausführlicher. »Es
scheint mir, daß ich oft Roberts Unwillen erregt habe — in böser Absicht gewiß nie.« Sie sprachen über ihre Verstimmun-
gen; sie ersparten einander nichts. Dies war sicher oft ärgerlich und verstörend, doch auch das Vorspiel zu Versöhnungen,
die ebenso offen bekundet wurden, oder auch kryptisch, wenn
es ins Sexuelle ging. Nicht nur Robert hatte über gesellschaftliche Zurücksetzung zu klagen, auch Clara wunderte sich pi-
kiert, daß die Damen der Moskauer »Noblesse« sie zu sich zitierten statt, wie Clara es von Leipzig her gewohnt war, den
Weg zu ihr fanden. Schließlich war sie ja nicht ein Skandal wie
Lola Montez, die man soeben ausgewiesen hatte. Noch war es
nicht in alle Gesellschaftskreise gedrungen, daß die eigentliche Noblesse nur im Kreis ernster Künstler zu suchen sei.
Auch Königin Viktoria würde es später wagen, Madame Schumann den Rücken zuzukehren, als sie im Buckingham Palast
vorspielte, nie wieder würde diese Queen sie bei sich sehen!
Beide Schumanns hatten ihren Stolz; in Claras Haltung und
Gesicht prägte er sich stärker aus, doch Robert litt tiefer unter
beidem: den wirklichen wie den wahnhaften Demütigungen.
Clara machte sich Luft, in Moskau prügelte sie sogar einen
Kutscher; Robert fraß viel in sich hinein, verstummte, stand
auf und dachte an den Mann mit der Leier, der sich ins Wasser
stürzt, obgleich er dann lange sich weigert, das Dampfboot zu
besteigen, das ihn der Revolution entgegenträgt. Auch Clara
vermerkt, wie »angenehm« dort die Gleichheit der Stände auf-
fällt. Roberts Gedicht aber schlägt ominöse Töne an:

Doch um des Meisters Sinne dunkelt's,
Das Erz, es deckt ein fahles Grau ...
Es klafft ein Sprung, es fehlt ein Stück,
Und unbeweglich in der Tiefe
Ein Rest bleibt stehn — Entsetzen
Faßt rings das Volk und faßt den Meister ...

Drei Monate nach der Rückkehr aus Rußland erlitt Schumann einen schweren gesundheitlichen Zusammenbruch. Vieles war über ihn hereingebrochen: Mendelssohn war auf allerhöchstes Geheiß nach Berlin verzogen. Die Nachfolge an Gewandhaus und Konservatorium wurde nicht Schumann, sondern Niels Gade übertragen. Die Redaktion seiner Zeitschrift hatte er an Lorenz abgegeben; im November wurde Franz Brendel Eigentümer, und Schumann wurde in dem von ihm begründeten Organ nun häufig abwertend besprochen. Clara war wieder schwanger und nicht sehr begeistert darüber. »Mit Aufopferung der letzten Kräfte« vollendete er den Schlußchor zu Goethes *Faust* — danach Schlaflosigkeit: »seine Phantasie malte ihm die schrecklichsten Bilder aus, früh fand ich ihn gewöhnlich in Tränen schwimmend, er gab sich gänzlich auf«, schrieb Clara, die mit Hilfe ihres gewaltsam anteilnehmenden Vaters Robert »herausreißen« wollte. Umzug nach Dresden also, in die Waisenhausstraße 35.

Robert Schumann hatte in den ersten fünf Jahren seiner Ehe 150 Lieder, zwei Symphonien, ein Klavierquintett, ein Klavierquartett und drei Streichquartette geschrieben, dazu das große Oratorium *Das Paradies und die Peri*, sechs grandiose Orgelfugen über B-A-C-H und schließlich auch das von Clara immer wieder erhoffte Klavierkonzert in a-Moll, das zuerst nur als einsätzige Fantasie liegen geblieben war, dann aber mit dem Intermezzo und Finale einen begeisternden Abschluß fand. Er war leer geschrieben: »und unbeweglich in der Tiefe ein Rest bleibt stehn — Entsetzen...«

Leipzig erschien ihm nach Mendelssohns Weggang ein entgeisterter Ort. Trotz der Mißverständnisse, die, diesmal bei Mendelssohn, im Zusammenhang mit der Aufführung von Schumanns Zweiter durch Anrempelungen im Leipziger Tagblatt entstanden, blieb doch das Verhältnis zwischen ihnen ungetrübt. 1847 wollten sie, auch weil sich Clara mit Fanny so gut verstand, nach Berlin ziehen, doch der Tod der Geschwister Mendelssohn trat dazwischen.

Robert Schumann, 1853. (J.-J.-B. Laurens)

Wie ein Feind aus dem Hinterhalt

Dresden ist ein musikalisches Nest«, wußte Clara schon immer. Beide blieben sie Fremde in der Residenzstadt. Geist, »Spiritus«, »Animus« fehlte; und Vater Wieck, der jetzt um Schumanns Gunst warb, führte in seinen Kränzchen zu Hause »maschinenmäßige« Eingedrilltheiten seiner Schüler und Schülerinnen, unter ihnen Claras Halbschwester Marie, vor. Robert blieb stumm und mißmutig bei solchen Gelegenheiten. Klatsch, Intrige und der immer schwelende und leicht wieder auflodernde Zorn des widerwilligen Schwiegervaters und anfangs auch widerborstigen Großvaters trugen zur Isolation in Dresden bei. Am freundlichsten waren noch die Maler. Rietschel formte das berühmte Doppelrelief, das leider nicht, wie er es wünschte, Claras schönen Kopf, sondern, auf des Komponisten Einspruch hin, Roberts verzwirbelte Künstlermähne im Vordergrund beläßt. Diese Nichtmusiker waren ihnen lieber als die Dresdner Orchesterdilettanten und selbstzufriedenen Musikpädagogen. Noch immer stumm saß Robert Richard Wagner gegenüber, der als königlicher Kapellmeister am Dirigentenpult und 1849 auch auf den Barrikaden herumfuchtelte. »Er besitzt eine enorme Suade, steckt voller sich erdrückender Gedanken; man kann ihm nicht lange zuhören.« Schon gar nicht, wenn er den Einfluß Mendelssohns beklagt und auf die Juden schimpft.

Dresden, von Herder als das deutsche Florenz gepriesen, wurde immer wieder durch Kriegseinwirkungen dezimiert.

Wer das Foto des steinernen Engels über der Trümmerstätte
des vom »Bomber Harris« gesteuerten Vernichtungsschlags
vor Augen hat, wird den Eintrag im Brockhaus von 1820 staunend zur Kenntnis nehmen: »... durch das neuntägige Bom-
bardement im Juli 1760, wo Friedrich der Große die Stadt be-
lagerte, wurde die Kreuzkirche nebst 416 Häusern in Grund
geschossen. Überhaupt ist Dresden den Zerstörungen des
Kriegs oft ausgesetzt gewesen.« Napoleon ließ die Festungs-
werke, die Stadtmauern und Brücken sprengen. Die preußischen Freiheitskrieger sprengten dann 1813 die von den Franzosen angelegte Sternschanze, und zugleich ging die Altstadt
(die von August dem Starken angelegte sogenannte »Neu-
stadt«) in die Luft. Im Biedermeier wurden dann, wie auch an-
derswo, etwa in Wien, anstelle von Stadtmauer und Befesti-
gungstürmen Parkanlagen und Spazierwege kreiert. »Stille
gesichert sey Dresden-Olympia uns«, hatte Herder gewünscht.

In dieser gesicherten Stille raffte sich Schumann zu neuem
Schaffen auf: Die Zweite Symphonie brachte den inneren
Durchbruch. Dem ersten Satz in seiner obsessiven Verbeißung
in das kurze, auftaktige Allegromotiv hört man den Kampf gegen Erschöpfung und Verzweiflung an; das Adagio in seiner
inständig beschwichtigenden, schmerzübersteigenden Sehn-
suchtsmelodik hat nicht seinesgleichen in Schumanns Œuvre
und wird an Intensität nur noch von einigen Mahlersätzen
erreicht. Theodor Kirchners Klavierarrangement wahrt und
betont die intime Aura des Stücks — kein offizielles Pathos in
dieser Partitur, was, zusammen mit der zerrissenen Sprunghaf-
tigkeit der Ecksätze, bis heute die Symphonie zum seltenen
Konzertereignis macht. Das Klavierkonzert für Clara dirigierte
Schumann mit besonderem Elan in Prag, das nach der Enttäuschung eines Wienbesuchs den Schumanns endlich wieder einen vollen Erfolg bescherte. Ein zweites Konzertstück ist in

seiner Struktur von Chopins *Andante spianato und Polonaise* beeinflußt — ein wunderbar durchgestaltetes Werk, das mit einem poetisch umrauschten Klarinettensolo beginnt, um nach aufschreckendem Trompetensignal einen mitreißenden Klaviersturm auszulösen und dann zur Poesie des Anfangs zurückzuebben, eine lyrische Klimax, wie sie auch der Kopfsatz des Klavierkonzerts aufweist, statt einer traditionellen Durchführung. Eduard Erdmann und Daniel Barenboim gehören zu den wenigen Pianisten, die dieses besonders gelungene Werk gelegentlich bei den Konzertmanagern durchsetzten.

Schumanns Oper *Genoveva* fiel, nach langen Verzögerungen, schließlich in Leipzig bei der Premiere durch. Im Gegensatz zu Meyerbeers *Prophet*, der an der Verschiebung der Erstaufführung schuld war. Schumann saß also mißmutig, ja wütend in der Loge und »zischte« (Clara) »mehrmals bedeutend. Es ist aber auch eine gottlose, Robert sagt, wie mir sehr richtig schien *unmoralische* Musik«. Freilich argwöhnte Schumann allerlei Verbrecherisches unter dem Deckmantel jeglicher Musik. Doch vergaß er solche, in ihm weiterschwelenden Gewissensbeunruhigungen über der mehr und mehr bedrohlichen Notwendigkeit erzwungener Selbstbehauptung, die schließlich über seine Kräfte ging.

Da war z. B. Liszt, dessen »Treiben« Mendelssohn amüsiert als zwischen »Skandal und Apotheose« oszillierend beschreibt. Als Liszt Schumanns Quintett und zugleich den ganzen Mendelssohn zugunsten Meyerbeers und Wagners als »leipzigerisch« abqualifiziert, weiß Schumann in Dresden wohl, was gemeint ist. Und er setzt sich zur Wehr, als wenig später Liszt, der den Vorfall längst vergessen hat, Schumanns *Faustszenen* für eine Weimarer Goethefeier, den hundertjährigen Geburtstag, in Betracht zieht:

»Aber lieber Freund, würde die Komposition nicht vielleicht zu *leipzigerisch* sein? Oder halten Sie Leipzig doch für ein Miniaturparis, in dem man auch etwas zustandebringen könne? Im Ernst — von Ihnen, der so viele meiner Kompositionen kennt, hätte ich andres vermutet, als im Bausch und Bogen so ein Urteil über ein ganzes Künstlerleben auszusprechen. Betrachten Sie meine Kompositionen genauer, so müßten Sie gerade eine ziemliche Mannigfaltigkeit der Anschauungen darin finden, wie ich denn auch immer danach getrachtet habe, in jeder meiner Kompositionen etwas andres zutag zu bringen, und nicht allein der Form nach ... So viel über Ihre Äußerung, die eine ungerechte und beleidigende war. Im Übrigen vergessen wir des Abends — ein Wort ist kein Pfeil — und das Vorwärtsstreben die Hauptsache.«

Schumann zeigt sich von verletzlicher und zugleich großmütiger Seite; Liszt war weit davon entfernt, Schumann zu unterschätzen, und antwortet sofort: »... erlauben Sie mir zu wiederholen, was Sie eigentlich nach mir am besten seit langer Zeit wissen sollten, nämlich daß Sie niemand aufrichtiger verehrt und bewundert, als meine Wenigkeit.« Das war ehrlich, nicht nur großzügig gemeint, und als Liszt bei der mißratenen Uraufführung der *Genoveva* brav klatschte und mitten in der Ouverture, beim Vierhändigspiel mit Clara, tags darauf eine Baßsaite sprengte, versöhnte man sich lachend. Doch Liszt stand im anderen Lager, und besonders Clara begann ihn zu hassen. Sie konnte hassen, wie sie lieben konnte — heftig, con fuoco und unbedingt; dies, weil sie, bei aller gelegentlichen Verzagtheit, im Grunde nie mit sich selbst uneinig war. Schumann lauschte bei Florestans Ausbrüchen immer auf Eusebius' milde Beschwichtigung mit; er wurde sich nie ganz schlüssig, ob er nicht selbst auf Abwegen, Irrwegen sei, ob er, selbst ein Verdammter, ein Recht habe, andere zu verdammen.

Wieder tritt das »Nervenübel« auf. Diesmal wurde Schu-

manns Höhenangst so schlimm, daß sie das hochgelegene Schlafzimmer aufgeben mußten.»Wie ein Feind aus dem Hinterhalt«, schreibt Litzmann einfühlend, brach die Krankheit ein in das mühsam aufrechterhaltene Eheidyll. Mysteriöser noch (und man wünschte sich mehr Deutlichkeit bei dem Biographen, der den inzwischen z.t. versiegten Quellen noch so nah war) und auch pathetischer raunt Litzmann:
»Keiner, auch die Nächsten nicht, hatten eine deutliche Vorstellung davon, mit welchen Gewalten der oft so verdüsterte, unzugängliche, launische, reizbare Mann zu kämpfen hatte, und ... keiner, daß das, was er da in schier unerschöpflicher Fülle an Wohllaut über seine Zeit ausströmen ließ, erkauft war ... mit der langsamen Zerstörung seiner Lebenskraft.«

Die drei Jahre vor dem neuerlichen Zusammenbruch, 1847 bis 1850, waren besonders ergiebig, und Clara, die nur ein Trio und ein Konzertfragment zuwegebrachte, seufzt resigniert: »Wo nimmt er all das Feuer, die Phantasie, die Frische, die Originalität her?«

Die gesicherte Stille in Dresden währte bis zum 3. Mai 1849. Clara berichtet:
»Donnerstag gingen wir zu Tisch auf die Villa im Plauenschen Grunde und schwelgten so recht in der herrlichen Natur — wie es unterdessen in der Stadt aussah, ahnten wir freilich nicht. Kaum waren wir eine halbe Stunde zu Haus, als Generalmarsch geschlagen und von allen Türmen Sturm geläutet wurde: bald auch hörten wir Schüsse. Der König hatte die Reichsverfassung nicht anerkennen wollen, bevor es nicht Preußen getan, und da hatte man denn die Stränge seines Wagens, in dem er fliehen wollte, zerschnitten, ihn somit gezwungen, zu bleiben, und versucht, sich des Zeughauses zu bemächtigen, von wo aus aber unter das Volk gefeuert wurde ... am

Freitag fanden wir, als wir in die Stadt gingen, alle Straßen ver-
barrikadiert, auf den Barrikaden standen Sensenmänner und
Republikaner ...«

Die Sensenmänner hatte auch der Maler Alfred Rethel gesehen, dem die Schumanns (wahrscheinlich schon in Dresden,
bezeugt aber erst 1851) in Aachen begegnet sind. Sein *Toten-
tanz* kennt nur einen Sieger: den grinsenden Sensenmann, der
als Marktschreier unter dem Plakat »Freiheit, Gleichheit,
Brüderlichkeit« zynisch eine Waage vorführt, auf der Königs-
krone und Tabakspfeife dasselbe Gewicht haben, wobei eine
Schindmähre, wie auf Füsslis *Nachtmahr,* hereinstarrt und eine
gramgebeugte Frau mit Schaufel und greinendem Kind sich
ahnungsvoll davonmacht, unter dem Gelächter der Revolutionäre. Rethel erwartete »rote Republik, Kommunismus mit allen seinen Konsequenzen«, versteckte aber seine post-dürer-
schen Holzschnitte, als ihm Insurgenten auf die Bude rückten;
denn was er in qualvoller Verzerrung auf gelblichen Blättern
darstellt, ist das Scheitern des Aufstands, der Sieg des Todes,
im Hintergrund das Militär mit aufgepflanztem Seitengewehr
und rollenden Kanonen.

Die Schumanns trafen auf der Rückreise aus Holland mit
dem Maler zusammen, der ihnen im Kaisersaal zu Aachen
seine Fresken erklärte:»Karl, die Götzenbilder vernichtend ...
Karl als Mumie aufgesucht«. Schumann wurde es schwindlig,
und er lehnte fahl an der Wand: der andere, Rethel, war vom
Wahnsinn gezeichnet; zwei Jahre später wurde er in die Irrenanstalt Endenich eingeliefert und war noch dort, als Schumann 1854 eintraf. Schumann starb in Endenich, Rethel
wurde als unheilbar entlassen und starb 1859 in Düsseldorf.

»Auf unserer Promenade durch die Stadt wurde uns auch
der schreckliche Anblick von 14 Toten, die tags zuvor gefallen
und schrecklich zugerichtet zur Schau des Publikums im Hofe

des Klinikums lagen. Ich konnte diesen Anblick lange nicht vergessen.«

Robert war verstummt. Clara verleugnete ihn an der Tür, als man ihn zu den Bürgerwachen holen wollte. Die Aufständischen drohten mit Haussuchung; da packte Clara rasch entschlossen Robert und Marie, die älteste Tochter, und flüchtete zum Bahnhof und mit dem Zug nach Mügeln und schließlich nach Maxen, wo sie, wie oft zuvor, bei Major Serre Zuflucht fanden, diesmal nicht in Ferienstimmung. Dort setzte sie Robert, der ganz in sich versunken war, ab und eilte sofort zurück in die Stadt, wo wieder gekämpft und geschossen wurde, nicht aber in der Reitbahngasse, wo sie wohnte — »es war grausig, hier diese Totenstille, und in der Stadt das unaufhörliche Schießen!« Sie riß die Kinder aus dem Bett, packte das Nötigste und lief mit ihnen zur Bahn und dann durch die Dörfer, die von Flüchtlingen aus der Stadt wimmelten, nach Maxen zurück. Die Dienstmagd Henriette, die krank und teilnahmslos im Bett lag, hatte sie zurücklassen müssen.

Clara wie Robert waren auf der Seite des Volks. »Unbehaglich« wurde ihr, als adlige Flüchtlinge »vom Volke nur en canaille und Gesindel sprachen«. Köchin und Amme waren zur Stelle, und Robert — komponierte.

»Donnerstag hörten wir von den schrecklichen Greueltaten, die das Militär verübte; alles schossen sie nieder, was sie an Insurgenten fanden, unsre Wirtin in der Stadt erzählte uns später, daß ihr Bruder, Besitzer des Goldenen Hirsches in der Scheffelgasse, zusehen mußte, wie die Soldaten 26 Studenten, einen nach dem andern, erschossen, die sie dort in einem Zimmer gefunden hatten. Dann sollen sie Menschen zu Dutzenden von den dritten und vierten Stockwerken herab auf die Straße geworfen haben.«

Kein Wunder, daß Roberts Höhenangst panische Formen

annahm. »So müssen sich die Menschen das bißchen Freiheit erkämpfen! wann wird einmal die Zeit kommen, wo die Menschen alle gleiche Rechte haben werden? wie ist es möglich, daß der Glaube unter den Adligen, als seien sie andere Menschen als wir Bürgerlichen, so eingewurzelt durch so lange Zeiten hindurch sein konnte!« schrieb Clara. Robert schrieb revolutionäre Märsche, dann aber wieder Idyllischeres. Er blieb auch dann zurück, als Clara erneut aufbrach, um die kranke Henriette in Sicherheit zu bringen. Vater Wieck verärgerte seine Tochter damit, daß er das preußische Militär in Schutz nahm, »von allen Greueln nichts wissen wollte«. Als der Pulverdampf sich verzogen hatte, stolperte auch Robert durch die aufgerissenen Straßen, an der Frauenkirche vorbei, in der noch Aufrührer gefangen gehalten wurden, über den Markt, wo auf Stroh die preußische Soldateska lag — über die Stadt war der Belagerungszustand verhängt, und die Schumanns blieben in ihrem Asyl in Maxen, wo Robert die Zeitungen verschlang und eine Motette für doppelten Männerchor nach einem Text von Friedrich Rückert schrieb: »Verzweifle nicht im Schmerzenstal / Wo manches Wasser quillt aus Qual, / Oft braust der Sturm, und hinter ihm / Ein Lauschen Gottes allzumal.« Auf den Portraits am Ende des Jahrzehnts scheint Robert Schumann leise vor sich hin zu pfeifen und noch immer auf den einen Ton zu lauschen, der im »Erdentraum«, wie das »geheime Wort« des Novalis, das »verkehrte Wesen« hinwegzaubern würde. Clara hält sich an die »Volksmärsche«: »äußerst brillant und originell ... von pompöser Wirkung«, lobt sie zurückhaltend. Erschütternd fand sie, die Hochschwangere, das *Requiem für Mignon*, das eben entstanden war. Sie weinte. Ihr dritter Sohn, Ferdinand, kam im Juli zur Welt. Das Jahr endete mit der Komposition eines Lieds für Chor und Orchester — es war das *Nachtlied* von Hebbel.

Herz in der Brust wird beengt;
Steigendes, neigendes Leben,
Riesenhaft fühl ichs weben,
Welches das meine verdrängt.

Bettina Brentano. (Carl Johann Arnold)

Mit den Uhus zusammengesperrt

Im Oktober 1849 war Chopin der Tuberkulose erlegen; was er zuletzt noch hören konnte, war seine Cellosonate aus dem Nebenzimmer. Schumann wollte ihm in Dresden eine Trauerfeier bereiten, vielleicht, wie in Paris, mit Mozarts Requiem — in der Frauenkirche, wo die Gefangenen des Mai-Aufstands eingepfercht worden waren. Die Behörde verweigerte die Genehmigung.

Ein Aufrührer, der dem Kirchenkerker entkam, war Richard Wagner, nach seiner Flucht hätte Schumann sich auf die freigewordene Vizekapellmeisterstelle Hoffnungen machen können. Er sonderte sich aber mehr und mehr ab: »so spinnen und spinnen wir fort und zuletzt uns selber gar ein«. Kopfschmerzen hindern ihn zum Jahresende »an allem Arbeiten und Denken«.

Er hat ein Angebot aus Düsseldorf: städtischer Musikdirektor, wie vor ihm Mendelssohn; er würde Symphonie- und Kirchenkonzerte leiten. Einen versponnenen, eingesponnenen Spinner konnte man da nicht brauchen. Und: »Ich verstehe es wohl auch, mit gemeinen Musikern [d. h. Orchester- und Chormitgliedern] zu verkehren, aber nur nicht mit rohen oder gar malitiösen«. Wie oft, bewies Schumann ahnungsvolle Voraussicht in das Bevorstehende. Vor Ostern 1850 wollte er sich ohnehin nicht festlegen, da er mit seiner Oper *Genoveva*, deren Premiere in Leipzig bevorstand, Wagner und Meyerbeer auszustechen hoffte: Es wäre ein Sieg des Sanften über das Harte, des Wassers über den Stein geworden. Auf dem Atelierfoto von 1850 sieht Schumann neben den Blumentöpfen maskenhaft und schlitzäugig aus wie ein chinesischer Weiser. Er zögerte auch mit dem Umzug nach Düsseldorf, weil er fürchtete, dort womöglich, wie schon einmal in Maxen, mit dem »Unglück« in all seiner Nacktheit konfrontiert zu werden: einer Irrenanstalt nämlich, in Maxen war es die Aussicht auf den »Sonnenstein«, in Düsseldorf, so entdeckte er auf einem alten Stadtplan, waren es »3 Nonnenklöster und eine Irrenanstalt«. »Und leben wir Musiker«, schreibt er an den Komponisten der *Zerstörung Jerusalems*, Ferdinand Hiller, dessen Stelle er übernehmen würde, »oft in sonnigen Höhen, so schneidet das Unglück der Wirklichkeit um so tiefer ein.« Rohheit, Bosheit, Unglück und Sorge sah er, wie Faust die »vier grauen Weiber«, auf seiner Schwelle hocken:

Gleichgültige Tage selbst verwandelt ihr
In gartigen Wirrwarr netzumstrickter Qualen.
Dämonen, weiß ich, wird man schwerlich los,
Das geistig-strenge Band ist nicht zu trennen.

Schumann vollendete diese, bereits zehn Jahre zuvor angestrichene Mitternachtsszene, zusammen mit der Ouverture und der Sterbeszene, erst 1853. Von Fackeln umlodert, Lemuren umschlottert, spricht Faust vom »Graben«, der »den faulen Pfuhl« austrocknen würde — eine Apotheose kolonialer Weltbeglückung, die Goethe durch Mephisto sehr perfide zu ironisieren wußte:

Man spricht, wie man mir Nachricht gab,
Von keinem Graben, doch vom Grab.

Das vorwilhelminische und präfaschistische Bürgertum hörte nach 1850 nur auf den sterbenden Faust. Es blieb Beckett (mit Dantes Belacqua) überlassen, das mephistophelische Nachwort in Erinnerung zu rufen, das da lautet:

Was soll uns denn das ewige Schaffen!
Geschaffenes zu nichts hinwegzuraffen!
›Da ist's vorbei!‹ Was ist daran zu lesen?
Es ist so gut, als wär' es nicht gewesen,
Und treibt sich doch im Kreis, als wenn es wäre.
Ich liebte mir dafür das Ewig-Leere.

Genoveva war höchstens ein Achtungserfolg. Was das Publikum mehr und mehr in Bann zog, war die chromatisch wabernde, sequentiell entfesselte Liebesagonie Wagnerscher Opernpaare. Schumann hätte vielleicht eine gute Blaubart-Oper geschrieben; die halb verhohlene Gewalttätigkeit zwischen Mann und Frau fand merkwürdig unheimlichen Ausdruck in der Konstellation Golo / Genoveva, sie weist seine Zudringlichkeit ab, er rächt sich dafür. So schafft, wie Barbara Meier heraushört, »das Mißverhältnis zwischen Golos leidenschaftlichem Bekenntnis und Genovevas Angstrufen, ... die Gleichzeitigkeit seines schwärmerischen Gesangs von den ›Wonnen‹ der Liebe mit den Hilferufen Genovevas« keine Bühnensituation für ein berauschendes Liebesduett.

Die Schumanns hielt nichts in Leipzig, wo die Oper durchfiel, noch in Dresden, wo sie nicht einmal Freikarten fürs Theater bekamen: »Mit Vergnügen gehe ich von hier«, ruft Clara ungehemmt heftig aus, »das ist überhaupt eine schöne würdige Gesellschaft jetzt ... die mit ›lieber Kollege‹, ›mein Schatz‹ um sich werfen und sich dann die Augen auskratzen möchten ... wie die Klötze sitzen sie da [bei einer Mendels-

sohn-Symphonie], in ihren verschrumpelten Gesichtern zeigt
sich kein Lebensfünkchen — mit Händen und Füßen möchte
ich drein hineinspringen und rufen: ›Habt ihr denn keinen
Blutstropfen in euch?‹«

Das zopfige Dresden also ließen sie hinter sich, und keiner
trauerte oder winkte ihnen nach. Nur im privaten Maler-
Freundeskreis wurden zum Abschied Schumanns Lenau-Lie-
der gesungen — das letzte ein Requiem, womit Schumann
Lenaus Tod vorausahnte; die Todesnachricht erreichte ihn
erst einige Tage danach und »so wurde ihm wohl das erste Requiem von Robert gesungen«, schreibt Clara.

Dagegen wurde das außerhalb Dresdens hochberühmte
Künstlerpaar in Düsseldorf von allerlei Delegationen im Frack,
mit Reden und Ständchen empfangen: Der Dirigent der Lie-
dertafel, Julius Tausch, dirigierte aus dem *Peri-Oratorium*:
»ganz gut«, lobte Clara gnädig, »wäre der Mann nur sonst per-
sönlich angenehmer; er hat etwas in seinem Gesichte, an das
ich mich durchaus nicht gewöhnen kann.« Wie immer: Un-
trüglich ihr scharfer Blick, ihre Menschenkenntnis, während
Robert ja kurzsichtig war und auf sein Ahnungsvermögen vertrauen mußte. Sie ergänzten sich da eigentlich sehr gut — er
mit prophetischem Instinkt, sie mit kritischem Intellekt.

Zehn Abonnementskonzerte und vier Kirchenkonzerte
hatte der neue Musikdirektor zu leiten. Die Programme,
die Schumann zusammenstellte, waren anspruchsvoll: Bachs
Johannespassion und *h-Moll-Messe*, Beethoven-Symphonien, die
von Schumann entdeckte große C-Dur-Symphonie von Schubert, doch nichts von Berlioz, Liszt, Wagner. War dieser
schweigsame Herr im schwarzen Bratenrock nicht doch schon
etwas von gestern?

Nicht in seinen neuen Werken: der Dritten *Rheinischen Symphonie*, mit ihrer synkopischen Hochspannung, vor-Bruckner-

schem Pathos, und im wunderbar versponnenen, elegischen
Cellokonzert. Auch nicht in der letzten Schaffensphase: der
rasante, leidenschaftliche Schwung der Violinsonaten, die im-
pressionistisch umspielte Hymnik der *Gesänge der Frühe*, endlich das wuchtig sich aufbäumende Violinkonzert mit dem
beseligt einsprechenden Mittelsatz und der ausufernden Polonaise, die an Claras frühes Klavierkonzertfinale anklingt, das
der Davidsbündler damals instrumentieren half — »entsetzlich
schwer« fand Joseph Joachim, dem dieses Konzert gewidmet
ist (wie später auch das Brahmssche).

Bis zuletzt bricht Schumann selbst *Neue Bahnen* — dies der
Titel seines Aufsatzes über den jungen Brahms, der ihm vor-
gespielt hat und der ihn bewundert. Selbst wo Schumann ins
Allzueinfache und »Trauliche« zurückzufallen scheint, wie in
seiner Gebrauchsmusik für die Jugend im Haus oder den Fu-
ghetten für die blinde Rosalie Leser, motiviert ihn ein an Mendelssohn und Niels Gade orientiertes Sammelethos, das ihn
den Quellen eines kollektiven Musikingeniums nahebringen
soll. Noch nicht wie Dvořák oder Bartók; doch gehört zu den
Vorläufern des *Mikrokosmos* durchaus auch das *Jugendalbum*.
Nur daß Schumanns träumerischer Eigensinn vor folkloristi-
schen Vorgaben und Anklängen nie abdankte.

Sein Sammeleifer, seine Registrier- und Ordnungsbemü-
hung galt vor allem der Präsentation des eigenen Werks, aber
auch den Erfahrungen und Begegnungen seines Lebens und
der Erfassung von Lektüreerlebnissen. Bis in die letzten Tage
vor dem Sturz von der Rheinbrücke suchte er in der Stadtbi-
bliothek nach Zitaten der Dichter über Musik; die so entstan-
dene Anthologie, jetzt im Schumannhaus Zwickau aufbewahrt, ist noch unveröffentlicht. In der Bibel las er erregt, wie
David Sauls Schwermut mit seinem Saitenspiel besänftigt:
»Der Geist aber des Herrn wich von Saul, und ein böser Geist

182

machte ihn sehr unruhig ... Wenn nun der Geist Gottes über
Saul kam, so nahm David die Harfe, und spielte mit seiner
Hand; so erquickte sich Saul, und es ward besser mit ihm, und
der böse Geist wich von ihm.« Im März 1856, drei Monate vor
seinem Tod, bat Schumann offenbar um seine Bibel. Clara, deren Antwort auf Schumanns letzten Brief vom behandelnden
Arzt nicht weitergeleitet worden war, schickte das Buch nur
widerwillig: »Ich sende zwar die Bibel mit, erlaube mir aber zu
bemerken, daß ich es ungern tue, weil ich überzeugt bin, es
regt ihn auf, mehr als Anderes, da er ja gerade darin die ersten
Spuren seiner Krankheit zeigte, daß er von bösen Geistern,
Hölle und Himmel, Engeln etc. phantasierte. Sie enthalten sie
Ihm gewiß solange vor, als es geht!« Sie glaubte, Robert mit ihren Wiener Konzertprogrammen eher heiter stimmen zu können. Zuvor war sie auch dessen nicht so sicher; im ersten Jahr
seines Aufenthalts in der Heilanstalt Endenich ließ sie ihre
Konzerttätigkeit vor ihm geheimhalten − seine Zeitungen
wurden entsprechend zensiert.

Nicht alle Aufregungen konnte sie ihm fernhalten. Seit der
ersten Krise im Jahr 1845 war sie kummervoll, aber energisch
bemüht, ihn vor Störungen seiner Seelenruhe zu bewahren.
Nur ihr Dazwischentreten verhinderte, daß Schumann sich
1849 womöglich neben Kapellmeister Wagner und dem Anar-
chisten Bakunin auf den Barrikaden wiedergefunden hätte
oder doch zur Bürgerwehr abkommandiert worden wäre. Am
Ende bekam sie es wohl auch mit der Angst zu tun. Der Mann,
der sie nachts nicht mehr neben sich dulden wollte, wurde ihr
fremd und unheimlich. Er deutete an, daß er sich nicht beherrschen könne; womöglich würde er sie anfallen. Mit dem
»Fürchtenmachen«, das sie sich scherzhaft vor der Ehe verbe-
ten hatte, war es nun fast zu ernst geworden.

Doch wie kam es dazu? Die »rohen« und »malitiösen«

Mächte drängten ihn aus seiner Welt: Die Chormitglieder
schwatzten während der Proben, blieben weg, vermißten die
starke Hand, die sichere Einsätze gäbe; die Orchestermusiker
kamen unentschuldigt zu spät, fanden die einzustudierenden
Stücke zu schwierig, vermißten klare Richtlinien. Das städti-
sche Komitee palavert hin und her und legt schließlich dem
Musikdirektor nahe, nur noch seine eigenen Werke zu dirigieren, die anderen Sachen seien bei Julius Tausch in besten Händen. »Miserable Menschen hier«, murmelt Schumann. »Ich
kann mich durchaus nicht in die unteren Klassen von Leuten
hier finden, die fast durchgängig grob, übermütig und präten-
tiös sind«, schilt Clara. »O, es ist ein niederträchtiges Volk hier.
Die Gemeinheit herrscht hier, und die Gutgesinnten ... ziehen
sich zurück, mißbilligend aber tatlos.« Clara ist eine Frau der
Tat, und sie wäre am liebsten, wie damals bei den Dresdner
Unruhen, mit Robert und den (inzwischen sechs) Kindern auf
und davon gegangen. »Tausch benimmt sich wie ein roher un-
gebildeter Mensch.« Schumann schlug nicht die Hände vors
Gesicht; eine solche Verzweiflungsgeste sah seine Tochter
Marie nur einmal — als er am Krankenbett um Clara bangte,
weinte und die Hände rang. Philistern blickte er ins Auge; hier,
wie auch früher schon, wo es um Rechte ging, stand hinter
dem gekränkten Eusebius der rechtskundige, auf sein Recht
pochende Florestan: »Da mich der jetzige Ausschuß an der
Ausübung meiner übernommenen und immer gewissenhaft
erfüllten Amtspflichten hindert und ganz vergessen zu haben
scheint, daß ein solcher Kontrakt auch ihm gewisse Verbindlichkeiten auferlegt, so nötigt er mich dadurch, durch einen
moralischen Zwang, daß ich in keinem Falle irgendwie eine
Direktion oder Mitwirkung übernehmen werde, solange nicht
der Kontrakt, wie er steht aufrecht erhalten wird, d.h. daß ich
die Direktion allein vertrete.«

IN DÜSSELDORF

Zugleich aber kündigte Schumann seine Stellung zum frühestmöglichen Termin auf: »vom 1. Oktober 1854 an«.

Das Komitee hatte einen Vergleich vorgeschlagen, keinen Vertragsbruch begangen, und war nun hocherleichtert, daß der reizbare Musikdirektor sofort den ganzen Laden hinwarf. Schumann hatte sich sozusagen selbst das Wasser abgegraben. Doch war dies wohl mehr als eine impulsive Zornesaufwallung, Schumann wollte auch »auf und davon« gehen, nach Wien vielleicht, nach Holland? Dort wurden die Schumanns auf einer Konzertreise Ende November 1853 geradezu triumphal gefeiert. Noch einmal dirigierte Robert seine dritte Symphonie und sein Klavierkonzert mit Clara als Solistin: Jubel und Fackelzug nach dem Konzert. Den Haag, Amsterdam, Rotterdam, Utrecht: erstmals bekam auch Robert zu spüren, daß er eine europäische Zelebrität geworden war. Clara, zum letzten Mal schwanger, spielte »wunderschön«, lobte Robert; und Clara schreibt hochbeglückt in ihr Tagebuch: »Das freut mich sehr, daß Robert immer so teilnehmend für mein Spiel ist, und er weiß auch, daß, wenn er zufrieden, mir dies lieber ist, als läge mir ein ganzes Publikum zu Füßen.«

Schumann aber wollte »auf und davon«. Dies hatte er oft geübt; plötzlich aufzustehen und wegzulaufen, um Kränkungen auszuweichen, frische Luft zu schnappen, allein zu sein, fern zu sein.

Zwei Davidsbündler waren am Ende noch aufgetaucht: der junge jüdische Stargeiger Joseph Joachim und der mit ihm befreundete, noch jüngere Hamburger Wirtshausklavierspieler Johannes Brahms. Die genialen jungen Männer inspirierten auch Clara; nie sah sie so zigeunerhaft besessen aus (mit roter Schleife im Haar) wie im Duoclinch mit Joachim in Beethovens (von Tolstoi diabolisierter) Kreutzersonate, nachdem sie sich bereits mit der Waldsteinsonate heißgespielt hatte.

Und Brahms entlockte ihr noch einmal drei schwermütige Romanzen, bevor sie als Komponistin verstummte. Schumann widmete Brahms das späte Konzertstück für Klavier und Orchester. Wie immer neidlos, erkannte er in dem kaum Zwanzigjährigen den künftigen großen Symphoniker, den nostalgischen Vollender klassisch-romantischer Formprinzipien, den Gegenpol zu Wagner, Liszt und Konsorten. Etwas gußeisern zuweilen das Pathos der Klavier- und Kammermusik, aus der Schumann die künftige herbe Bevorzugung der Clarino-, Oboen- und Blechbesetzungen heraushören mochte.

Joachim, der Brahms ins Haus gebracht hatte, führte den Schumanns auch Bettina und Gisela von Arnim zu. Bettinas Tochter war leidenschaftlich in Joachim verliebt; Bettina, immer noch temperamentvoll, umtriebig und kapriziös, fühlte eher schwesterlich als mütterlich mit. Ihre konservativen Preußensöhne waren peinlich berührt von all dem mädchenhaften Schwung und sozialistischen Einsatz für die schlesischen Weber und Berliner Pauper; sie schreckte nicht einmal vor Appellen an den König zurück, wobei man nie so genau wußte, erklärt sie Majestät jetzt ihre Liebe oder den Krieg. Auch Clara wußte lange nicht, wie sie mit der weißhaarigen, funkeläugigen »hohen Dichterin« (Schumann) stand. Beide hatten sie noch bei Goethe auf dem Sofa gesessen, aber Bettinas *Briefwechsel mit einem Kinde* war doch ein wenig peinlich, zumal Goethe ihr das Haus verboten hatte, nachdem seine Frau ihr schon die Brille von der impertinenten Nase geschlagen und Bettina sie daraufhin eine »Blutwurst, die verrückt geworden«, genannt hatte. Auch assoziierte sie sich immer mit Wahnsinnigen und Selbstmördern: mit der Klosterfrau Günderode, die sich auf einem Rheinfelsen erstach, und mit Hölderlin, dem sie auf seinen Turm zu rücken drohte. Als die junge Clara in Berlin ohne Noten spielte, fand Bettina das unverantwortlich. Das war zwanzig Jahre her, und inzwischen spielte Clara noch immer meist auswendig, und doch nicht ganz ohne Noten — sie saß darauf. Bettina zu Ehren spielte Joachim mit Clara Schumanns späte *Märchenerzählungen*, und Joachim solo fetzte Paganini-Capricen herunter, Bettina ergriff Claras Hand und sah sie lange an mit ihren dunklen Augen. »Ich schien ihr nicht zu mißfallen, jedenfalls sagte sie mir so«, vermerkt die verdutzte Virtuosin. Robert kannte wohl ihre Phantasien über den wahnsinnigen Hölderlin (1853 im neuaufgelegten »Buch Günderode«): »Die Prinzeß von Homburg hat ihm einen Flügel geschenkt, da hat er die Saiten entzwei geschnitten, aber nicht alle, so daß mehrere Klaves klappen, da phantasiert er drauf. ... ich hab' mehrere Nächte nicht schlafen können vor Sehnsucht hinüber nach Homburg ... ich wollt' schon Gespräche mit ihm führen, die mich tiefer orientieren in dem was meine Seele begehrt, ja gewiß weiß ich, daß die zerbrochnen unbesaiteten Tasten seiner Seele dann wieder anklingen würden.«

Daß sie auch Schumanns Umnachtung anders deuten würde als die Irrenärzte Peters und Richarz, vielleicht angemessener, sogar auch moderner, läßt ihr Hölderlin-Verständnis ahnen, über das ihre Söhne nur den Kopf schütteln konnten:

»Da schreit man die fürchterlichsten Dinge über ihn aus, bloß weil er eine Frau geliebt hat, um den *Hyperion* zu schreiben, die Leute nennen hier lieben: heiraten wollen, aber ein so großer Dichter verklärt sich in seiner Anschauung, er hebt die Welt dahin, wo sie von Rechts wegen stehen sollte, in ewiger dichterischer Fermentation; sonst werden wir nie die Geheimnisse gewahr werden, die für den Geist bereitet sind. Und glauben Sie (hatte ihr angeblich Sinclair anvertraut), daß Hölderlins ganzer Wahnsinn aus einer zu feinen Organisation entstanden, wie der indische Vogel in einer Blume ausgebrütet, so ist seine Seele, und nun ist es die härteste rauhe Kalkwand, die ihn umgibt, wo man ihn mit den Uhus zusammensperrt, wie soll er da wieder gesund werden. Dieses Klavier, wo er die Saiten zerrissen, das ist ein wahrer Seelenabdruck von ihm, ich hab auch den Arzt darauf aufmerksam machen wollen, aber einem Dummen kann man noch weniger begreiflich machen als einem Wahnsinnigen.«

Bettina verfügte selbst über orphische Fähigkeiten. Mit ihrer Gitarre hatte sie eine Spinne verhext: Die kam herbei, wenn sie zupfte, und wenn sie die Saiten anriß, fuhr ein Schauer durch alle ihre »Gliederchen«; »dies kleine Wesen war freudedurchdrungen oder geistdurchdrungen, solange mein Spielen währte.«

Und dann reisten sie alle ab: Bettina, Gisela, Joachim und Brahms. Die Schumanns winkten den Dampfwagen auf dem Bahnsteig nach.

Zwei Klavierwerke bereitete Schumann Anfang 1854 noch für den Druck vor: die *Albumblätter* op. 124 und die *Gesänge der Frühe* op. 133. Kurz zuvor hatte er seine Zeitschriftenaufsätze gesammelt und herausgegeben. Die zwanzig Miniaturen des Albums stammen (bis auf die Wiegenlieder und den Schlußchoral) aus dem Klavierjahrzehnt 1830 bis 1840. Schumanns Suche nach der verlorenen Zeit, eine wunderbar fein abgestimmte Folge liegengebliebener Sätze zu seinen großen Zyklen, dem *Carnaval,* den *Impromptus* und *Papillons, Fantasiestücken* und *Davidsbündlern* und den Beethovenvariationen: *Leides Ahnung* nannte er die Variation, die bis in unsere Zeit die einzige blieb, die aus diesem düsteren und etwas monotonen Werk über Beethovens Allegretto aus der Siebten veröffentlicht wurde.

Sein letztes veröffentlichtes Klavierwerk, das Werk 133, war

188

zunächst der Frau gewidmet, die Hölderlin geliebt hatte, »um den *Hyperion* zu schreiben«, der Frankfurter Kaufmannsgattin Susette Gontard, Diotima. Schumann identifizierte sich wohl selbst mit Bettinas Bild eines »mit den Uhus« zusammengesperrten Genies, für das die Welt »in ewiger dichterischer Fermentation« begriffen sei. Michael Struck vermerkt, daß »die vier wichtigsten kernmotivischen Elemente des Zyklus, mit denen das Eröffnungsstück im Unisono beginnt (d a h e), die einzigen, ›musikalischen‹ Tonbuchstaben der beiden Roman-Hauptgestalten darstellen: Diotima — Hyperion.« Solche Namenscharade entspräche Schumanns buchstabengenauer Tonmalerei, die ihm schon für seine *Abeggvariationen*, die eine »Komtesse« in ein Thema verwandelt, den satirischen Vorschlag eingebracht hat, nächstens auch über »schaf« und »fisch« zu improvisieren. Er hat keinen Hölderlintext vertont, und die Löschung der Widmung »An Diotima« zugunsten »der hohen Dichterin Bettina« läßt vermuten, daß ihm die Gestalt des auf klappernden Tasten phantasierenden Wahnsinnigen durch den Besuch der Arnim-Damen in Erinnerung gerufen wurde. Auch diese Gesänge sind Nachtstücke, sie beschreiben die »Gefühle beim Herannahen des Morgens« — feierlich umspült, die hymnischen »Kernmotive« von Akkordaufwallungen und die monolithische Struktur mit rieselnden Flüsterkaskaden: ein »eigentümlich gehobener, emphatischer oder geradezu enthusiastischer Tonfall, der sich in solch charakteristischer zielbewußter Ausprägung bei Schumann früher kaum findet.«

Und näher der Marschtritt der Phalanx der Philister, der rohen und maliziösen Musikkollegen: Eine Art Jeckyll-and-Hyde-Schrecken jagt Robert ein dienstwilliger Librettist, Richard Pohl, ein, mit dem Schumann seit Jahren ein Luther-Oratorium plante. Plötzlich stellte sich heraus, daß Pohl unter

dem Namen »Hoplit« den Komponisten Schumann meuch-
lings angefallen hatte. Robert, als Theokrit-Übersetzer, war
sich natürlich sofort über die Bedeutung dieses Pseudonyms
klar: Hoplites, das war die eisern gepanzerte Hau- und Stech-
soldateska der griechischen Phalanx. Neuerdings wirkte der
Musikliterat in Weimar, dem Hauptquartier der Liszt/Wag-
ner-»Parthey«. Der stichelnde Philister hatte in einer »Carlsru-
her Broschüre« Schumanns Ästhetik als »einen überwundenen
Standpunkt« abgetan und seine Musik in Bausch und Bogen
als überreflektiert, unobjektiv und lieblos verworfen. Die Zukunft gehöre Wagner und Liszt. Schumann, in dem wohl letzten streitbaren Brief seines Künstlerdaseins, setzt sich zur
Wehr; doch hört man aus der gemessenen Apologie seines
Wirkens die verbissene Wut des tödlich Gekränkten heraus:
»Geistige Schönheit in schönster Form kann ich nie für ›einen
überwundenen Standpunkt‹ halten.« Und Liszts »geniale Lei-
stungen«: »Wo stecken sie, vielleicht in seinem Pulte?« Der
Hoplit versteht den David nicht: »Was Sie für Zukunftsmusiker halten, das halt ich für Gegenwartsmusiker, und was Sie
für Vergangenheitsmusiker halten (Bach, Händel, Beethoven),
das scheinen mir die besten Zukunftsmusiker.« Und wieder
blickt Schumann über die Schulter zurück — er weiß, seine
Schaffenszeit ist abgelaufen. »Sie sprechen von einem Fehlen
von Liebe, die keine Reflexion ersetzen könne. Haben Sie sich
wohl überlegt, was Sie da geschrieben haben? Sie sprechen
von Mangel an Objectivität — haben Sie sich auch das überlegt? Meine vier Symphonien, sind sie eine wie die andere?
oder meine Trios? oder meine Lieder? Überhaupt gibt es zweierlei Arten Schaffen? ein ob- und subjectives? War Beethoven
ein objectiver? Ich will Ihnen sagen: das sind Geheimnisse, denen man nicht mit so elenden Worten beikommen kann.« Und
kaum verdeckt, doch mit einem Anflug von Galgenhumor läßt

Schumann den Mordbuben ahnen, wie weit ihn die Phalanx des Philisteriums aus der Welt gedrängt hat: »Was der Hoplit angerichtet hat – das könnte mich ja bestimmen, die Sachen [seine letzten Kompositionen] zurückzulegen und mein Requiem anzustimmen, das auch noch im Pulte liegt!« Dieses *Requiem* erhielt dann die letzte Opuszahl in Schumanns Lebenswerk.

»Lieber Herr Hoplit! Der Humor ist die Hauptsache und dann, was Sie an meinen Compositionen vermissen, ... Liebe. Diese beiden Hauptsachen will ich anwenden, um über das, was Sie mir angetan, hinwegzukommen.« Schumanns Brief vom 6. Februar 1854 kam erst 1878 ans Licht. Der Herausgeber vermutet wohl zu Recht, daß Schumann trotz aller angestrengten Politesse und Selbstverleugnung über die Kränkung nicht hinwegzukommen vermochte, sie nicht verwinden konnte. Er wollte »auf und davon«. Er sammelte noch Dichterworte über Musik, am 14. Februar z. B. aus Hoffmanns *Kreisleriana*; er komponierte nicht mehr.

»Die Musik schweigt jetzt, wenigstens äußerlich.«

Vier Tage nach dem Brief an Pohl trägt Schumann ins Tagebuch ein: »Abends sehr starke und peinliche Gehöraffection.« Es folgten schlaflose Nächte mit wiederaufgebrochener Musik: »So herrlich mit so wundervoll klingenden Instrumenten, wie man auf der Erde nie hörte!« Das Quälende an diesen audialen Halluzinationen war die Endlosigkeit: War ein Schlußakkord erreicht, klang er in Schumanns Kopf solange weiter, »bis Robert die Gedanken auf ein anderes Stück lenkte«.

»Freitag, den 17. nachts, als wir nicht lange zu Bett waren, stand Robert wieder auf und schrieb ein Thema auf, welches, wie er sagte, ihm die Engel vorsangen.«

Eine wahre Antoniusversuchung schien danach über ihn hereinzubrechen: Dämonen kreischten, Tiger und Hyänen

191

packten ihn, die Folterstimmen klagten ihn an, und eine Höllenfahrt wie in Fausts Volksbuch, wie am Ende von Mozarts *Don Giovanni* schien bevorzustehen. Doch dann erschienen die Engel wieder, und Schumann schrieb am 20. Februar die Variationen über das Geisterthema, die nach schlichten Anfängen und einer transzendierend-schubertschen g-Moll-Minore mit einem von dissonanten Vorhalten wimmelnden Wirbel enden.

Claras Bitte an die Anstaltsärzte, dem Patienten doch die Bibel möglichst lange vorzuenthalten, geht auf ihre Beobachtung zurück, daß »sein Leiden fast durchgängig religiöser Art« sei – ein plötzlich aufbrechendes Schuldbewußtsein, das sich bei der Bibellektüre bis zur Panik steigerte.

Doch auch der Buchhalter war noch in ihm wach: Er traf bereits Nachlaßverfügungen über Geld und Werk, alles in Hast und schweißgebadet. Er legte sich Uhr, Geld, Notenpapier, Federn, Zigarren zurecht – kurz, was ihm das Nötigste schien, wenn er »auf und davon« gegangen wäre – in die »Irrenanstalt«. »Ach, Clara, ich bin Deiner Liebe nicht wert.« Er schrieb die Variationen ins reine; Clara nahm schon bei der blinden Rosalie Leser Zuflucht.

Am 27. Februar regnete es, und Schumann ging auf und davon, »ohne Stiefel, ohne Weste«. Von der Bilkerstraße hatte er es nicht weit zum Rhein, und dort stürzte er sich von der Schiffsbrücke in den reißenden Strom. Zuvor hatte er noch den Trauring ins Wasser geworfen. Clara fand eine Notiz unter seinen Papieren: »Liebe Clara, ich werfe meinen Trauring in den Rhein, tue dasselbe, beide Ringe werden alsdann sich vereinigen.« So spukte noch immer die Hero-und-Leander-Mythe in seinen Phantasien: Hero sprang vom Turm ins Meer, um sich mit dem ertrunkenen Leander zu vereinen: »In der Nacht«.

Neuerdings wurden Zweifel laut, ob Schumann wirklich selbst darauf gedrängt habe, in eine Anstalt eingewiesen zu werden. Clara berichtet, die Hausärzte, Dr. Böger und Dr. Hasenclever, hätten sich nicht anders zu helfen gewußt. Clara vergrub sich ratlos und verstört bei den Damen Leser, die aus Berlin herbeigeeilt waren. Da sie nicht (oder noch nicht) an Roberts Irrsinn glauben mochte, mußte sie sein Verhalten als unverständlich, unheimlich, feindselig und schwächlich empfinden: »Er frug nicht nach mir, nicht nach seinen Kindern.« Da sie selbst bisher immer alle Krisen diszipliniert und tatkräftig überstanden hatte, mag auch etwas wie Verachtung und Ungeduld mit dem »wunderbaren Leiden«, dem hastigen Essen, den weinerlichen Selbstbezichtigungen des sonst so besonnenen und ruhig-stolzen Mannes in ihr aufgekommen sein. Sie war im vierten Monat schwanger, und Verlassenheitsängste kamen sie an: Plötzlich fiel die Verantwortung für Haus, Dienstboten, sechs Kinder, Wochengeld ihr allein zu. Das Photo, das sich Robert aus der Anstalt erbat, zeigt nicht nur eine insichgekehrte, sondern eine insichverlorene, geradezu todtraurige, grüblerisch in ihr Nichtverstehen versunkene, übermüdete junge Frau, die gleichgültig, geistesabwesend die Pose einnimmt, die ihr der Photograph nahelegt. Sie ist in Podiumsrobe — schwarze Samtjacke mit Spitzenkragen, weiter Atlasrock, streng gescheiteltes Haar —, die Aufnahme ist also wohl nicht vor Herbst 1854 entstanden, als Clara Schumann, nach der Geburt ihres letzten Kindes, wieder öffentlich auftrat.

Für Clara war Düsseldorf keine Endstation gewesen; Schüler und Schülerinnen strömten ihr zu. Zu Roberts Verdruß brachte gleich beim ersten Festessen mit den städtischen Honoratioren Kapellmeister Ferdinand Hiller einen Toast auf Clara aus, nicht auf Robert. Wie zuvor hatte sie für Haushalt und Familie immer das Nötige zu organisieren und oft das eigene Lebensprogramm zu opfern — mit den Jahren wurde, entgegen der konventionellen Erwartung, der Drang, ihr Interpreteningenium voll auszuleben und auszunützen, immer zwingender und das Bedürfnis, die familiären Anforderungen entsprechend zu arrangieren, unwiderstehlich. Dabei spielten Geltungsbedürfnis, Ruhm- oder Habsucht kaum eine Rolle. Die vielberufene und oft gleichsam entschuldigend angeführte Notwendigkeit, nach Roberts Hospitalisierung den vielköpfigen Haushalt finanzieren zu müssen, war ein respektables Alibi; doch hätte sie als reiche Rentnerin gewiß nicht weniger Engagements wahrgenommen. Sie wußte, was sie der Musikwelt ihres Jahrhunderts zu geben hatte. Noch waren Klavierabende einzigartige, nicht reproduzierbare, lang erwartete und lang erinnerte Ereignisse, die den Hörern einen oft überwältigenden Zuwachs an Lebensqualität vermittelten; das war ihre Mission, ihre Arbeit und Verpflichtung. Heute genügt es, daß ein Pianist eine gewisse Anzahl technisch perfekter Discs liefert, danach kann er dann Opern dirigieren oder im Sanatorium verschwinden. Glenn Gould hielt den ganzen Konzertbetrieb mit seinem Gescharre und Gehuste für ein veraltetes Ritual und ließ sich nur noch im schalldichten Studio hören. Clara hastete von Stadt zu Stadt, ruhelos, weil sie vermißt worden wäre. Nach Roberts Tod versuchte Brahms oft zu bremsen; er selbst vernachlässigte seine Virtuosenkarriere, trat immer weniger auf und spielte immer schlampiger. Er war Komponist und hätte lieber gesehen, daß auch Clara mehr komponiere; er schätzte ihre Kompositionen und unterschob ihr einmal eigene Incipits zur Vollendung mit der Behauptung, es seien alte Kompositionen, die sie liegen gelassen habe. (Er mußte sie selbst fertigmachen und veröffentlichte sie schließlich als Opus 76.)

Clara hat acht Kinder zur Welt gebracht; wenig dringt in die Tagebücher von ihren Schmerz- und Erschöpfungszuständen. Sie war eine widerstandsfähige, fast drahtig zäh zu nennende junge Frau, die wohl ihren Klagen beredten Ausdruck zu geben verstand, die aber erst im Alter ihre körperlichen Malaisen beschrieb, und auch da nur, soweit sie ihre Musikausübung oder ihr Hörvermögen beeinträchtigten. Schwangerschaft und Mutterschaft erfuhr sie als unabdingbare Begleiterscheinungen der Ehe, nicht als zentrale Erfüllung, wie das die biedermeierlich-bürgerliche Familienideologie voraussetzte. Ein gelungener Duo-Abend mit dem genialen Geiger Joachim befriedigte sie mehr als der nett hingeklimperte »fröhliche Landmann« der kleinen Tochter, des kleinen Sohns. Sie bewunderte Robert, sogar als Dirigenten, wegen seiner mit Energie gepaarten Ruhe und Geduld; sie nahm nicht wahr, daß mehr und mehr diese Ruhe und Geduld in Lethargie, Apathie und eskapistische Entrückung überging, solange nicht der Buchhalter oder Jurist in ihm aufgestachelt wurde. Später suchte sie den beruhigenden Halt, den ihr Roberts jenseitige Ataraxie zu geben vermochte, bei Brahms und bei der blinden Rosalie Leser. Nicht bei ihren Kindern. Denn auch die zunehmend verbitternde Marie, ihre älteste Tochter, ihr Faktotum, wollte und konnte ihr kein ruhender Pol sein.

In Roberts vier letzten Schaffensjahren übernahm sie neben ihren Konzertauftritten und Lehrverpflichtungen einen Gutteil seiner Arbeitslast: Sie war sein Korrepetitor, interpretierte seine schwerverständlichen Direktiven an die Orchestermitglieder, stellte auch gelegentlich pflichtvergessene oder verspätete Musiker zur Rede und identifizierte sich in loyaler Entrüstung mit Roberts Haltung im Streit mit den städtischen Krittlern an des Musikdirektors Kompetenz. In der großen Wohnung in Düsseldorfs Bilkerstraße hatte sie auch endlich

unbeschränkte Übe- und Komponierfreiheit. Hier schrieb sie
die schwermütig-gelösten, laut eigener Erfahrung »knaupelig
zu spielenden« Variationen über das *Bunte-Blätter*-Thema, mit
dem sie am Ende noch (von Brahms angeregt) ihre eigene
frühe *Romanza*-Melodie verwob — eine nostalgisch beschwö-
rende Geste, doch ja nicht diesen Anfang der kreativen Zu-
sammenarbeit von »Zilia« und »Florestan« zu vergessen. Denn
im letzten Jahr vor seinem Zusammenbruch kritisierte Schumann öfter gereizt das Klavierspiel seiner Frau. Immer aber
sprachen sie sich über ihre Divergenzen aus, sie zeigte ihre
Niedergeschlagenheit, er seine Reue. Einmal droht sie, den
Karren hinzuwerfen: »Müßte ich nicht mein Spiel benutzen,
um auch etwas zu verdienen, ich spielte wahrhaftig keinen
Ton mehr öffentlich, denn was hilft mir der Beifall der Leute,
wenn ich ihn nicht befriedigen kann.« Das mußte ihm zu denken geben: Alle loben sie, nur er nicht ...!? Er war seit 1852
nicht gesund; der Maler Laurens bemerkte die unnatürlich er-
weiterten Pupillen. Clara flüsterte ihm zu: »Mein Mann ist
krank.« Im Seebad zu Scheveningen erholte er sich vorüberge-
hend — doch jetzt erlitt Clara eine Fehlgeburt. Robert geriet
ganz außer Fassung. Von da an lobte er auch wieder ihr Klavierspiel.

Clara und Robert Schumanns Kinder, ca. 1855.
Von links: Ludwig (1848—1899), Marie (1841—1929),
Felix (1854—1879), Elise (1843—1928), Ferdinand (1849—1891),
Eugenie (1851—1938), [Julie (1845—1872) fehlt]

Irre die Spielleute nicht

Nach der Einlieferung in die Heilanstalt Endenich bei Bonn wurde Robert Schumann zum psychiatrischen Fall: Von einer Stunde zur andern, seit er im Hinterhof des Hauses in der Bilkerstraße mit Dr. Hasenclever und einem Anstaltswärter den Wagen nach Bonn bestiegen hatte, war der berühmte Komponist und Musikdirektor, der angesehene Bürger und Ehemann einer ebenso berühmten Klaviervirtuosin nur noch ein Patient des Dr. Richarz, ein armer, gefährdeter und potentiell gefährlicher Irrer. Erstaunlich, daß ihn nach der Rettung aus dem eiskalten Wasser und dem Heimgang inmitten jecker Karnevalsmasken nicht eine Lungenentzündung befallen hatte — nicht einmal eine Erkältung wird erwähnt. Doch jetzt, nach achtstündiger Fahrt in der engen Kutsche, wird er ungeduldig und unruhig. Am Bestimmungsort angelangt, wird er ins Bad gesteckt. Die Fallgeschichte ist lückenhaft, und der »Verlaufsbericht« über die ersten Wochen ist — angeblich durch Kriegseinwirkung — verloren gegangen. Der Anstaltsleiter folgt neueren englischen Behandlungsmethoden, die mit möglichst wenig Zwangsmaßnahmen und ohne unsinnige Bestrafungen auskommen. Dennoch wird Fesselung ans Bett und Zwangsjacke erwähnt. Der Patient hatte selbst vor möglichen Tobsuchtsanfällen gewarnt; vielleicht auch kam es bereits in seiner Wohnung zu gewalttätigen Auftritten. In der Anstalt beschimpft und bedroht er öfter seine Wärter. Bevor er sich in sein Los schickt, wehrt er sich auch gegen Klistierspritzen

198

und Zwangsernährung. Er wird Tag und Nacht beobachtet; ein Wärter schläft bei ihm im Zimmer. Oft wird er untersucht, mit Salben behandelt, sein Stuhlgang wird kontrolliert, seine Ausgänge überwacht, seine Aktivitäten und Äußerungen in das Merkmalsprotokoll seiner Fallgeschichte integriert, auch die wiederaufgenommenen Kompositionsversuche: Dr. Richarz interessiert sich für syphilitische Symptome, nicht für symphonische Etüden, so auch der Wärter (und der Biograph, der sich mit dem Wärter identifiziert). Der Krankheitsverlauf kann nicht eindeutig als Spätfolge einer venerischen Infektion diagnostiziert werden; doch lassen sich die meisten Befunde in dieses Krankheitsbild einordnen. Vorstadium einer progressiven Paralyse: Schwindelerscheinungen, Kopfschmerzen, Schlafstörungen, Krämpfe und Lallen; dazu die extreme Pupillenerweiterung, die bereits der Maler Laurens bemerkt hatte, die sogenannte Anisokorie. Nach letalem Ausgang wird der Fall zum anatomischen Objekt: Eine »gelbliche sulzige Masse an der Hirnbasis« fördert der Obduktionsbefund zutage, für moderne Mediziner entspricht dies einem »syphilitischen Gumma«. Der Patient hatte selbst (auch im Tagebuch 1831) eine angeblich mit Arsenik behandelte Peniswunde erwähnt.

Nichts dergleichen natürlich drang unmittelbar nach Schumanns Tod in die Öffentlichkeit; schon das Wort Syphilis war damals, wie noch heute, tabuisiert, zu Diffamierung, Inkriminierung und Sensationalisierung einsetzbar. Dr. Richarz umschrieb die Krankheit seines berühmten Patienten schließlich, ganz ähnlich wie fünfzig Jahre zuvor Dr. Autenrieth Hölderlins Wahnsinn, als »langsam, aber unaufhaltsam sich vollziehenden Verfall der Organisation und der Kräfte des Gesamtnervensystems (in der Form der unvollständigen Paralyse), von welchem die psychische Alienation nur eine Teilerscheinung war.

Abgesehen von einem etwa in seiner ursprünglichen Organisation gelegenen Krankheitskeim, wie ihn wohl jeder Mensch
in sich trägt, hatte dies Leiden, wie immer, seine Ursache in einem durch Überanstrengung herbeigeführten Verbrauch und
Hinschwinden der Substanz der psychisch fungierenden Zen-
tralteile des Nervensystems, mit welchem die Wiederherstel-
lung derselben nicht mehr gleichen Schritt zu halten vermochte. Ein ungemessenes geistiges, zumal künstlerisches
Produzieren muß als die ergiebigste Quelle für diese schreckliche, allen Heilbemühungen trotzende Krankheit betrachtet
werden.«

Eine solche Diagnose war gesellschaftlich vorzeigbar, das
Genie, das sich übernommen hat; ob sie Dr. Richarz auch im
Kreis seiner Kollegen vertreten hat, wissen wir nicht. Solange
Schumann jedenfalls in seiner Obhut war, war er ein psychia-
trischer Fall, ein Irrer, der von seiner Lebensgeschichte, seiner
Familie und seinem Wirkungskreis abgeschnitten und mit seinen täglichen Verrichtungen ein Observierungsobjekt blieb.
Nach der beginnenden Entdämonisierung der Geisteskrank-
heiten machte sich um 1850 außerdem bereits die Tendenz
bemerkbar, psychische Vorgänge als Teilaspekt physischer Organisation zu subsumieren. Die Seele hatte keinen Autono-
mieanspruch mehr, es gab nicht einmal mehr »Besessene«. Ob
nun Syphilis oder Nervenschwäche, irgendein allgegenwärti-
ger »Krankheitskeim« reduzierte auch das Genie zur Materie.

Und wehrte sich Schumann nicht dagegen? Er war ja nicht
wahnsinnig; selbst in der Anstalt *fürchtete* er nur, wahnsinnig
zu werden — immer noch: Am 12. März 1855 berichtet Dr. Richarz: »Angst. Die Sprache sehr behindert ... [er] befürchte
wahnsinnig zu werden. Dabei das Bewußtsein nicht aufgehoben ... Verstand ... alle an ihn gerichteten Fragen und beant-
wortete sie besonnen.«

Schumanns Angst vor dem Wahnsinn war die Angst vor
dem Verlust der Autonomie, aber auch die Angst vor dem
Überhandnehmen unkontrollierbarer Mächte aus einem Bereich, den erst die Psychoanalyse entdämonisierte, den man
aber noch über die Mitte des 19. Jahrhunderts hinaus eher von
den Halluzinationen der Antoniuslegende, den Phantomen
des Schauerromans und der schwarzen Romantik bevölkert
wähnte.

Schumann wußte sich zu wehren — er kannte sich, er hatte
von früh an in alle seine Abgründe geblickt. Die Schwermut
grassierte in seiner Familie, eine Veranlagung, die, wie alle ge-
netischen Blueprints, latent bleiben oder fatal werden kann;
wenn nicht Fatum, so doch Farbe einer Lebensgeschichte, als
solche aber auch »dunkler Mund im Innern« (in Georg Trakls
Prägung), also ein kreatives Potential.

Das (erst vor kurzem wiederentdeckte) Protokoll des An-
staltsarztes vermerkt durchaus detailliert, wenn auch sporadisch, die Versuche Schumanns, die »psychische Alienation«,
die Selbstentfremdung und Selbstvernichtung aufzuhalten
inmitten all der Maßnahmen und Maßregeln des behandelnden und beobachtenden Personals: Er wehrt sich gegen alle
Zwangsmaßnahmen, phantasiert sich in Hölle und Himmel,
wo er wie Dante seine Beatrice sieht, und glaubt, Düsseldorf
sei untergegangen. Er spielt oft lange Klavier, wenn auch »wirr
und wild«, doch was dem Wärter oder Doktor so vorkommt,
sind vielleicht die »neuen musikalischen Gedanken«, die ihn
beschäftigen — er komponiert, das Protokoll erwähnt eine
Fuge, doch wird das nicht das einzige gewesen sein; nur ein
schülerhaft gesetzter Choral hat sich erhalten. Mit Besuchern
— Brahms und Joachim — unterhält er sich angeregt, aber ruhig, und belacht seine eigenen Wahnideen. Seine Briefe sind
freundlich; er besinnt sich auf seine Bedürfnisse: Zigarren, No-

tenpapier, Souvenirs, seine (schön gebundenen) Werke. Er pocht gegenüber dem lästigen Wärter auf seine Bedeutung, beklagt auch, daß ihm die gebührende Anerkennung versagt worden sei, daß er verfolgt werde, daß man ihn vergiften wolle. Als man ihm gar die Bücher und Schreibutensilien wegnimmt, wird er sehr ungehalten, und eines Abends, im Jahr seines Todes, versucht er, Dr. Richarz seine Kompositionen zu erklären, damit der die Symphonien nicht mit Symptomen verwechselt. Noch im letzten Monat seines Lebens schlägt er um sich, als man ihm eine Arznei aufzwingen will, und drei Tage vor seinem Tod erträgt er die ständige nächtliche Gegenwart seines (womöglich schnarchenden) Wärters nicht mehr, reißt ihn vom Sofa, schreit ihn an und beruhigt sich erst, als der Mann murrend das Zimmer verläßt. Unmittelbare Ursache seines Todes war eine Lungenentzündung.

Alle Besucher, die von der ferngehaltenen Clara ausgefragt wurden, berichteten schonend und beruhigend über Roberts Aufenthalt — die hübschen Zimmer, der Park, die Spaziergänge zum Beethovendenkmal in Bonn. Nur Bettina von Arnim nicht. Wenn schon nicht Hölderlin in Bad Homburg oder in seinem Turm, so hatte sie doch wenigstens — zum Leidwesen ihrer Söhne — mit Gisela das andere Wahnsinnsgenie aufgespürt. Sie glaubte an die Unverwüstlichkeit, die Unzerstörbarkeit der Seele — auch wenn ein paar Saiten zerschnitten sind. Und Schumann war dankbar dafür.

Nach ihrer Rückkehr schrieb sie Mitte Mai 1855 an Clara, was man nur als einen Brandbrief bezeichnen kann:

»Durch einen öden Hof und ein ödes Haus ohne Lebenszeichen kamen wir in ein leeres Zimmer ... Hier harrten wir des Arztes, der endlich erschien und eine Weile mit Reden uns aufhielt. Ich drang darauf, Ihren lieben Mann zu sehen, so führte er uns wieder durch öde Gänge in ein zweites Haus, worin es so stille war, daß man eine Maus hätte laufen hören ... Nachdem eine Stunde verflossen war, kam er, ich eilte ihm entgegen, die Freude erglänzte auf seinem Antlitz, uns zu sehen.«

Auch Bettina versteht schwer, was Schumann »nur mit Mühe aussprechen konnte«; doch sie hat Übung mit schwierigen Gesprächspartnern, erstaunlich, was sie alles aus dem Vereinsamten herauslockt: Reminiszenzen seiner Wienaufenthalte, seiner Rußlandreise, seiner letzten musikalischen Entdeckungen (Brahms und Joachim).

»Gerecht und gütig, voll liebendem Feuer für seine Schüler, durch sein Anerkenntnis den Reiz der Begeisterung in ihnen erhaltend, ist er einzig angestrengt, sich selbst zu beherrschen, allein, wie schwer wird ihm dies, wo er von allem, was ihm heilsam und ermunternd sein könnte, geschieden bleibt? Man erkennt deutlich, daß sein überraschendes Übel nur ein nervöser Anfall war, der sich schneller hätte beenden lassen, hätte man ihn besser verstanden oder auch nur geahnt, was sein Inneres berührt; allein dies ist bei Herrn Richarz nicht der Fall, er ist ein Hypochonder ... der eher Schumanns Seelenadel nicht sowohl versteht, als ihn für ein Zeichen seiner Krankheit nimmt.«

Zwar warnt sogar Bettina vor allzu rascher Entlassung des Kranken — »Diese Rückkehr zu den Seinigen, die seine ganze Sehnsucht erfüllt, könnte leicht zu stark auf ihn wirken, da er bisher ohne Teilnahme war« —, doch gab sie gewiß Schumanns sehnlichsten Wunsch weiter, wenn sie auf Befreiung des »Eingekerkerten« drängt. Clara war verstört und ratlos; auch war sie — zeitentsprechend — so daran gewöhnt, bedingungslos (wenn auch nicht bedenkenlos) die Autorität der Wissenschaft, der Ärzte, zu respektieren, daß die Stimme der Prophetin unbeherzigt verhallte. Bettina hatte ja doch frecherweise behauptet, der Arzt sei der Irre, nicht der Anstaltsinsasse. Clara sprach kurz danach selbst mit Dr. Richarz, und alles blieb beim alten. Bettinas anarchische Natur nahm die Perspektive der Antipsychiatrie unserer Tage vorweg: David Cooper in den siebziger Jahren, mit dem Ronald D. Laing zusammengearbeitet hat, geht von der Beobachtung aus, daß die Psychiatrie der letzten hundert Jahre »viel zu sehr nach den entfremdeten Bedürfnissen der Gesellschaft ausgerichtet« war und nicht in Rechnung stellte, daß »Minderheiten« auch dadurch in psychotische Zustände gedrängt werden, indem man ihnen »mangelnde Eignung unterstellt, sie ... von gewissen Stellungen ausschließt etc. und weiter, indem man ihnen die Würde abspricht«.

Was Bettina »sein überraschendes Übel« nennt, würde man heute als Psychose bezeichnen: Schumann litt seit langem an einem Syndrom aus Schuldgefühl und Verfolgungsangst. Am Ende manifestierte sich das eine in dem kafkaesken Wahn, »es sei von der höchsten Behörde befohlen, daß er in der Hölle verbrannt werde: [er] habe zu viel Böses getan«, die andere in dem Argwohn, man wolle ihn vergiften, »das Frühstück sey Gift«.

Clara verstand beides nicht: »Der Gedanke erschüttert mich immer so sehr, daß dieser Mann, der solch eine Verehrung genießt, an Schwermut erkranken konnte und sich einbildet, er sei kein guter Mensch!« Sie meinte, die Bibellektüre sei an allem schuld, und tatsächlich wird schon in frühen Tagebucheinträgen das Sündenbewußtsein von Kirchenbesuch und geistlicher Musik erregt. »Die Musik ist der eigentliche Beichtstuhl unserer Seele; der Mensch fühlt dann so recht zerknirscht wer er ist. Bey Kirchen und erhabenen Musiken gehen auch unsere begangenen Sünden und Irrtümer wie zürnende Genien an unserer Seele vorüber.«

Doch auch der Kampf um ein »reines« Leben, d.h. die Ab-

204

leistung eines eingezogenen Schaffenspensums, dessen Ergeb-
nis vor den Augen des »Engels der Zukunft« bestehen kann, ist
oft von Reueseufzern begleitet, die sich in seiner Studenten-
zeit auf die häufig durchschwoften »attischen Nächte« bezo-
gen. Oft wird die musikalische Phantasie nicht nur als »Faustmantel«, sondern als Deckmantel unerklärter Verbrechen
indiziert — eine frühe Vorahnung der Sublimationsideen, die
erst 1900 in Freuds Traumdeutung auftauchen. Mitte des 19.
Jahrhunderts wurden solche tabubrechenden Ideen entweder
verdrängt oder mit religiösen Beschwichtigungen verbrämt.

Der Verfolgungswahn hatte handfesteren Hintergrund:
Schumann fühlte sich lange verkannt, wurde von Wieck verleumdet und bedroht, beruflich immer wieder enttäuscht — in
Leipzig durch die Übergehung bei der durch Mendelssohns
Weggang entstandenen Vakanz, in Dresden durch die Intrigen
um seine Oper, in Düsseldorf durch die Absprechung seiner
Eignung als Kapellmeister —, und schließlich wurde ihm mehr
und mehr gehässig bedeutet, oft in seiner von ihm selbst begründeten Zeitschrift, daß er passé sei, zum alten Eisen gehöre, ein Vergangenheitsmusiker. Vielleicht bezog er sogar
manchmal Clara in seinen Argwohn ein, er verbrannte Briefe
von ihr in Endenich. Er neidete ihr vielleicht auch ihre unver-
wüstliche Tatkraft und Gesundheit, ihre Jugendlichkeit — sie
war zur Zeit seiner Hospitalisierung erst 35 Jahre alt, eine
schlanke, interessante, leidenschaftsglühende Podiumsattrak-
tion, und dies trotz all der Schwangerschaften und häuslichen
Dramen, die sie immer wieder tapfer durchstand.

Bettina vertraute darauf, daß ein derartiges »Übel« durch
Liebe und verstehende Aufmerksamkeit zu heilen wäre, daß
die edle, gerechte und gütige Grundsubstanz der Seele Robert
Schumanns durch die Psychose nur verdeckt und verdunkelt
sei, daß die Umnachtung durch neue »Gefühle beim Heran-

nahen des Morgens« aufgehellt würde, wie die erhaben-ver-
zückte Klavierhymnik, die er ihr gewidmet hatte. Wahrscheinlich hätte sie weder Hölderlin noch Schumann in einen tragen-
den Lebenszusammenhang rückzuintegrieren vermocht, doch
ist es mutig und achtenswert, daß sie einen Anlauf dazu nahm.
Im Grunde glaubte auch Clara, wie wohl jede loyale Lebensgefährtin, an eine solche Wendung — jedenfalls gab sie noch
lange nicht alle Hoffnung auf.

Wenig bekannt ist, daß Schumanns letzter (an entlegener
Stelle veröffentlichter) Brief an Bettina von Arnim gerichtet
war — sein Dank für ihren Besuch und ein Geschenk, unda-
tiert, wohl Anfang Mai 1855 abgesandt: Schumann schreibt
von seiner Lektüre der *Narrenburg* von Adalbert Stifter, vor allem aber von seiner unabgeschlossenen Anthologie *Dichtergarten*, in der er die Wirkung der Musik als »Himmelssprache«
auf die Dichter aller Zeiten und Sprachen dokumentieren
wollte. Clara sorgte sich, daß er sich mit seinem Sammeleifer
und der gleichzeitigen Wiederbelebung seiner griechischen
und lateinischen Sprachkenntnisse überanstrenge. Schumann
gibt eine lange Namensliste der befragten Dichter und zitiert
aus der Bibel den Sirach-Spruch: »Irre die Spielleute nicht.
Und wenn man Lieder singt, so wasche nicht drein; und spare
deine Weisheit bis auf andere Zeit.« Galant erwähnt er auch
Bettinas Briefwechsel mit Goethe: »Bei Goethe hätte man
nennen können ein herrliches Kind, wenn es dichtet: ›O glaub'
gewiß, daß wahre Musik übermenschlich ist. Der Meister fordert das Unmögliche von den Geistern, die ihm unterworfen
sind und siehe, es ist möglich, sie leisten es.‹ Goethe gibt darauf eine Antwort wie er nur kann.«

Bettina hatte viel Enthusiastisches über die Musik in ihren
— großteils fiktiven — Briefwechsel einkomponiert, angeblich
um Goethes Todesangst und Religionsfeindlichkeit entgegen-

206

zuwirken: Die Musik verleugne den Erdenleib und öffne die
Sinne fürs Überirdische; sie sei das Unendliche im Endlichen,
das Genie in jeder Kunst,»Geist, der seine eigne Seele wärmt,
nährt, trägt, wiedergebärt«,»das Göttliche die Leidenschaft,
die das Menschliche verzehrt, das Element der Liebe.« Schumann wird die Apologie des verminderten Septakkords gou-
tiert haben, den Fanny und Felix Mendelssohn so oft und ex-
pressiv vor ihre Endakkorde setzen: laut Bettina geleitet »die
Sept« in die Geisterwelt,»und wenn sie nicht wär, so würden
alle Töne in der Vorhölle sitzenbleiben ... und nur durch die
Sept wird das erstarrte Reich der Töne erlöst und wird Musik,
ewig bewegter Geist«. Und ganz in Florestanmanier warnt sie
Frau Rat Goethe, daß ihr die Engel »so lang mit dem Fidelbo-
gen um die Ohren schlagen, bis sie einsieht, der Himmel ist
Musik«. Ein alter Schäfer erklärte ihr »bei gewaltigem Abend-
rot«, Musik schütze vor bösen Gedanken und vor Melancholie,
die nur deshalb entstehe,»weil wir uns nach Zukunft sehnen.
In der Musik ahnen wir diese Zukunft, da sie doch nur Geist
sein kann und nichts anderes«. Und in der Symphonie hört
sie das Kollektiv des Menschengeschlechts »als Orchester
sich versammeln, und solche Schlachtsymphonien schlagen,
wo denn die genießende, mitempfindende Welt neu geschaffen, von Kleinlichkeit befreit, eine höhere Befähigung in sich
gewahrt«. Beethovens Klavierspiel faßt dies alles zusammen:
»Sein Stolz fermentierte zugleich mit seinem Genie; in solcher
Aufregung erzeugt sein Geist das Unbegreifliche, und seine
Finger leisten das Unmögliche.«
Nach alldem verwundert es nicht, daß Schumanns Gesicht
freudig aufleuchtet, als er das inzwischen weißhaarige »Kind«,
die »Sibylle« der Goethezeit, in seinem »öden« Korridor ihm
entgegenfliegen sah.
Gegen Ende dieses letzten Briefs erinnert er an Clara:»In

meine Stille sendet mir meine teure Frau immer Freuden durch ihre Briefe und viele Musikwerke ... Erfreuen würde es mich, wenn Sie, Hochverehrte, die *Gesänge der Frühe* von meiner Clara hörten. Sie wird Ihnen auch die Gesänge zusenden.«

Mai 1855 – Schumann weist den Wärter aus dem Zimmer, bedroht ihn mit dem Stuhl, spielt »sehr wild und wirre« auf seinem Tafelklavier (das jetzt unter einer von Clara gestickten Decke verborgen steht). Er bebt und zittert am ganzen Leib und springt nachts oft aus dem Bett. Gefühle beim Herannahen des Morgens ... »Irre die Spielleute nicht.«

Joseph Joachim und Clara Schumann, 1854. (A. v. Menzel)

Er frug nicht nach mir

Natürlich hoffte Clara, daß Robert nach einiger Zeit »genesen« ins Haus in der Bilkerstraße zurückkommen würde — er hatte es selbst versprochen. Vom Sturz in den Rhein und den Begleitumständen seiner Rettung durfte oder wollte sie nichts wissen. »Ich ahnte es damals nur.« Man verheimlichte ihr den Selbstmordversuch bis nach seinem Tod. Sie hatte Angst um ihn — sie hatte auch Angst vor ihm nach den durchwachten Nächten an der Seite eines delirierenden, krampfhaft weinenden, schreienden und tobenden Mannes: »sein Zustand wuchs bis zu einem förmlichen Nervenparoxysmus«. Sie holte ärztliche Hilfe, doch selbst die beiden Doktoren konnten ihn kaum halten. Der Mann, der meist leise sprach, viel lächelte und sich immer milde, höflich und rücksichtsvoll gab, hatte nun Tobsuchtsanfälle und sagte, »er müsse in die Irrenanstalt, da er seiner Sinne nicht mehr mächtig sei und nicht wissen könne, was er in der Nacht am Ende täte.«

In der Nacht. Neuerdings wird Claras Darstellung dieser letzten Nächte als melodramatisch und unglaubwürdig angezweifelt. Es müsse Streit zwischen den beiden vorausgegangen sein, vielleicht ein Eifersuchtsauftritt Roberts, ein Haßausbruch Claras, oder beides. Nicht Robert, sondern Clara habe auf seine Entfernung gedrungen, um endlich frei zu sein für ein neues Leben (mit oder ohne Brahms). Sie habe ihn in den Wahnsinn getrieben. Ein solcher Schumannkrimi verkauft sich gut und wird ebenso rasch zur Makulatur. Es fehlt nicht an bösem Willen, es fehlen aber die Indizien, die lebens- und epochengeschichtlichen Voraussetzungen, die derartige Spekulationen stützen könnten, es fehlt an dokumentarischen Anhaltspunkten, am Willen zur Wahrheit.

»*April.* Ein neuer Monat! wie viele werden noch anbrechen, bevor ich ihn wiedersehe? ach, Gott, erbarme dich meiner, ich fürchte, ich gehe noch unter im Schmerz.«

Zum Schumannkrimi gehört auch die verbreitete Behauptung, Clara habe sich lange überhaupt nicht um Schumanns Verbleib gekümmert. Und doch ist es so, daß ihre Gedanken täglich um ihn kreisen, daß man ihr von allen Seiten über seine Aufnahme, über sein Befinden und über den Ort seiner Verbringung Auskunft gibt. Durch ihre Mutter läßt sie Dr. Richarz bitten, ihr alle 8 Tage über Roberts Zustand Bescheid zu geben — die Zeitabstände im Endenicher Krankenprotokoll sind wesentlich größer und unregelmäßiger. Schon am ersten Abend seiner Abfahrt vermerkt sie, daß Robert »glücklich angelangt, ein paar sehr hübsche Zimmer« erhalten und nach der Achtstundentortur im engen Wagen »ein Bad genommen« habe. Zwei Tage später bringt Dr. Hasenclever eine Blume aus Claras Abschiedsbouquet, das Schumann berochen und zerpflückt hatte — er beschreibt die Aussicht vom Zimmer des Patienten: Siebengebirge und Morgensonne. Wieder zwei Tage später klagt sie über Schlaflosigkeit — »immer sehe und höre ich ihn« — und jetzt erwartet sie gar, daß ihr Roberts früherer Konzertmeister (und künftiger Biograph) Wasielewski »täglich« über Roberts Ergehen Bericht erstattet. Wieder zwei Tage später — endlich — hört sie, daß sein Zustand »im ganzen ruhiger« zu nennen sei. Von da an vergehen immer nur Tage zwischen den Nachrichten, die ihr von Freundesseite aus Endenich zuströmen. Sie selbst wird von Dr. Richarz ferngehalten, und dies ist eine Vorsichtsmaßnahme, die bei dem unberechenbaren Zustand des Kranken nicht anders zu erwarten war und die dem Anstaltspersonal ermöglicht, den Fall Schumann als Observierungsobjekt zu präparieren, ohne daß man ein Ausscheren aus der Versuchsanordnung befürchten müßte.

Clara ist sofort nach Bekanntwerden des Unglücks von Freunden umgeben: Brahms sorgt für Haushalt und Kinder, Joachim kommt, um durch Musik abzulenken, die Mutter steht ihr zur Seite, als sie Roberts Zimmer am Abfahrtstag erstmals wieder betritt, die Familie Mendelssohn bietet diskret finanzielle Hilfe an. »Die Leute drangen alle so sehr in mich, ich müsse spazieren gehn, die Sonne schien so herrlich! immer dachte ich, ob er sie wohl auch sieht, ob er dann gar nicht an mich dächte? ich meinte immer, er müsse mich fühlen! viel geweint habe ich ...«

Nur einen Vorwurf macht sie dem fernen Kranken, fast kindisch in dieser Situation, als sei sie es, die abstürzt und sich an ihn klammern muß, als wolle sie ihn beschwören, in sein altes Ich zurückzukehren: »Er frug nicht nach mir, nicht nach seinen Kindern«. Verlassenheitsangst, die Sorge der alleinstehenden Mutter, Existenzangst. Sie spielt mit Freunden aus Roberts *Faustszenen*: »der Mann, der das geschaffen, war ja mein und jetzt mir so furchtbar entrissen.« Drei oder vier Monate vielleicht wird man ihn dort behalten — und dann: »eine Erholungsreise« — so tröstet sie sich. Schließlich pflückt er schon Veilchen im Anstaltsgarten, fast ein Spitzwegidyll. Auch sie schickt ihm ein Bouquet. Aber: »Nach meinen Blumen hat er gar nicht gefragt.« Hoffnung und Angst.

Schon am 16. März schenkt ihr der junge Brahms ein Album »zur Aufbewahrung von Blumen für meinen lieben Robert«, ein damals übliches Geschenk für eine empfindsame Dame. Als sie ihre Konzerttätigkeit im Herbst wieder aufgenommen hatte, steckte sie nach jedem Auftritt Blumen, Blät-

ter, kleine Gebinde, mit Bändern und Schleifen garniert, in die
Seiten ein, schrieb Datum und Ort dazu. Oft waren es Feldblu-
men, das Grün noch nicht erloschen, die Blüten silbrig weiß,
oder Abzweigungen aus den Bouquets, die ihr nach Konzerten
überreicht wurden; die Stationen ihrer Konzerte lassen sich
daran ablesen: Weimar, Frankfurt, Hamburg, Bremen, Berlin,
Danzig, Greifswald, Stralsund, Rügen, London, Manchester,
Weidenkätzchen von Beethovens Grab in Wien, wo Schumann fünfzehn Jahre zuvor eine Stahlfeder gefunden hatte,
mit der er seinen berühmten Artikel über Schuberts *Große
C-Dur-Symphonie* schrieb, »deutsche Waldblumen« aus England, wo sie 1856 erstmals konzertiert hatte, am 26. Juli eine
noch immer düster rot leuchtende Blume, die an Hebbels Gedicht von der »Verrufenen Stelle« erinnert — drei Tage vor
Schumanns Tod — und aus Endenich selbst drei gekreuzte
Farnwedel, am Tag, da sie Schumann wiedersah: »den 28. Juli
56 in Endenich gepflückte Schmerzensblumen...«. Am 29. Juli
starb Robert Schumann um vier Uhr nachmittags. Das ihm zugedachte Blumenbuch hat er nicht mehr gesehen. Zuletzt sind
noch ein paar Lorbeerblätter »aus dem Kranze, von Johannes
getragen und auf den Sarg gelegt«, eingepreßt. »Mit freudigem
Mute begann ich dies Buch. Ihn sollten einst diese Blumen als
kleine Liebeszeichen erfreuen! Ich beschließe es jetzt mit diesen Blättern — begrub damit meine schönsten Hoffnungen.«

Das »Blumenbuch für Robert in der Krankheit vom März
1854 bis Juli 1856 angelegt von seiner Clara« ist im Schumannhaus in Zwickau unveröffentlicht aufbewahrt.

Hat er gar nicht nach ihr gefragt? Die Frage ist falsch gestellt: Die Ärzte hatten beschlossen, den Patienten zu isolie-
ren, um den Krankheitsverlauf frei von Umwelteinflüssen, von
extern erregten Gemütsbewegungen studieren zu können —
ein kleines Fenster zum Gang erlaubte ständige Überwa-

chung, wie in einer Gefängniszelle, auch wenn Schumann den Wärter hinausgeprügelt hatte. Wie auch heute noch üblich, sah man darauf, daß der Verwirrte erst einmal ruhiggestellt wurde, auch im Interesse des Pflegepersonals, das nicht dauernd alarmiert werden will. Claras Briefe wurden anfangs, gelegentlich auch später noch, nicht weitergeleitet. Natürlich wären auch seine Fragen nach Frau und Kindern zunächst nicht nach außen gedrungen. Dem Anstaltsprotokoll läßt sich entnehmen, daß er in den ersten Monaten wähnte, Clara sei »im Paradies«. Kurz vor seinem vierundvierzigsten Geburtstag ließ der Arzt die ihm nicht weiter bekannte Musikergattin wissen, der Patient fange an, sich an seine Vergangenheit zu erinnern. An Schumanns Geburtstag stellt Clara Blumen auf den leeren Schreibtisch. Brahms brachte ungarische Tänze: »Ich sprach ihn nicht, ich möchte niemand heute sprechen.« Drei Tage später setzten die Wehen ein, es war eine besonders schwere Geburt. Der Knabe wurde Felix genannt, zu Mendelssohns Gedenken; doch wurden Taufe und auch die Bestätigung der Namensgebung auf den, wie Clara meinte, nicht mehr fernen Tag der Heimkehr Roberts verschoben. Am 21. Juli kam ein Blumenstrauß aus Endenich, ohne Brief. Die Ärzte klagten jetzt über Schumanns Schweigsamkeit, er hielt sich meist ein Taschentuch vor den Mund. Man erlaubte ihm Spaziergänge, und er besuchte den botanischen Garten und das naturhistorische Museum in Poppelsdorf; ein Wärter war bei ihm, mehr oder weniger diskret. Brahms kam und brachte Zigarren. Er warnte Clara vor den Endenicher Ärzten: »Die Herren Ärzte kennen Sie beide nicht ... Mir schwirrte es im Kopf, was ich dem Arzt sagen, erzählen und fragen wollte. Als ich ihm ins kalte Gesicht sah, kam kein Wort über meine Zunge.«

Noch im Juli 1854 bittet Clara den Anstaltsarzt Dr. Peters

CLARA SCHUMANN IN DÜSSELDORF

»inständig«, sie sofort wissen zu lassen, »sobald es zulässig, daß
ich ihm einmal schreibe, ... und sobald ein Besuch ohne Nach-
teil für ihn stattfinden kann.«

Dann, am 13. September, dem Hochzeitstag, erlauben die
Ärzte einen Brief, und Robert antwortet sofort. Clara tanzt
beim Empfang der Nachricht im Zimmer herum, daß Brahms
Hören und Sehen vergeht. Die Briefe — »mild und herzlich« —
halten in schlichter und klarer Diktion am Traum vom erfüllten, gelungenen und aufgezeichneten Leben fest. Der Ton ist
wehmütig, nostalgisch, abschiednehmend: »O könnte ich
Euch noch einmal sehen und sprechen, aber der Weg ist doch
zu weit ... hast Du noch alle an Dich von mir geschriebenen
Briefe und Liebeszeilen, die ich Dir von Wien und Paris
schickte? ... wie gern möchte ich Dein wunderbares Spiel einmal hören. War es ein Traum, daß wir im vorigen Winter in
Holland waren?« Er erinnert an alle »vergangenen seligen Zeiten«, an musikalische Triumphe, bittet auch um Geld, Zigarren, Noten, Tagebücher, spricht aber mit keinem Wort von der
Hoffnung auf Zukunft, Heimkehr, Wiedersehen. Er erbittet
sich Rietschels Doppelportrait und erhält wahrscheinlich
dann das Foto einer schwermutgezeichneten Clara. Er
schreibt wohl von seinen Spaziergängen — die Orgel ertönt in
der Münsterkirche, als er vor Beethovens Denkmal steht —
aber nichts von seinem Anstaltsalltag — außer vielleicht in einem Brief Anfang Mai 1855, als ihn Bettina aufgestört hatte:
»die folgenden Tage waren sehr unruhige; Du erfährst aus
meinem Brief, den Du bis übermorgen erhältst mehr. Es wehet
ein Schatten darin«. Aber Clara erhält diesen Brief nicht; er
wurde vermutlich von der Anstaltsleitung, die immer mitlas,
unterschlagen. So blieb die Ankündigung in der Luft hängen.
Schumann wartete auf Antwort, womöglich verzweifelt: Das
Krankenprotokoll vermerkt für den 8. und 19. Mai Aufgeregt-

heit und lebhaftes »Faseln«, krampfhaftes Gliederzittern und nächtliches Aus-dem-Bett-Springen.

Schumanns Befinden verschlechterte sich, und die Ankündigung des einen Briefes, in dem er vielleicht seine Krankenzimmerexistenz reflektiert hatte, blieb seine letzte Nachricht an Clara in Düsseldorf, das nun wirklich für ihn untergegangen war. Nicht lange zuvor, am 1. März, klagt Clara in ihrem Tagebuch: »Immer spricht er von der Vergangenheit, warum nie von der Zukunft. Hofft er nicht? Wie betrübt mich das!« Noch einmal die leicht verächtliche Gereiztheit der tatendurstigen Frau, die den einmal tatkräftigen und produktiven Lebensgefährten aufrütteln möchte, daß er sich hoch- und zusammenreiße — auch um ihrer gemeinsamen »seligen« Zeiten willen, von denen sie wünscht, daß sie wiederkehren.

»Weißt Du noch«, erinnert er sie, »wie in der Schweiz zum erstenmal die Alpen in aller Pracht sich zeigten, der Kutscher in etwas scharfen Trab geriet und Du etwas ängstlich wurdest?«

Wie ruhig, besonnen und unerschrocken er immer war in Krisensituationen; eine Schulter, an die man sich lehnen, und bei dem man die Geängstigte spielen konnte ... Das war vorbei. Und die fünfzig Reichstaler, die der Anstaltsaufenthalt monatlich kostete, gingen weit über Claras Budget hinaus: »Ich suche meine Pflichten zu erfüllen, mein Unglück zu tragen, so gut ich es kann, aber nicht durch Beten und Lesen heiliger Bücher, sondern durch Tätigkeit und das Wirken für andre! Darin finde ich die Kraft und den Mut, noch zu leben, überhaupt.« Sie mußte wieder verdienen.

Vielleicht dramatisierte und überhöhte sie die Unruhe der gebremsten Künstlerin ein wenig; doch ist bezeugt, daß sie nach der durchlittenen Zeit des Harrens und Bangens in der Öffentlichkeit anders auftrat. Liszt hat das später etwas iro-

nisch als Verwandlung der heiteren Spielgefährtin der Musen
in eine Hohepriesterin am Altar der Kunst belächelt. (Sie hat
es ihm heimgezahlt.) Sie hatte nie Faxen gemacht am Klavier,
auch fiel schon früher ein Zug zur Melancholie auf, doch be-
tonte jetzt die Aura von »Pflicht« und »Unglück« den Ernst ihrer Selbstversunkenheit. Lebensmut gab ihr von nun an das
Reisen von einer Stadt in die andere, von einer Nacht in die
andere, die Vorbereitung, die Konzentration und die besessene
Darbietung ihrer Stücke.

Für Robert waren die Stationen ihrer Konzertreisen im Blu-
menalbum aufgereiht; und statt der Bibel hätte sie ihm lieber
ihre gesammelten Programme geschickt.

Dazu kam es nicht mehr. Auf ihrer ersten Englandtournee
erreichte sie die Benachrichtigung, daß es mit Robert zu Ende
gehe. »Abends im Bett befällt mich ein solcher Weinkrampf,
daß ich vergehen zu müssen meine. Richarz schreibt mir ganz
offen, daß er unrettbar verloren ist.«

Obgleich man sie noch immer davon abhalten möchte, besteht sie jetzt darauf, ihren Mann zu sehen. Sie erkennt ihn
kaum wieder. »Er schlang mit großer Anstrengung, denn er
konnte seine Glieder nicht mehr regieren, seinen Arm um
mich.« Er lallte, und sie meinte, er rede »viel immer mit den
Geistern«; er ließ sich von ihr füttern, »den Wein schlürfte er
von meinem Finger«. Als er tags darauf starb, war aber niemand bei ihm.

»Ach, hätte er mich mit sich genommen«, schreibt sie in ihr
Tagebuch.

Clara Schumann, Düsseldorf 1854. (F. Hanfstaengl)

Johannes Brahms, 1853. (J.-J.-B. Laurens)

Am Morgen die Fackeln verraucht

Clara trauerte um den Geliebten, den genialen Kollegen mit immer neuen Ideen, den milden Ratgeber in der Hauswirtschaft, den Reisebegleiter und Gesprächspartner in der »Dämmerstunde« oder beim Sonntagsfrühstück. In vielem konnte oder wollte sie ihm nicht folgen, und zunehmend verstörte und erschreckte sie die Nachtseite seines Wesens: die mystischen Schwärmereien von Engeln und Geistern, die asoziale Aversion gegen gesellschaftliche Verbindlichkeiten, die Obsession mit Schuld und Sühne, Mord und Verrat, die steigende Angst vor der eigenen Unberechenbarkeit und latenten Gewalttätigkeit, die patriarchalische Rücksichtslosigkeit und die träumerisch-distanzierte Kinderliebe. Sie selbst war Agnostikerin. Das war ein Zug ihres Wesens, mit dem sie, den Konventionen der Zeit entsprechend, hinterm Berg hielt. Doch einmal bekennt sie dem Freund und Geiger Joseph Joachim anläßlich des Schumannfestes, das er geleitet hatte, ihre geradezu existentialistische Irreligiosität. Sie schenkt ihm das Autograph von Schumanns *Nachtlied* (auf den Text von Hebbel); sie hatte unter Joachims Stabführung Schumanns Klavierkonzert gespielt und war durch einen gewaltigen Beifallssturm gefeiert, mit 150 Blumenbouquets überschüttet worden. Sie schrieb: »ich hätte laut aufweinen mögen, daß all die Liebe und Verehrung für ihn ... auf mich herabflutete, während er draußen auf dem Kirchhof ruhte! wie schwer ist es, in solchen Augenblicken nicht den Trost des Glaubens zu haben!«

Ihre Schwermut war mit geradezu rigoroser Vernunft und Todesverachtung gepaart, einer skeptischen, zuweilen auch sarkastischen Hinnahme von Schicksalsschlägen und Leiden aller Art, keine »wunderbaren Leiden«, vom Engel der Zukunft gemildert. Auch sie litt unter Gehörstörungen, doch ihr war es nur »Quart-Sextengetöse«, keine Himmelsmusik. George Eliot, die große englische Romanschriftstellerin, hörte Clara Schumann in Weimar — eine Station auf der ersten Konzertreise nach Schumanns Hospitalisierung: »a melancholy, interesting creature«: »ein melancholisches, interessantes Geschöpf; ihr Gatte wurde vor einem Jahr verrückt, und sie hat acht Kinder zu versorgen« (es waren sieben!). So sah sie ihre Umwelt: Eine von Sorge um die Familie gezeichnete und umgetriebene Frau, die Klavier spielen muß, um mit ihren verwaisten Kindern zu überleben. So sah sie sich manchmal selbst. Todesmut konnte aber in Lebensüberdruß umschlagen, wenn diese Motivation die einzige zu bleiben und die Leidenschaft der Künstlerin in den Leerlauf der Routine einzumünden drohte.

Brahms ermahnt sie ein Jahr nach Roberts Tod: »Du mußt ernstlich danach trachten und dafür sorgen, daß Deine trübe Stimmung nicht alles Maß überschreite ... Das Leben ist kostbar ... Rede Dir nicht ein, daß Dir das Leben wenig wert sei ... Leidenschaften gehören nicht zum Menschen als etwas Natürliches. Bei wem sie das Maß überschreiten, der muß sich als Kranken betrachten ...«

Brahms, der Clara wie kein anderer kannte, sah einen Zusammenhang in ihrem Wesen zwischen Gefühlsintensität, die ihr Spiel bei aller Klarheit und Perfektion durchglühte, und ihrer Schwermut, die sich mit der gleichen Eindringlichkeit zur Obsession steigern konnte.

Aus Amsterdam schrieb sie zwei Jahre später an ihn: »Ich

möchte Dir Interessantes von mir mitteilen können, doch
kennst Du ja mein Leben, von außen mag es wohl manchen
ein glückliches erscheinen, innen aber ist's unsäglich traurig
oft. — Ehren habe ich genug hier genossen, in Utrecht Fackelzug und Ständchen von den Studenten mit bengalischem
Feuer — ich erschien dann im Halbdunkel am Fenster, da gab's
Hurrahs, es wollte des Schreiens kein Ende nehmen, Begeisterung von der einen, Rührung von der anderen Seite — das war
schön! Nun am Morgen waren die Fackeln verraucht, wohl
auch die Rührung — wofür all den Aufwand an Gefühlen?!
recht ein Abbild des ganzen Lebens.«

Doch dann am gleichen Tag im Tagebuch:
»Wie unsäglich unglücklich würde es mich machen, nicht
mehr in voller Kraft künstlerisch wirken zu können. Darum
nur ja nicht alt werden! Nur Einer, um dessetwillen ich alt zu
werden hätte wünschen können ... Doch er lebt ja nicht mehr!
Die Leute sagen mir so oft, ich hätte ja meine Kinder! Das ist
wahr, und ich fühle gewiß so stark, als irgend eine Mutter, das
Band, das mich für jetzt an die Erde fesselt, aber nur so lange
bis sie erzogen, ohne mich in der Welt bestehen können, denn
alsdann geht Jedes seinen Weg, und ich stehe im Alter allein!«

Es kam anders, aber Claras Perspektive blieb sich gleich:
Ihre Kunst, die Musik, war die Konstante und Passion ihres
Lebens, Mann und Kinder, die Sorge und Pflicht vieler Jahre,
lassen sie früher oder später allein. Ihrem Publikum gegenüber
war sie ähnlich skeptisch eingestellt: Man mußte es erziehen,
an gute musikalische Kost gewöhnen, im Interesse des Glücks
und Wohlverhaltens der Gesellschaft; doch zur eigentlichen
Ausübung ihrer Kunst brauchte sie einsame Konzentration —
Selbstversunkenheit. Das sprach mit seltener Einfühlung der
Kritiker Leopold Alexander Zellner aus, als sie wenige Monate
nach Schumanns Tod in Wien gespielt hatte:

»Das Spiel dieser Künstlerin, obgleich es auf Grundlage einer alles bewältigenden Technik ruht, erscheint im ersten Augenblicke nichts weniger als bestechend. Doch schon nach wenigen Akkorden beginnen die Gluten heiliger Begeisterung zu erwachen, auf uns überzuströmen ... Sie fordert uns nicht auf, ihr zu folgen, denn wir sind für sie eigentlich gar nicht vorhanden. Sobald sie die ersten Töne berührt, lebt sie nur dem Cultus ihrer Kunst. Ihr Blick versenkt sich in die Tasten ... Umgeben von Tausenden ist sie dennoch allein ...«

So erlebten sie auch ihre Kinder: eine ferne, meist unerreichbare, kritische Instanz, die ihre Söhne mahnte und ihre Töchter manipulierte, dabei insgeheim immer wieder im Tagebuch die »Vernunft« gegen das »Herz« ausspielen mußte, was die Schwermut vertiefte. Wie ihr Vater sah auch sie ihre elterliche Aufgabe vor allem darin, den Kindern eine anständige, ja auch standesgemäße Bildungs- und Ausbildungsmöglichkeit zu verschaffen, um sich im Leben zurechtzufinden und dem Namen Schumann keine Unehre zu machen. Sie strahlte Wärme, Güte und Verständnis aus, und das Wohlergehen und Weiterkommen der sieben ungleichen Temperamente lag ihr am Herzen (soweit es die Vernunft zuließ); doch stand ein Konzert an, waren ihre Kräfte und ihre Konzentration gebunden, und da drangen in ihre Werkversunkenheit gelegentlich auch Hiobsbotschaften von dem einen oder andern der Sieben nicht mehr durch.

Marie und Elise, die Erstlinge, waren, zusammen mit der jüngsten Tochter Eugenie, gesund, langlebig und lebenstüchtig: Marie erbte den bitteren, sarkastischen Grundton des mütterlichen Gemüts, blieb unverheiratet und an Claras Seite als Stütze im Haushalt, später auch als Assistentin im Lehrbetrieb; was die Mutter im Programm hatte — »Tätigsein für andere« — das blieb meist der Ausführung durch den Liebling der Eltern vorbehalten. Robert, der sein berühmtes »Wiegenlied« (aus den *Albumblättern*) für sie schrieb, nahm sie seufzend auf Spaziergänge mit, wenn die Gattin indisponiert war, erzählte ihr die Verdammungs- und Erlösungsgeschichten, die in ihm Klänge weckten — *Des Sängers Fluch* und die Geschichte der Peri — und schlug sie auch einmal, so daß sie mit einem geschwollenen Auge zum Arzt mußte (Clara nahm dort die Schuld auf sich); sie war es, die Robert »dreimal weinen« sah: am Bettchen des kleinen Emil, der eineinvierteljährig verstarb, in ihrem eigenen Bett, als sie krank wurde, und eines Morgens, als die Mutter nach einer Fehlgeburt »wie tot« im Bett lag. Nach dem Tod des Vaters paßte sie auf die im Haus verbliebenen Geschwister auf, begleitete Clara auf vielen Konzertreisen, besuchte die schwindsüchtige Schwester Julie in Divonne, kümmerte sich um die Brüder: Sie besuchte den geisteskranken Ludwig in Colditz, den opiumsüchtigen Kriegsinvaliden Ferdinand in der Entziehungsanstalt, sie pflegte auch den moribunden Felix in Baden-Baden und rief die Mutter nicht, als der Todeskampf einsetzte. Wie bei allen Schumannkindern gehörte eine solide Musikerziehung zu ihrer Grundausstattung — sie war eine fähige Pianistin und Musiklehrerin, verzichtete aber auf eine eigene Karriere; ohne dieses Opfer hätte Clara kaum ihre internationale Virtuosenlaufbahn verfolgen können. Ihr vertraute die Mutter ihre Tagebücher an, die noch immer unveröffentlicht sind.

Elise dagegen rebellierte früh gegen jeden Domestizierungsversuch, verließ kaum zwanzigjährig das Elternhaus und arbeitete als Musiklehrerin und Gouvernante in verschiedenen Privathaushalten, bis sie, schon dreiunddreißig, heiratete und nach Amerika ging. Später kehrte die Familie mit drei Kindern zurück, ließ sich in Claras Nähe bei Frankfurt nieder. Eugenie hatte (bisher noch ungewürdigt) schriftstellerisches

Talent wie Clara — und natürlich Robert: Sie schrieb noch
als Achtzigjährige ein lebendiges und kluges *Lebensbild*, das
sich gegen die morbide Verzerrung der Vatergestalt zur Wehr
setzte, besonders gegen »Unverstand, Irrtümer und Miß-
gunst«, die sie in der ersten Schumannbiographie des Konzert-
meisters Wasielewski zu entdecken meinte. Schon Clara hatte
dem vorschnellen Eifer dieses Musik-Literaten mißtraut, der
schon wenige Wochen nach Schumanns Tod ihre Genehmigung zu einer Biographie des Meisters einholen wollte. Sie
schrieb ihm ab und ließ ihn interessanterweise zugleich wissen, daß sie selbst »in späteren Jahren« eine Biographie zu
schreiben gedächte — leider hat sie das nicht wahrgemacht.
Eugenie war es auch, die noch ein Jahr vor ihrem Tod, 1937,
versuchte, die Veröffentlichung und Erstaufführung des Schumannschen Violinkonzerts zu verhindern — Clara und Joachim hatten es als Wahnsinnswerk verworfen. Eugenie hätte
wohl auch nicht die Motive der Nazimusikfunktionäre gebil-
ligt, die das Werk als arischen Ersatz des einst so populären,
plötzlich aber unerwünschten Mendelssohnkonzerts hochju-
beln wollten.

Die graziöseste Gestalt unter den Töchtern war die elfen-
hafte Julie, die ganz romantisch einen italienischen Grafen
heiratete und auf einem Schloß residierte — sehr zum Kummer der Mutter, die allen Aristokraten mißtraute und nicht
italienisch sprach. Julie starb, schwanger mit ihrem dritten
Kind, im Alter von siebenundzwanzig Jahren an der Schwind-
sucht.

Die drei Knaben waren allesamt tragische Existenzen: Ludwig fand sich im Leben nicht zurecht, scheiterte als Buchhändler, als Musiker (obgleich ihn die Mutter, wie sonst keins ihrer
Kinder, eine Zeitlang selbst unterrichtete); er endete sein Leben in der Feste Colditz, die damals als Irrenasyl (im Zweiten

Weltkrieg als Gefangenenlager) eingerichtet war. Auch Felix, Claras Jüngster, konnte seine Begabung nicht entfalten. Er starb, fünfundzwanzigjährig, qualvoll in Maries Armen an Tuberkulose. Brahms vertonte einige seiner Gedichte; das Gerücht, Felix sei sein Sohn, hat ihn nicht erreicht — es blieb allerdings auch nicht »in der Familie«, in der es entstanden war, der Familie des Ferdinand Schumann. Ferdinand war zunächst kein Sorgenkind; er war von den Söhnen der »Vernünftigste«, Bankbeamter mit Beförderungsaussichten. Im deutsch-französischen Krieg wurde er eingezogen, holte sich eine Gelenkkrankheit, betäubte seine Schmerzen mit Morphium, wurde süchtig und schleppte sich in den letzten Lebensjahren an Krücken dahin. Er starb mit zweiundvierzig Jahren und hinterließ eine Frau und sechs Kinder. Eines dieser Kinder, Alfred, verzieh es der Großmutter Clara nicht, daß sie seine eigene Mutter nicht ausstehen konnte. Clara unterstützte die Familie nach Ferdinands Tod und nahm einen Enkel zu sich, Ferdinand, der ihr in ihren letzten Tagen noch Roberts Fis-Dur-Romanze spielte; doch zu der Frau hatte sie kein Zutrauen. Alfred rächte sich mit dem Gerücht, das auch heute noch begierig wachgehalten wird: Brahms hätte demnach am 30. September 1853, bei seinem ersten schüchternen Besuch im Hause Schumann, gleich stracks zu raschem Ehebruch ins Schlafzimmer vordringen müssen — auch dann noch wäre Felix (am 11. Juni 1854) drei Wochen zu früh auf die Welt gekommen. Die faktische Unstimmigkeit und kontextuelle Unsinnigkeit dieser »abenteuerlichen Erfindung« schreckt natürlich effektsichere Kolporteure nicht ab.

Brahms traute sich erst nach energischem Zureden der Freunde (vor allem Joachims), in der Bilkerstraße anzuklopfen — in Hamburg hatte Schumann ein Paket mit den Kompositionen des unbekannten jungen Manns ungeöffnet zurückge-

hen lassen. Auch jetzt schien der verehrte Meister geistesabwesend; das änderte sich schlagartig nach den ersten Takten
der C-Dur-Sonate, dem Opus 1 des Barpianisten aus dem Pro-
letariermilieu. Schumann rief seine Frau hinzu, und die beiden
lauschten gebannt: Symphonisches Pathos in »meisterhafter
Form« — und es war Clara, die im Klaviersatz das Orchestrale
heraushörte, noch bevor Robert seinen prophetischen Aufsatz
»Neue Bahnen« skizziert hatte. Clara war aber auch von der
Physiognomie, der »wunderbaren Erscheinung« des jungen
Komponisten fasziniert: »Es ist wirklich rührend, wenn man
diesen Menschen am Klavier sieht mit seinem interessant ju-
gendlichen Gesicht, das sich beim Spielen ganz verklärt.« In
späteren Jahren schien Brahms vorzeitig zu altern, und der se-
raphische Jüngling war zum grämlich-winterlichen Rausche-
bart mutiert.

»Das ist der, der kommen mußte«, schrieb Robert dankbar
an Joachim: Brahms, der musikalische Messias. Auch später,
als Brahms den kranken Freund in Endenich besuchte, war
das Verhältnis zwischen Meister und Jünger ungetrübt. Sie
spielten vierhändig auf dem Anstaltsklavier, und Robert be-
dankte sich für die Dienste des getreuen Johannes im Düsseldorfer Künstlerhaushalt.

Denn Brahms war sofort nach Schumanns Hospitalisierung
hinzugeeilt und diente fortan zwei Jahre lang als Hausmann
und Ersatzvater in Claras Wohnung. Für ihn war das ein un-
erhörtes Bildungserlebnis: Roberts Bibliothek, die kultivierte
Atmosphäre, die Instrumente, die Gespräche, die Gäste, das
bürgerliche Mobiliar. Clara schenkte ihm zu Weihnachten
1854 eine zwölfbändige Jean-Paul-Ausgabe. Er bewunderte ihr
Spiel, er liebte die Spielerin. Er tollte mit den Kindern herum,
führte Roberts Haushaltsbuch weiter und beruhigte die ver-
ängstigte Familie bei einem schrecklichen Gewitter, dasselbe

Gewitter, das Robert fürchten ließ, Düsseldorf sei untergegangen.

Clara teilte Roberts Begeisterung für den genialen Musiker, der unversehens, trotz Maulfaulheit und mangelnder Manieren, zum Hausfreund wurde: gern gesehen vor allem von den Kindern, mit denen er die Treppengeländer abrutschte, denen er später auch zu Mamas Geburtstag das eine oder andere Klavierstück einstudierte. Sie bewunderte seinen Klavierstil, sie entflammte für den interessanten Jungen, als der er ihr erschien, sie war vierzehn Jahre älter, und doch, wie die Fotos jener Jahre zeigen, keine Matrone, sondern eher eine etwas herbe, streng gescheitelte, mädchenhafte Madonna, als die sie auch in der Raphaelischen Mode der Maler Carl Ferdinand Sohn, der Lehrer Anselm Feuerbachs, 1853 malte. Ein Bild, das Robert ausnehmend gefiel. Sie hatte außerdem, anders als der schwerfällige Brahms, ein unverstellt leidenschaftliches Temperament, die vielgerühmte unaffektierte Klarheit ihres Spiels entsprang ihrer direkten, wenn auch disziplinierten Wesensart. Freundschaften in Spätromantik und Biedermeier nahmen leicht überschwengliche, schwärmerische Formen an, auch die Freundschaft zwischen Männern, und Künstlerfreundschaften um so mehr. Man erwartete vom Freund, von der Freundin Glücks- und Erkenntnisgewinn, Erhebung und Entrückung, was Tafelfreuden, Champagner, Kuß und Umarmung nicht ausschloß.

Clara kam es zunächst wohl kaum in den Sinn, daß ihre zunehmende Anhänglichkeit und Abhängigkeit von der Gegenwart des neuen Freundes, des Johannes, mit dem sie sich schon bald duzte, wie Verrat am fern Eingesperrten aussah: Sie teilte ja nur die Gefühle ihres Mannes, und es war genug Raum in ihrem Herzen für mehrere starke Sympathien. Vielleicht kamen die Bedenken erst, als die blinde Freundin, Rosa-

lie Leser, der sie wie keinem Menschen sonst vertraute, sie zur
Rede stellte und sie auf die Unschicklichkeit einer so innigen
Lebensgemeinschaft mit einem so jungen Mann hinwies. Re-
dete da nicht eine Blinde von der Farbe?

Clara wußte selbst besser als Robert mit seiner Höllenangst
und Gewissensunruhe, was sie tun und lassen durfte und was
nicht. In Liebesdinge ließ sie sich nicht hineinreden. Sie war
selten allein mit Brahms; auch auf der Rheinwanderung im
Sommer 1855 war eine »getreue Bertha« als Anstandsdame
dabei. Und nach Schumanns Tod setzte sich Brahms ab. Schon
zuvor hatte ihn seine Mutter ermahnt, seine Karriere wei-
terzuverfolgen. Dabei half ihm Clara zeitlebens energisch,
solange er es noch nötig hatte. Dennoch litt sie unter der Ab-
kühlung. Sie blieb bis ins Alter eine fordernde und besitzer-
greifende Macht im Leben des zunehmend rauhbauziger und
unzugänglicher werdenden Freundes. Doch griff auch er immer wieder in ihr Leben ein und erregte Ärgernis, er neckte sie
zuweilen etwas plump und machte rohe Scherze, die sie meist
nicht verstand, auch weil sie inzwischen an partieller Taubheit
litt. Sie ihrerseits wollte alle seine Kompositionsentwürfe als
Erste sehen und kritisierte eingehend seine Partituren; er
nahm das gerne zur Kenntnis, änderte aber selten etwas.
Manchmal zu seinem Schaden: Sie hatte vorgeschlagen, daß
er die Paganini-(»Hexen«)-Variationen in einem einzigen Heft
zusammenzieht und das schwache zweite Finale zugunsten
des ersten in Heft I ausscheidet; ein ausgezeichneter Rat, den
Brahms nicht befolgte, so daß in der Folge fast alle Pianisten
ihre eigene Version des monströsen Doppelzyklus zusammen-
schustern. Im Unterschied zu Brahms aber nahm Clara unbe-
queme Ratschläge übel; so, wenn er ihr nahelegt, die »Con-
zerthetze« einzustellen, da ihre Behauptung, sie sei noch frisch
und spiele immer besser, nur auf Selbsttäuschung und Routine

beruhe. Sonst war im Baden-Badener Landhaus, das Clara zehn Jahre bewohnte, immer ein Gedeck zu ihrer Rechten für den Hausfreund aufgelegt, das verschwand dann für einige Zeit! Auch über der großen Schumann-Werkausgabe, die sie beide besorgten, kam es noch gegen Ende von beider Leben zu Streitigkeiten. Versöhnung folgte immer nach einiger Zeit — meist durch die Musik, die ihnen die Luft war, die sie atmeten. Das Gedeck wurde wieder aufgelegt, nachdem Clara in Hamburg sein *Deutsches Requiem* gehört hatte, von dem sie tief ergriffen war. Später waren es die *Haydnvariationen* für zwei Klaviere — im Programm des letzten öffentlichen Konzerts, bei dem die über Siebzigjährige noch einmal mitwirkte.

An einem Ostermontag, 1872, sprach Brahms aus, was sie trennte und was sie aneinanderband:

»... Feste verlebe ich immer recht einsam — wasmaaßen die Wenigen ja tot oder fern sind. Wie wohl ist mir dann, wenn ich wollüstig empfinde, wie die Liebe eine Menschenbrust ausfüllt. Ich bin ja abhängig von der Außenwelt; der Wirrwarr, in dem man lebt, — ich lache nicht dazu, ich lüge nicht mit — aber es ist, als ob das Beste sich verschließen könnte und nur der halbe Mensch noch träumend fortginge.

Wie glücklich bist Du oder sage ich, wie schön, wie gut, wie recht. Ich meine, Du trägst Dein Herz als viel sicheren Besitz — wir müssen es alle Augenblicke verstecken. Du siehst alles so warm und so schön ruhig — so recht aus Dir heraus an, und Du gibst denn auch ruhig jedem was ihm gebührt. — Das klingt Alles so dumm und ich kanns auch nicht sagen, höchstens noch dümmer von Lilien und Engeln reden — und dann auf Dich und Dein Gemüt kommen ...«

Das Klima ist kälter geworden, Romantik und Biedermeier vorbei: »Lilien und Engel« — das war noch Robert Schumanns Idiom, die »Sehnsuchtswalzervariationen«, ein Lilienbouquet für die As-Dur-Seele, die engelhafte Henriette Voigt. Clara konnte diesen Übergang verkraften. Auf die Substanz kam es an — »das Echte«: »Das Aechte allein behält über Alles sein Recht«, hatte sie an Brahms im selben Monat aus London geschrieben.

Beide hatten sie Variationen über dasselbe leise-klagende fis-Moll-Thema aus Schumanns *Bunten Blättern* komponiert — Clara schon zu Roberts Geburtstag im Juni 1853, Brahms ein Jahr später, wohl unter dem Eindruck ihres Spiels: Sie läßt die Melodie mit ihrer wunden Sekunddissonanz unberührt, schlingt weiträumige Wehmutsornamentik um die Monotonie mit der aufbegehrenden Mitte; er setzt die sprunghafte Verwandlungskunst des Schumannschen op. 5, der *Impromptus*-Variationen über das Thema der zwölfjährigen Clara fort und webt kapriziös ihre »Romanza« als Kontrapunkt zu Roberts Thema ein — diese Idee übernimmt sie dann noch vor dem Druck in den Abgesang ihres eigenen Zyklus. Schumann nahm die doppelte Hommage, ihr Opus 20 seines Opus 9, in Endenich staunend zur Kenntnis: den träumerischen Wirrwarr des jungen Johannes, die Ruhe und Wärme in Claras Figuration. Sie denken an ihn — auch das trennt sie und bindet sie aneinander.

Clara Schumann und Alwin Wieck, 1880. (R. Bendemann)

Clara Schumann, London 1888. (Barraud)

Die Crystallflaschen an der Mauer zerschlagen

Nach Roberts Tod durchlebte Clara die zweite Hälfte ihres Saeculums — Schumanns Werk und Vita fielen ins Zwielicht von Romantik und Biedermeier zurück. Doch sie trug seine Nachtstücke in die neue Zeit, die für die Organisatoren der Weltausstellung in Londons Kristallpalast mit dem Jahr 1851 begann.

Eine Epoche, die von Goethe bestrahlt und von den Nachtwachen der Früh- und Spätromantiker, den Nocturnes von Chopin, den Nachtstücken Hoffmanns und den Mondaufgängen Friedrichs umflort war, fand mit Heines, Kerners, Lenaus, Bettinas Tod in den fünfziger Jahren ihr Ende.

Nicht nur in Deutschland und Österreich, auch in England wurde Clara mit dem neuen Geist konfrontiert, der die zweite Hälfte des Jahrhunderts beherrscht und das folgende vorbereitet und der sich aus Kauf-, Kriegs- und Kultlüsternheit zusammensetzte.

Letztere diagnostizierte sie vor allem beim neudeutschen Opernpublikum: »Dieser Wagner-Enthusiasmus kommt mir vor wie eine Krankheit, die die Länder überzieht und die Besten mit fortrafft.« Sogar ihr Freund und Verehrer, der Karlsruher Kapellmeister Hermann Levi, der Schumanns Oper *Genoveva* wiederbelebt hatte, ließ sich anstecken und prahlte damit, daß ihn Wagner per Handkuß begrüßt habe.

Clara daraufhin bei Ankündigung ihres Besuchs: »Der Kuß von Wagner auf Ihre Linke wird hoffentlich wieder verblichen sein, bis ich komme.« Vier Jahre später setzt sie sich (am 8. August 1875) todesmutig selbst dem Virus aus: »Wir gingen abends in *Tristan und Isolde*. Das ist doch das Widerwärtigste, was ich noch in meinem Leben gesehen und gehört ... ein Liebeswahnsinn durch einen Trank herbeigeführt, kann man sich da noch im geringsten für die Liebenden interessieren? Sie reißen sich förmlich das Herz aus dem Leibe und die Musik versinnlicht das in den widerlichsten Klängen!« Und außer Brahms sind alle hingerissen — Levi, und sogar Joachim »hat nicht den Mut, gegen die Andern aufzutreten«. Da lobte sich Clara England, wo noch immer der von Wagner geschmähte Mendelssohn in Mode war.

Clara verbrachte seit 1856 einen Großteil ihres Lebens in England; durchschnittlich jedes zweite Jahr der zweiten vierzig Jahre setzte sie über den Kanal und spielte bei wachsender Begeisterung des erst so frigiden Publikums ihre ernsten Programme: »Es scheint, daß das steife Formenwesen im Allgemeinen ihr Empfinden in ihr Innerstes zurückdrängt, und lassen sie sich einmal gehen, dann bricht alles Gefühl mit viel größerer Lebendigkeit hervor, als es bei uns Deutschen der Fall ist.«

Dies, obgleich sie in dem Kritiker der *Musical Times* einen anfangs übelwollenden Hörer hatte — Davison war mit der schönen und hochbegabten Pianistin Arabella Goddard liiert, die 16 Jahre jünger als Clara war und bereits mit 17 Jahren die großmächtige Hammerklaviersonate von Beethoven öffentlich gespielt hatte. Eine Zeitlang galten die beiden Virtuosinnen als Rivalinnen, bis Madame Schumann in typisch kollegialem Kammermusikeifer Miss Goddard einlud, mit ihr Roberts melancholisch glitzernde Andante-Variationen für zwei Klaviere zu proben. Damit traten sie dann vor den ergriffenen Londonern auf, und Davison war hell begeistert. Im April 1881 las man in der *Musical Times* die wohl essentiellste Würdigung, die dem Spiel der deutschen Gastpianistin auf der Insel je zuteil wurde:

»Madame Schumann's Spiel ist einmalig, jedes ihrer Konzerte ist eine Inspiration. Seltene technische Vollkommenheit vereint sie mit den Qualitäten einer wahren Dichterin; und wo ihr ganzes Wesen in den Gedanken des Komponisten, aufzugehen scheint, dessen Werk sie interpretiert, läßt sich doch auch von ihr sagen, daß sie, in einem Maße wie kein anderer lebender Pianist, mit ihrer Interpretation das Werk neu erschafft.«

Neunmal trat sie in den Samstagskonzerten des Kristallpalasts auf. Als sie diesen riesigen Industriedom zum ersten Mal betrat, war die »ernste Frau mit den traurigen Augen« überwältigt und zugleich abgestoßen — das sei nur etwas für fröhliche Leute. Das von einem Fächerbogendach überwölbte Langschiff zog sich zusammen mit den Seitentrakten über fast eine Meile hin; das neue Weltwunder setzte sich aus zigtausenden gleichförmiger, gußeisengerahmter, schmiedeeisenverstrebter Bogenfenster zusammen. Tags leuchtete die Sonne, schattete der Wolkenhimmel herein, nachts strahlten Gaskugellampen von gedrechselten Säulen herab. 20 000 Zylinderherren und Haubendamen bewegten sich auf der Weltausstellung 1851 kauf- oder bestellfreudig zwischen den Vitrinen und Podesten, auf denen die Luxusgüter der Nationen — von pseudoetruskischen Vasen über Neuempirechaiselongen zu Phaetonkutschen und Broadwoodflügeln — feilgeboten wurden. Ein Kommen und Gehen ...

Genau darüber klagt dann auch die strenge deutsche Virtuosin, die vierzehn Jahre später mit dem Klavierkonzert ihres

236

Mannes die Glasscheiben erzittern ließ — das halbe Auditorium (4000 Zylinder und Hauben) war außer Hörweite, und »hinten am Ende des Saales sieht man fortwährend die Besucher des Crystall-Palastes vorbeiziehen«. An jenem Tag schossen außerdem die Fontänen einer wundersam neuartigen Brunnenanlage als Präludium ihres Auftritts in die Höhe: Blendendes Schauspiel — sie gab das vierte Nachtstück zu, den *Rundgesang mit Solostimmen*: Zu ihrem Erstaunen wurde dies dunkle Gegenstück zu Wasserspiel und Kristallgefunkel zum Hitsong, und der geschäftstüchtige Konzertmanager ließ den Schlager der Saison sofort als pittoreskes Notenblatt drucken und bei künftigen Celebrity Recitals am Saaleingang feilbieten: »ich mußte das Nachtstück in F-Dur von Robert wiederholen, was mir eigentlich ganz unbegreiflich, denn in Deutschland geht das fast immer ganz still vorüber«. Die »unglaubliche Industrie« des Managers, der sich ihr gegenüber außerdem »fortwährend in zärtlichen Billettchen« ergoß, war ihr natürlich degoutant — »es ist die Kunst eben ganz Geschäft hier« — doch ließ sie sich gerne feiern und unterm glitzernden Gewölbe mit Blumen überschütten.

Sie ahnte nicht, daß sie nicht nur für die Zylinder und Hauben, sondern auch für ein wachsendes Heer von Ratten spielte, das sich unter den abfallbestreuten Dielen im Lauf der Jahre und Jahrzehnte ansammelte und dann 1936 beim Brand des vernachlässigten Feenpalasts hervorbrach und über den Rasen hinweg gegen die entsetzte Zuschauermenge anbrandete: Fanal und Ende einer Epoche.

Die »rohen« und »malitiösen« Mächte, die Robert in Düsseldorf fürchten mußte, setzten der einsamen Virtuosin auf ihren unablässigen Reisen weit grausamer zu: Zweimal wurde sie ausgeraubt, in London und noch in der Spätzeit in Frankfurt, wonach sie ihre Fenster vergitterte und sich dahinter tod-

unglücklich fühlte.»Die schönen Crystallflaschen haben sie im
Garten an der Mauer zerschlagen.« Auch die Naturgewalten
verschworen sich gelegentlich gegen sie, was sie aber mit epi-
schem Humor quittierte:

»... das schauerlichste Konzert, das ich je erlebt (20. Januar
1863 in Arnheim): Eine große bretterne Bude, und ein Sturm,
daß man nicht ohne Gefahr dahin gelangte; der Sturm brüllte
während des ganzen Concertes oft so, daß man Minuten lang
nichts von der Musik hörte, und es war, als ob das Dach immer
abgehoben würde und wieder herunter fiele, sodaß man
meinte, es stürze alles zusammen. Und da saßen die Leute ein-
gehüllt in Pelze, die Damen mit den Stöfchen unter den Füßen, und blieben ruhig sitzen, als seien sie das gewöhnt, [und
ich] im bloßen Halse, eine Kälte, die mir förmlich in den Hals-
wirbelknochen schnitt, die Arme wurden beim Spielen steif,
dazu ein jämmerliches Orchester...«

Aber sie zog natürlich ihr Mozartkonzert durch, da konnte
der Sturm noch so brüllen. Nur wenn — im Zuge solcher Stra-
pazen — rheumatische Neuralgien einsetzten, mußte abgesagt
werden.

Den ersten schweren Anfall von Nervenschmerzen erlitt sie
bereits ein Jahr nach Schumanns Tod:»Ich habe sechs Stunden laut geschrien ... es war, als wolle man mir mit glühenden
Eisen die Knochen aus den Armen, Hals und Brust reißen ...
der Arzt gab mir Opium.«

Diese Anfälle wiederholten und steigerten sich, so daß sie
mehrfach in Gefahr war, nicht mehr auftreten zu können.
Dazu kamen Angst vor Gedächtnisverlust, Weinkrämpfe, Mi-
gräne. Sie raffte sich immer wieder auf. Sie spielte immer besser, klarer, subtiler, durchdachter. Bestimmte Werke wurden
Grundstock ihrer Programme: Mendelssohns *Variations série-
uses*, Beethovens Waldsteinsonate, Schumanns *Carnaval* —

doch studierte sie bis ins letzte Lebensjahr auch neue Werke ein: die *Nachtbilder* und die ihr gewidmeten *Präludien* von Theodor Kirchner, die Variationenwerke und Geigensonaten von Brahms — seine Händelvariationen ermüdeten sie in späteren Jahren zu sehr. Jedoch spielte sie Schumanns ungemein schwere und bizarre fis-Moll-Sonate erstmals öffentlich mit 65 Jahren — fast ein halbes Jahrhundert zuvor hatte sie Chopin damit überrascht. Auch Schumanns gewaltige und kraftraubende *Fantasie* op. 17 mutete sie dem Publikum (und sich selbst) erst als Endvierzigerin zu. Liszt, dem sie gewidmet war, hatte sie nur einmal gespielt; einziger (mäßig begeisterter) Zuhörer: Robert Schumann.

Die Klavierkonzerte, die sie spielte und die heute zum Kanon jedes Pianisten gehören, hat meist sie selbst in den Musikbetrieb erst eingeführt, einige waren von ihr inspiriert: Schumanns Konzert und Konzertstücke und das gewaltige d-Moll-Konzert von Brahms, mit den apokalyptischen Trillern und dem selbstversunken dahinziehenden Adagio, das, laut Brahms, ein Portrait Claras sein soll. Schumanns a-Moll-Konzert, inzwischen geradezu populär, stieß in England auf beträchtliche Widerstände; der *Times*-Kritiker fand es zu exzentrisch und zu neutönerisch. Ausgepfiffen wurde das Brahms-Konzert, als der Komponist es in Hamburg zum ersten Mal aufführte. Auch Clara feierte damit keine Triumphe; das nahm sie hin als Preis für die Pioniertat. Beethovens G-Dur-Konzert war ihr, neben Chopins f-Moll-Werk, das liebste aller Solowerke mit Orchester — es ist dialogisch und figurenreich über einer Grundstimmung von Grandeur, Grazie und Melancholie. Clara schrieb ihre eigene, anrührende Kadenz dazu.

Im Oktober 1862 kaufte Frau Schumann ein kleines Haus in Baden-Baden für 14 000 Gulden. Es steht heute noch: Lichtental 14. »Ich bin so erregt, daß ich kaum schreiben kann«, ließ sie den Geiger Joachim wissen. Nach sieben Jahren Vagabondage suchte sie eine »neue Heimat«, »um den Sommer größtenteils mit den Kindern Allen zusammen zu sein, im Winter wie bisher zu reisen, oder einmal in Wien einmal in Paris zuzubringen.« Zehn Jahre währte das Idyll — »welch wundervolle Natur« —, und sie empfing ihre Freunde im Salon mit den beiden Erardflügeln und den Gipsrepliken antiker Götter, oder in der Gartenlaube. Der rohe und böse Geist der Zeit ging darüber hin: In diesem Haus starb ihr jüngster Sohn Felix.

Und Paris war bald nur noch im Gefolge preußischen Militärs oder mittels Luftballon zugänglich — der Krieg brach 1870 aus, und Bismarck gründete das Deutsche Reich im Spiegelsaal von Versaille. Clara, die Sächsin, erinnerte sich noch der »Greuel« der Preußensoldateska beim Dresdner Aufstand 1849. Aus der europäischen Virtuosin wurde keine Chauvinistin. Als ihr Sohn Ferdinand eingezogen wurde, war die Weihnachtsfeier verdorben, obgleich vier ihrer sieben Kinder um den Baum standen: Ludwig blieb im Irrenasyl und Ferdinand »auf einem Vorposten, mit den Zähnen klappernd«, während die restlichen Schumanns »im behaglichen Zimmer Punsch tranken«. Der Kurort war wie ausgestorben: Panik auf den Bahnhöfen, Angst vor den »Algeriern«, die »wie die wilden Tiere« hausten. Clara hält im Lichtental aus, während die Beschießung Straßburgs die Fenster erzittern läßt: »Die Geschütze, die heute auf Straßburg feuern, sind furchtbar, es *dröhnt* förmlich durch die Luft bis zu uns her.« Sie hat Mitleid mit den »armen französischen Soldaten, die doch so gut wie die Unseren Gut und Blut für ihr Vaterland geben«. Später besucht sie französische Gefangene in ihren Baracken in Koblenz und hörte sich sogar »ein ganz hübsches Concert der französischen Militärmusik« an: »Sie sahen alle heiter aus, aber manchen mochte wohl das Herz schwer sein von Kummer und Ingrimm auch ...« Bei den preußischen Siegen war ihr mehr zum Weinen als zum Jubeln zumute, obwohl sie ihr Haus beflaggt, den Preußenkönig »menschlich und männlich« edel findet und sogar in einem Brief an die blinde Freundin eine Art anschaulichen Wehrmachtsbericht liefert: »... was haben sie in Straßburg getan! den Fluß abgeleitet von den Festungsmauern, damit in die Gräben kein Wasser fließen konnte, dann sind Zweie mit einem Pulversack auf dem Rücken, auf dem Bauche an die Schleusen gekrochen und haben diese glücklich hineingebracht ... sandten dann wohlgezielte Schüsse auf die Pulversäcke, die dann zerstörten, was sie gewollt. Das nennt man Mut!« So ganz wohl ist ihr bei dieser Heldenstory auch wieder nicht: »Verbrennen Sie diesen chaotischen Brief!« Und an Joachim: »An dem Heldenmute der Deutschen wird man sich doch erst wirklich erfreuen und erheben können, wenn die Erinnerung an die Gräuel etwas mehr in den Hintergrund tritt ...« Im Februar 1871 ist sie wieder in London, wo sie die Klavierbauerfamilie Erard, der sie so viel zu verdanken hat, als Flüchtlinge vor den Deutschen und der Kommune wiedersieht. »Man muß nun manches hören, was man ungern hinunterschluckt — die Engländer sympathisieren mit dem schwachen Teile, also den Franzosen ... Ich glaubte erst, es sei auch etwas der Neid der Engländer, daß wir Deutschen uns auch mal groß gezeigt, doch versichern sie mir, dies sei es nicht, sondern nur das Mitleid.«

Clara war nun über Fünfzig und begann zu ertauben: Auch ängstigte sie sich in Konzerten »von einem Stück zum andern«. Und wenn sie die Noten vergessen hatte, ließ sie das Publikum warten, bis ein Diener aus dem Hotel die Hefte nachbrachte, auf denen sitzend sie »immer noch einige Schwungkraft« spürte — »mehr für die Kunst als für das Leben,

das nicht aufhört mit immer neuen Prüfungen an mich heran-
zutreten.« Die Gehörstörungen wuchsen mit den Jahren und
nahmen höllische Formen an. Am Ende drang nur noch Musik, die sie seit langem kannte, unentstellt zu ihr durch. Zwei
Jahre vor ihrem Tod ging sie noch einmal in einen Quartett-
abend — sie las sogar in der Partitur mit: »... und hörte doch
Nichts: es war alles zu schwach für mich ... dabei das Musici-
ren in meinem Kopf wahrhaft entsetzlich, teuflisch ...« Nachdem sie tags darauf auch von Beethovens Neunter »nichts als
mein eigenes Quart-Sextengetöse« gehört hatte, ging sie vorzeitig heim:»Ich habe Niemandem gesagt, was ich litt, aber es
war sehr schwer für mich, zu schweigen ...«

Ihren letzten Soloabend in England gab sie am 26. März
1888 in London, sie spielte den *Carnaval.* »Meine Gesundheit
hält solche Kämpfe nicht lange mehr aus.« Wenig später fand
sie im Goethehaus in Weimar den Streicher-Flügel noch an
derselben Stelle stehen, wo sie damals als zwölfjähriger Backfisch dem alten Olympier die pikanten Pariser Novitäten vor-
gespielt hatte: »... ein ganzes Leben hat sich seitdem abge-
spielt — wie ein Chaos kommt es einem vor ...« Ihr 70.
Geburtstag stand bevor.

Vier Monate vor ihrem Tod spielte sie in Frankfurt noch
einmal ihren Schülern etwas vor: Roberts Canons und Skizzen
für den Pedalflügel, die sie kurz zuvor arrangiert hatte. Ihre
Tochter Marie berichtet darüber an Rosalie Leser: »[sie
spielte] sehr schön mit wunderbarer Kraft und Frische, sowie
mit dem nur ihr eigenen feinen Rhythmus. Das war das erste
Mal, daß sie diesen Winter vor jemandem spielte.« Zwei Monate später erlitt sie einen Schlaganfall. Das Sprechen wurde
ihr schwer. Litzmann, ihr erster Biograph, der oft bei ihr zu
Gast war, berichtet: »Am 28. März wollte sie ihren Namen unter ein Bild setzen, sie nahm die Feder — fing an — mit einem

falschen Buchstaben, sah Marie an, schüttelte den Kopf, legte die Feder fort.«

Sie starb am 20. Mai 1896.

Den Winter zuvor schrieb sie noch einige der Präludien auf, mit denen sie zeitlebens ihre täglichen Übungen begonnen hatte. Es sind die einzigen Kompositionen ihrer Witwenzeit (von einem Hochzeitsmarsch abgesehen). Eines in f-Moll blieb erhalten — Morgenmusik, oder doch auch ein Nachtstück? Ich habe es gesehen, aber nicht nachspielen können: Es ist nicht veröffentlicht. Zukunftsmusik.

Blätter von Schumanns Grab. Aus Clara Schumanns Blumenbuch (1854—1856).

Danksagung

Wesentliche Anregungen und Hinweise zu diesem Versuch
über Clara und Robert Schumann verdanke ich Janina Klassen (Clara Wieck-Schumanns Klavierwerk), Gerd Nauhaus
(Schumannhaus Zwickau), Bernhard Appel (Schumannarchiv
Düsseldorf), Joachim Draheim (Robert Schumanns Chopin-
Variationen), Paul Fiebig (Schumannkommentare, Südwest-
funk Baden-Baden), Marie Luise Maintz (Schumanns Schu-
bertrezeption)

Clara und Robert Schumann

Lebensdaten

1810 Robert Schumann, geboren 8. Juni.

1819 Clara Wieck, geboren 13. September.

1824 Marianne Wieck, Claras Mutter, verläßt Friedrich Wieck.

1826 Emilie, Roberts Schwester, nimmt sich das Leben. August Schumann, Roberts Vater, stirbt.

1828 Clara Wiecks erster öffentlicher Auftritt im Gewandhaus. Robert Schumann beginnt ein Jurastudium. CW und RS begegnen sich im Hause Wieck.

1829 Robert studiert in Heidelberg. Italienreise. Paganini.

1830 RS: Abeggvariationen op. 1. Rückkehr nach Leipzig. Musikstudium bei Friedrich Wieck. Papillons op. 2.

1831 Clara spielt Goethe vor. Polonaisen op. 1.

1832 CW in Paris. Capricen op. 2.

1833 Robert gibt wegen Fingerlähmung die Pianistenlaufbahn auf. RS: Impromptus op. 5 zu Friedrich Wiecks Geburtstag.

1834 CW: Klavierkonzert op. 7. Robert verlobt sich mit Ernestine von Fricken. Der Freund Ludwig Schuncke stirbt. Symphonische Etüden (Variations Pathétiques) op. 13. RS und CW in Zwickau, ihre Namen auf einem Konzertprogramm. Robert

Schumann gründet die »Neue Zeitschrift für Musik«.

1835   Freundschaft mit Mendelssohn. »Davidsbund« im »Coffeebaum«. RS: Carnaval op. 9. CW: Pièces Caracteristiques op. 5.

1836   Roberts Mutter stirbt. Werbung um Clara, nach Auflösung des Verlöbnisses mit Ernestine. RS: Sonate fis-Moll op. 11, Clara gewidmet; sie spielt Chopin daraus und aus ihren Soirées Musicales op. 6 vor. Vater Wieck wimmelt Roberts Werbung ab.

1837   Clara in Wien; zur k. & k. Kammervirtuosin ernannt. Verlöbnis mit Robert. RS: Fantasiestücke op. 12.

1838   RS in Wien; entdeckt Schuberts große C-Dur-Symphonie (Erstaufführung 1839 durch Mendelssohn). Faschingsschwank op. 26. Kreisleriana op. 16. CW in Paris; trifft Heine; setzt sich ohne den Vater durch. Bellinivariationen op. 8.

1839   Nachtstücke op. 23. Tod des Bruders Eduard. RS und CW erwirken Heiratslizenz vor Gericht; Vater Wieck beschuldigt Robert der Trunksucht. CW: Romanzen op. 11, Robert gewidmet.

1840   Liederjahr: Heinelieder op. 24; Myrthen op. 25; mit CS: Rückertlieder op. 37 (Liebesfrühling); Eichendorfflieder op. 39; Frauenliebe und -leben op. 42; Dichterliebe op. 48.

1841   RS: Frühlingssymphonie op. 38; Ouverture, Scherzo und Finale op. 52; Symphonie d-Moll (erste Fassung) op. 120; Kopfsatz des Klavierkonzerts op. 54. Paradies und Peri. Tochter Marie geboren. CS: Scherzo op. 14; Klaviersonate.

1842 Kammermusik: 3 Streichquartette (Mendelssohn gewidmet), Klavierquintett op. 44, Klavierquartett op. 47.

1843 Tochter Elise geboren. Clara und Felix Mendelssohn spielen Schumanns Andante mit Variationen in B-Dur für 2 Klaviere, Celli und Horn.

1844 Robert und Clara in Petersburg und Moskau. Aufgabe der »Neuen Zeitschrift für Musik«. Fugenstudien. RS: Nervenzusammenbruch.

1845 Umzug nach Dresden. Tochter Julie geboren. Klavierkonzert vollendet. Symphonie C-Dur op. 61.

1847 Tod von Felix und Fanny Mendelssohn. CS: Fragment eines Klavierkonzerts; Klaviertrio. Wiener Konzertreise.

1848 Sohn Ludwig geboren. 2 Klaviertrios.

1849 RS: Konzertstück für Hörner op. 86; für Klavier und Orchester op. 92. Aufstand in Dresden. Richard Wagner auf den Barrikaden. Chopins Tod. RS: Requiem für Mignon. Faustszenen. Oper Genoveva. Sohn Ferdinand geboren.

1850 Clara konzertiert in verschiedenen deutschen Städten. Umzug nach Düsseldorf. Robert dort städtischer Musikdirektor. Rheinische Symphonie op. 97. Clara lehrt und korrepetiert.

1851 Tochter Eugenie geboren. RS: Cellokonzert op. 129. Violinsonaten (für Joseph Joachim).

1853 Tischrücken. Roberts Schwierigkeiten als Dirigent. Der junge Brahms. RS: Violinkonzert. CS: Schumannvariationen op. 20. Triumphale Konzertreise durch Holland.

1854 Robert sammelt Aussprüche über Musik in seinem »Dichtergarten«. Gehörhalluzinationen. Sturz von

der Rheinbrücke. Geistervariationen. Verbringung in die Heilanstalt Endenich. Sohn Felix geboren. Clara konzertiert im Herbst in verschiedenen deutschen Städten; Brahms besorgt den
Haushalt.

1855 CS: Romanzen op. 21. Konzertreise nach Holland
und Ostdeutschland. Bettina von Arnim besucht
Robert in Endenich.

1856 Tod Robert Schumanns. Clara konzertiert in
Österreich, Ungarn, Dänemark und England.

1857-1863 Konzertreisen nach England, der Schweiz, Österreich, Belgien, Frankreich.

1863-1873 Niederlassung in Baden-Baden. Freundschaft mit
Brahms und Levi. Tod des Sohns Felix. Heirat der
Tochter Julie. Deutsch-französischer Krieg 1870/
71. Sohn Ferdinand Soldat.

1864-1888 Konzertreisen nach Rußland, Böhmen, Holland,
Österreich, Ungarn und (ab 68) jährlich nach England.

1873-1879 Umzug nach Berlin. 50-Jahres-Jubiläum ihres Auf-
tretens im Leipziger Gewandhaus. Aufführung ihrer Kompositionen im Frankfurter Konservatorium.

1879-1892 Umzug nach Frankfurt. Meisterklassen im Konservatorium. Herausgabe (mit Brahms) des Gesamtwerks von Robert Schumann. Gehörstörungen. Rheumatische Beschwerden. Letztes Konzert:
12. März 1891 mit den Haydnvariationen von
Brahms in der Fassung für zwei Klaviere. Letzter
Soloauftritt: 7. November 1890 mit Chopins
f-Moll-Konzert.

1896 Tod Clara Schumanns.

Literatur

Wilhelm Joseph v. Wasielewski, *Robert Schumann. Eine Biographie.*
Leipzig 1857. 3. Auflage 1980.
Erste Biographie aus der Feder eines Kapellmeisters, der noch
unter Schumann in Düsseldorf im Orchester gespielt und vom
»Meister« selbst — nicht aber von Clara! — Materialien und Er-
munterung zu seinem Projekt erhalten hat. Sieht Schumanns
Werk von Anfang an, im Schatten krankhafter Zustände, als sub-
jektives »Geistesprodukt«, nicht objektives »Gebilde«. Portrai-
tiert bei aller gebotenen Pietät einen Verstörten: »Sein Gang
[war] gewöhnlich langsam, leise auftretend und ein wenig bequem hinschlotternd ... Nicht selten ging er in seinem Zimmer
ohne alle äußere Veranlassung auf den Fußspitzen.«
Eugenie Schumann, *Robert Schumann. Ein Lebensbild meines Vaters.*
Leipzig 1931.
Wendet sich gegen Wasielewskis Darstellung, die inzwischen
vielfach »von anderen mehr oder weniger übernommen« wurde:
»Sie alle sahen sein Leben im Schatten seiner letzten Krankheit
... Ich sehe ihn gesund. Sein Leben, sein Wirken und seine Werke
sind Zeugen eines vollkommen gesunden Geistes.« Die Apolo-
gie wird zur überraschend lebendigen, zitatreichen, musikver-
ständigen Apotheose der Vatergestalt durch die kritische alte
Dame. Sie pocht in einer Welt der »Autolenker, die ihr durch die
Welt rasend, uns das bißchen Leben verkümmert« auf die Dan-
kesschuld der Enkel »für alles, was er uns gegeben und im Geben
leiden mußte«.
Annie W. Patterson, *Schumann.* London 1903.
Revised Edition 1934.
Eugenie Schumann gewidmet und »free from shadows«, wie die
Editorin der revidierten vierten Auflage etwas gereizt anmerkt.

Wertvoll aber wegen inspirierter Werkanalysen und den (in deutschen Biographien vernachlässigten) ausführlichen Angaben zu englischen Musikern, mit denen Schumann in Beziehung stand, zum Beispiel zu Robena Laidlaw.

Joan Chissell, *Schumann.* London 1948.
Revised Edition 1977.
Das englische Standardwerk über Schumanns Kompositionen, alle fünf bis zehn Jahre neu aufgelegt. Einem kurzen Lebensabriß folgen eingehende Werkanalysen (die auch gesondert veröffentlicht sind). Kritisiert Schumanns »inability to develop his material« als Grund für das Scheitern bei größeren Formen. Zieht beim Klavierwerk (Opus 5, 13, 14 etc.) Schumanns Spätfassungen vor.

Ronald Taylor, *Robert Schumann. His Life and Work.*
London 1982.
Das englische Standardwerk über Schumanns Leben. Kritisiert Schumanns Symphonien und Kammermusik als forcierten Ausfluß eines ineffektiven Ehrgeizes: »There is in these works a fatal dichotomy between impulse and expression ... The lyrical, the impulsive, the uninhibitedly romantic within him is shackled, all but suffocated, in an unnatural quest for the grand, measured, intellectually consolidated classical manner.«

Peter Ostwald, *Schumann. Music and Madness.* London 1985.
Untersucht Schumanns, Claras und Brahms' Haar auf Giftspuren. Das Buch gipfelt in einer Diagnose, die Florestan und Eusebius als Halluzinationen eines »severely divided self« (v)erkennt: »with conflicts centering around dependency versus independence, attachment versus separation, and femininity versus masculinity.« Schumann als Komponist wird etwas kürzer, aber nicht unsachverständig abgehandelt.

Dagmar Hoffmann-Axthelm, *Robert Schumann. »Glücklichsein und tiefe Einsamkeit«.* Stuttgart 1984.
Deutete Schumanns »Kämpfe« als »verzweifelten Wunsch, gehört und verstanden zu werden«. Sieht Schumanns »Ambivalenz« nicht als lähmende Dichotomie wie Ostwald, sondern als »bestimmendes Element« seiner künstlerischen Ausdruckgebung. Würdigt (wohl als erste) Schumanns »Geistervariationen« und nimmt auch noch den in Endenich Asylierten als Deuter sei-

ner eigenen Misere ernst: »Schließlich überliefert Richarz eine Äußerung von gewaltiger Metaphorik im Hinblick auf Schumanns Seelenlandschaft: ... Bei der Visite im Atlas beschäftigt, antwortet er auf die Frage, was er da mache, er schiffe im Eismeer.«

Barbara Meyer, *Robert Schumann*. Hamburg 1995. rororo-monographie.

Innerhalb des vorgegebenen Formats und Zitatzwangs vorbildliche Darstellung des Lebens, vor allem aber der Werke Robert Schumanns, die musikologisch relevant und sprachlich einprägsam charakterisiert und analysiert sind. Die Spätzeit wird etwas summarisch abgehandelt.

Robert Schumanns letzte Lebensjahre. Protokoll einer Krankheit. Berlin 1994.

Der lang vermißte, auch unterschlagen geglaubte Krankenbericht des Gründers und Leiters der Irrenanstalt Endenich Dr. Richarz. Es fehlen allerdings die Einträge für die Zeit der Einlieferung. Der »Verlaufsbericht 1854—1856« hält sporadisch Beobachtungen der Ärzte zum Verhalten und Befinden des Patienten Schumann fest. Einige Befunde — Stuhluntersuchungen etwa — sind in die Veröffentlichung nicht aufgenommen, für Dichter (wie Peter Härtling) aber eine Fundgrube. Der ständig observierte Kranke schwankt zwischen Zorn und Ergebung. Die Lektüre wird zum Alptraum.

Berthold Litzmann, *Clara Schumann. Ein Künstlerleben.* 3 Bände. Leipzig 1902. 7. Auflage 1920.

Erste Biographie über Clara Wieck-Schumann, die sich vor allem aus ihren noch immer unveröffentlichten Tagebüchern — 47 Quartbände! — und den Briefen von und an die Schumanns speist. Die unter den Augen der Schumanntöchter Eugenie und Marie konzipierte (von Julius Allgeyer, dem Biographen Anselm Feuerbachs begonnene) Lebensbeschreibung verklärt das Bild der Künstlerin auf ähnliche Weise wie Sebastian Hensel die Familie Mendelssohn in seiner um die Jahrhundertwende zum Hausbuch des Bildungsbürgers gewordenen Biographie. »Die Poesie des Herzens, ... die aus ihrem ganzen Wesen spricht, war es nun auch, die aus ihrer Kunst in der verklärten Sprache des Klangs ... zum Gemüt empfänglicher Menschen redete.« Da der

Autor weitgehend hinter den Dokumenten der Zeitzeugen zu-
rücktritt, ist ein ungemein lebendiges, farbiges Panorama der
Epoche zwischen Goethe und Bismarck entstanden, das trotz aller Weitschweifigkeit faszinierend zu lesen ist. Da momentan
nicht greifbar, wird dieses monumentale Quellenwerk von den
modischen Biographen neuerdings ignoriert; anders lassen sich
die Falschmeldungen nicht erklären, die sich bereits tief ins Kol-
lektivbewußtsein einer ahnungslosen Leserschaft eingenistet haben — z. B. die Behauptung, Clara habe sich nach Einlieferung
Roberts in Endenich nicht mehr um ihn gekümmert. Als An-
hang zur Vita Claras enthält das Buch außerdem eine chronolo-
gische Auflistung ihres pianistischen Repertoires.
Joan Chissell, *Clara Schumann: A Dedicated Spirit.*
London 1983.
Die englische Standardbiographie, die mit souveränem Über-
blick und achtungsvoller Sorgfalt die komplexe Persönlichkeit
Clara Schumanns zu erfassen sucht:»Music-making was the
great motivating force of her life, a mission, from which any de-
viation whatever the counterclaims of a warm and vulnerable
heart, was a betrayal.« Diese schlicht und schlagend formulierte
Einsicht scheint in deutschen Biographien weitgehend verdrängt: Musik war für Clara Schumann — wie für viele ihrer
Zeitgenossen — nicht bloß ein hübscher Zeitvertreib, sondern
eine gesellschaftsbildende, glückverheißende, Geduld und Arbeit erfordernde Lebensmacht, die in den Jahrzehnten politi-
scher Ohnmacht, religiöser Skepsis, progressiver Schablonisie-
rung ein Reservat gestaltender Innerlichkeit bewahren wollte —
und dies war die »Mission«, von der Joan Chissell spricht.
Nancy B. Reich, *Clara Schumann. The Artist and the Woman.*
New York 1985 (deutsch bei Wunderlich 1991).
Die amerikanische Biographie, die Claras Privat- und Berufsle-
ben gleichsam getrennt behandelt — das eine mit den »insights
of psychology«, das andere mit den »tools of musical scholar-
ship«. Einerseits die Tochter, Geliebte, Ehefrau, Mutter, danach
die Komponistin, Pianistin, Herausgeberin, Lehrerin. Sie isoliert
einzelne Aspekte der Vita — ein Kapitel über jedes der Kinder —
und hält sich auch nicht mit den »legends familiar to readers of
the Schumann literature« auf, weshalb der Lebensabriß etwas

knapp ausfällt. Sie hält nicht mit Kritik zurück, wo ihr Claras Haltung gegenüber ihrer Umwelt und dem Lebenspartner dubios erscheint, verdammt aber nicht, wo sie verstehen kann. Sie betont, daß Clara sich nicht zur Ikone von Feministinnen eignet: »Clara Schumann was always her own person, perceiving herself as an artist ... eternally grateful for the art, that was to sustain her through a lifetime of tragedy and triumph.« Als erste würdigt und analysiert die Autorin Clara Schumanns Kompositionen.
Beatrix Borchard, *Clara Schumann. Ihr Leben.* Frankfurt 1991.
Eine »Montage aus Originalmaterialien«, die Clara sozusagen fürs Internet präpariert: Vorangestellt sind die Daten, übergeordnet die Etikette: Tochter, Schülerin, Wunderkind, Verlobte, Virtuosin, Komponistin, Ehefrau, Mutter, Witwe, Gralshüterin, Großmutter; angeklebt die Hauptanliegen: Liebe, Arbeit, Musik, Geld. Man fröstelt etwas bei der kalten Abruptheit kommentarloser Quellenausschnitte, die oft unvermittelt abbrechen, wo's gerade interessant wird.
Eva Weissweiler, *Clara Schumann. Eine Biographie.* Hamburg 1990.
Die Autorin vergleicht Robert als Sexpartner mit einer Nähmaschine, Clara als Pianistin mit einer Holzpuppe. Ihn treibt schwächlicher Ehrgeiz, sie ruhelose Geldgier um. Geht er »zu Nohr« auf ein Bier, wird ihm gleich Sodomie unterstellt. Ihr, die Fugen schreibt und Beethovens Hammerklaviersonate beherrscht, wird jedes Verständnis für Polyphonie abgesprochen. Am Grabe Schumanns sieht die Autorin die Witwe Schumann »aufrecht« und »unerotisch« dastehen. Derart fetzig und mit forcierter Gehässigkeit sollen die Schumanns aus ihrer (unbegriffenen) Zeit herausaktualisiert werden. Bei aller draufgängerischen Frische und Beschlagenheit läuft aber die brutale Häme am Ende doch nur auf üble Nachrede hinaus.
Dieter Kühn, *Clara Schumann, Klavier. Ein Lebensbuch.* Frankfurt 1996.
Das »Klavier« im Titel wird gelegentlich mit des Autors Schreibmaschine verglichen – sein Tastengeklapper mit ihrer Fingergeläufigkeit. Die Abhängigkeit von Weissweilers Olympiametapher ist greifbar, vor allem wo Clara als Gebärmaschine – achtmal mit gynäkologischer Monotonie – vorgeführt wird.

Auch die Falschmeldung, Clara habe ihren Mann nach der Hospitalisierung »zielstrebig zurückgelassen«, wird weiterkolportiert. Vieles wird dazuphantasiert, so die, womöglich von Brahms ausgelöste, »akute Krise« in der Nacht vor Roberts Selbstmordversuch. Gelegentlich gelingen geschichtsnahe Bilderbögen; die Leipziger Messe zu Anfang und die Orchesterprobe in Düsseldorf sind Paradebeispiele gelungener Rekonstruktion.

Janina Klassen, *Clara Wieck-Schumann. Die Virtuosin als Komponistin.* Kassel 1990.

Erste eingehende und maßgebende Analyse der Klavierkompositionen Clara Wiecks und Clara Schumanns. Darüber hinaus lebendige und überaus gelehrte und solide Aufarbeitung der Rezeption, der Genese und der lebens- und gattungsgeschichtlichen Bedingungen von Claras Œuvre. Die wechselseitige Beenflussung durch Robert Schumann, Chopin und Brahms, aber auch die Auseinandersetzung mit heute vergessenen Zeitgenossen wie Hummel, Moscheles, Thalberg, Spohr wird aufgedeckt und belegt. Für das plötzliche Aussetzen ihrer Kompositionstätigkeit will die Autorin nicht nur lebensgeschichtliche Hemmungen gelten lassen: »Daß Clara Wieck-Schumann trotz der reichen Anlagen und trotz der schon außergewöhnlich günstigen Ausgangsposition dennoch als Komponistin resignierte, demonstriert die reale Dimension der gesellschaftlichen Einschüchterung.«

Die Deutsche Bibliothek - CIP-Einheitsaufnahme

Held, Wolfgang:
Manches geht in Nacht verloren : die Geschichte
von Clara und Robert Schumann /
Wolfgang Held. - Hamburg : Europäische Verlagsanstalt, 1998
ISBN 3-434-50418-4

Umschlaggestaltung: Groothuis+Malsy, Bremen
Motiv: Clara Wieck und Robert Schumann
Signet: Dorothee Wallner nach Caspar Neher »Europa« (1945)
Herstellung: Das Herstellungsbüro, Hamburg
Satz: H & G Herstellung, Hamburg
Druck und Bindung: Clausen & Bosse, Leck